# 도산공원의 아침

1957년 2월 서울대 국어 교육과를 졸업하고 기회가 오면 그때마다 원고 청탁을 받아 글을 써 오다가 일찍 박연구(朴演求) 주간의 청탁을 받고 '수필 문학' 지에 3회가량 저자의 수필이 정식으로 게재되어 마침내 수필로 문단에 등단하는 혜택을 받았다.

그 후, 금성 출판사에서 기획 출판한 '현대 한국 수상록' 59집에 김우창, 허세욱, 윤형두, 유종호, 송혁, 황명걸, 정동철, 김철규, 정진권, 이순열, 오창익, 전영우, 윤삼하 등의 작품이 수록되어 비로서 수필 문단에 저자가 정식으로 등단한 셈이 되었다. (1984. 6. 30.)

이후, '대화의 미학' 제하로 저자의 첫 산문집을 1997년 집문 당에서 발간하니 그 기쁨은 큰 보람으로 다가왔다.

오늘 다시 새롭게 산문 집 '도산 공원의 아침'을 출간하게 되니 저자로서 더 없는 기쁨이 아닐 수 없다.

서투른 솜씨의 글이나마 나의 산문이 지나간 생애를 회고함에 무엇인가 회억 되는 부분을 새롭게 부각시켜준다. 글은 보잘 것 없으되 남들처럼 추억은 아름답기에 후안 무치하게 치부를 드러내 놓는다. 화려한 인기 직업 방송사 아나운서를 시작으로 남이 선망하는 직업 대학교수가 되기까지 남모를 시련과 우여곡절이 없지 않으나 자신이 하고 싶던 2가지 천직에 뜻대로 종사할 수 있던 일은 분명 나에게 신의 가호가 따른 행운이라고 생각한다.

대학 국문과에 적을 두고 시 소설 수필 희곡 등을 남만큼 읽어 보았다. 뿐만 아니라 방송에 근무할 때는 수많은 문사의 글들을 읽어 방송함으로써 이만하면 나도 남의 글을 많이도 읽었다는 생각이 들기도 했다.

청천 김진섭의 수필을 읽고 수필을 간단히 생각할 수 없겠다는 생각도 했다. 그래도 문학 전공의 저자가 가까이 갈 수 있는 길은 아무래도 수필 쪽으로 기울기 일수였다.

'메아리의 여운'은 저자가 처음 편찬한 수필집이다. 방송사 아나운서 재직 시절 대학 국문과 출신이라는 이유 하나 만으로 맡겨진 임무였다.

당시 KBS 아나운서 9인의 수필집이다. 9인은 장기범, 강찬선, 황우겸, 임택근, 최계환, 강영숙, 전영우, 최세훈, 박종세 등이다. 이때 대선배 서울대 심리학 교수 윤태림 박사의 머리말을 책 머리에 실을 수 있던 일은 지금 와 돌이켜 보아도 우리 동인에게 큰 의미를 안겨주었다.

수필은 다양한 유머와 각종 비판의 글이 실려야 한다지만 그것이 그렇게 간단히 풀릴 리는 없다.

그래도 영국 수필가 찰스 램은 그가 동인도 회사에 근무하던 시절 자주 지각을 습관처럼 거듭할 때 상사가 그를 꾸짖어 말하기를 "찰스 램! 그대는 자주 지각을 거듭하는데 도대체 어떤 까닭인가?" 그러자 찰스 램 대답하기를 "네! 그래서 퇴근은 매일 일찍 하고 있습니다."

월남 이상재가 일제 치하에서 종로 YMCA 총무 하던 시절 동 강당 시국 강연 자리에서 "왜 우리 모임에 이렇게 많이 개나리가 만발하였소이까?" 이때 동시에 우리 동포들이 앉은 자리에서 일제히 폭소가 터졌다. 당시 우리끼리 통하던 은어는 개나리의 개가 일인 형사요, 나리는 일인 순사였던 것이니 순간 폭소가 터진 것이다.

유머와 풍자가 장면을 뒤바꿔 놓았다.

구인환, 윤재천, 장백일 3인 공저 '수필 문학론'이 1973년 개문사에서 나왔다. 144쪽에 우유체 설명이 나오고 저자의 글이 소개되고 이를 보고 저자는 깜짝 놀란 일이 있다.

수필에 따른 이 생각 저 생각이 주마등처럼 스쳐 지나간다.

수필 수상 에세이 산문 칼럼 등으로 이름 붙는 글들이 그동안 많이 여러 필자들의 이름으로 나왔시만 운문 시류(詩類)에 대비되는 관점에서 저자는 산문을 택하여 쓰기로 하고 산문집 '도산공원의 아침'이라 이름 붙인 저자의 글들을 새로 세상에 내놓는다.

나이 92세에 뒤돌아보니 부끄러움이 한 두 가지가 아니다.

민낯을 드러내 보이는 저자에게 누군가 조그만 격려라도 보내 준다면 저자로서 더 없는 기쁨이 될 것이다.

2025년 6월 24일
저자 전영우 기록.

# 차 례

# 2부 스승의 은혜

# 차 례

# 11부  에세이 류

# 차 례

| 1부 |

# 아나운서 선배님

# 아나운서 30년 대학교수 30년

광복 직후 구형 라디오 '나쇼나루'는 나의 유일한 관심 대상이
었다. 당시 민재호 아나운서의 '민주주의'해설을 듣고 민주주의
에 대하여 새롭게 눈을 떴다. 차분하고 알아듣기 쉽게 설명해 나
가는 그의 해설은 많은 청취자의 인기를 독점한 프로그램이다.

저자는 1954~1963, KBS 서울 중앙 방송국과 KBS TV 서울
텔레비전 방송국에서 공무원 신분으로 방송 직에 종사한 후 동아
일보사 겸영 동아방송 아나운서 실장으로 근무하고, ( 1963년
~1980년) 그 후 흡수 통합 방식으로 KBS에 복귀, 아나운서 실
장으로 1984년까지 근무, 30년 방송직을 마무리하였다.

그리고 저자는 대망하던 대학교수 직으로 전직, 수원대학교 교
수로 1983년부터 2000년까지 재직하고 정년을 맞이하였지만,
학교 당국 인사 조치로 3년간 명예교수 또 6년간 초빙교수로 모
두 26년 수원대에 봉직하였다. 2015년 당시 서울신학대학교 신
학대학원 초빙교수 5년 차를 지냈다.

결국 '아나운서 30년, 대학교수 30년'의 기록을 세우게 된다.

# 기라성 같던 당대 라디오 명 아나운서들

광복 직후 구형 라디오 '나쇼나루'는 나의 유일한 관심 대상이었다. 당시 민재호 아나운서의 '민주주의' 해설을 듣고 민주주의에 대하여 새롭게 눈을 떴다.

차분하고 알아듣기 쉽게 설명해 나가는 그의 해설은 많은 청취자의 인기를 독점한 프로그램이다.

저음으로 깔리는 특유의 어조를 듣고 있으면 자신도 모르게 매료되었다. 라디오에 매달려 지나는 시간이 많다 보니 이계원, 윤용로, 전인국 등 기라성처럼 빛나던 당대 명 아나운서 이름을 줄줄 외울 정도이다. 그리고 막연히 방송 아나운서 직을 동경하게 된 것이다.

고등학교 고학년 시절 아침이고 저녁이고 시간만 나면 배달되어 온 신문 기사를 샅샅이 읽어 나가고 이미 읽은 기사를 되풀이 읽기도 수없이 하였다. 물론 소리 내어 읽었고, 읽는 어조는 아나운서를 모방하는 형식이다.

더듬지 않으려 애썼고 어려운 한자어는 그때마다 옥편을 찾아보고 뜻과 소리를 익혀 나갔다. 이따금 신문을 소리 내어 읽을 때 뉴스 논설 산문 등을 차별된 어조로 구분하려 하고 또 가능한 대로 자연스럽게 읽도록 노력하였다.

한편 틈만 나면 라디오를 경청하는 것이 당시 나의 일과였다. 학교 수업을 받아 가며 아나운서 시험에 대비하는 나의 수련은 각고와 같은 것이지만 꼭 아나운서 시험에 합격할 것이란 확신 때문에 하루하루가 보람으로 이어져 갔다.

대학 및 전공학과를 선택할 때도 평소 애청하던 홍양보 아나운서의 방송에 이끌리어 그가 졸업한 서울 사대 국어교육과를 지원하게 되었다. 그가 국내 전파를 타던 때는 물론이거니와 후에 VUNC에 근무할 때 도쿄에서 한국을 향하여 보낸 방송을 거의 매일 청취하였다.

장중한 시그널 음악을 들려준 다음 그의 미성이 아나운스먼트로 흘러나왔다.

"VUNC 여기는 유엔군 총사령부의 방송입니다. 유엔군 총사령부의 방송은 지금부터 여러분에게 가장 정확하고 가장 새로운 소식을 전해 드리겠습니다"

뉴스 방송을 듣기보다 오히려 그의 음성 듣는 일에 일층 더 신경을 썼다는 것이 솔직한 심정이다.

아름다운 음성 명료한 발음 듣기 좋은 어조 남성의 음성이지만 은반에 구슬 구르는 소리 같다는 수식이 어색하지 않은 음성이다.

나도 저이처럼 아나운서로 방송에서 활약할 수 있을까 아니 그

보다 먼저 나에게 저이같은 적성이 있을까 없을까 이런 의문이 꼬리를 이었다. 그곳에 당시 위진록, 유덕훈, 이상송 아나운서가 함께 근무하였다.

각각 독특한 개성으로 방송 일선에서 활약 지명도를 높이고 있었다.

홍양보 아나운서는 1949년, 백범 김구 선생 국민장 실황 중계방송으로 이미 성가가 올라있는 터였다.

이보다 조금 뒤 대구 달성공원 정문 앞 광장에서 전국 마라톤 경기 출발 실황을 중계방송하던 서명석 아나운서의 현장 묘사 방송을 직접 목격하고 반드시 나도 방송국 아나운서가 되리라는 결심을 한층 더 굳혔다.

하늘이 나에게 준 직분이 무엇일까 나에게도 명 아나운서의 적성이 분명 있는 것일까. 자문자답해 가며 아나운서에 대한 나의 꿈을 조용히 키워나갔다.

대학 재학 중 몇 차례 방송국을 견학하고 또 기회가 와서 공개 방송을 스튜디오 안에서 방청하였다. '스무 고개' 시간이다.

4사람 고정 출연 박사에게 단지 '동물성' 또는 '식물성', '광물성'만 제시하면 20회로 제한된 질문을 통하여 박사들이 정답을 꼭 맞히게 하는 형식의 프로그램이다.

일반 청취자에게 비밀 실 여자 아나운서가 문제의 정답을 미리 알려주고 스튜디오 안 방청객들에게 벽보로 정답을 보여준다. 청취자 처지에서 보면 다 알고 있는 정답을 네 사람 박사만 모른 체 어정대며 정답을 맞혀 가는 과정이 매우 흥미 있는 것이다.

　당시 패널은 김학묵, 신태민, 안의섭, 홍일점, 이경희 박사 등이고 사회자는 장기범 아나운서다.

　경쟁적인 질문 공세를 잘 받아넘기며 네 박사가 어쨌든 정답을 맞힐 수 있게 이끌어가는 사회 솜씨는 가히 일품이었다.

　낮은 목소리로 안정된 느낌을 주던 그는 재치와 풍자가 한데 어우러져 당시 팬들의 인기를 독차지하기에 부족함이 없었다.

# 1954년 KBS 아나운서 발령받고 첫 축구 중계

1954년 "방송 실시에 관한 사무를 촉탁함"이라는 발령을 받은 것이 나의 정식 방송 데뷔이다. 이종완 임영 심우성 등이 동기이다. 우리나라에 방송이 KBS 라디오 하나뿐일 때이므로 소기의 목적 달성은 나에게 큰 성취감을 안겨주었지만 기실 이제 시작일 뿐이다.

서울 운동장(현재 동대문 디자인 플라자) 축구장에서 국내 실업 팀 축구 경기 전반전이 끝나고 후반전 개시를 앞둔 순간, "그럼 후반 경기 실황을 '신진' 전영우 캐스터에게 넘깁니다."

마이크로폰을 받자마자 나는 곧 흥분의 열기로 달아올랐다. 라디오 중계다. 1분, 2분, 3분 --- 10분쯤 되었을까 누군가 나의 등을 가볍게 두들기므로 힐끗 돌이보니 그만하면 실패를 모면하였다는 듯 최승주 실장(당시 대한축구협회 이사)이 웃는 낯으로 나를 바라본다. 순간 나 역시 안도의 숨을 쉬며 마주 쳐다보고 미소를 교환하였다.

이렇게 하여 나의 처녀 축구 중계방송이 그런대로 무사히 끝난 셈이다. 이후 스포츠 종목은 오직 축구만 담당하였다.

지금도 텔레비전 화면에 비치는 축구 경기를 보면 중계방송을 하고 싶은 충동을 느낀다. 1970. 대한축구협회 창립 50주년 기념식에서 저자는 감사패를 받았다. 스포츠 캐스터로서 우리나라 체육 발전에 기여하였음을 그 팻말에 적었다.

## 내가 담당했던 그 많은 프로그램

당시 재야 영수 고 유석 조병옥 박사 국민장 실황 중계방송 담당 때 안절부절못해 하는 방송 고위층의 불안감을 느끼며 중계방송하던 기억이든가 서울 동작동 명수대 상공에서 국군의 날 전개된 공군 '에어 쇼' 실황을 라디오로 직접 동시 중계할 때 순간적으로 발생하는 상황을 빠짐없이 묘사하느라 진땀 빼던 일 현충원 추모 식전 행사를 매년 동시 중계방송하던 일 남산 서쪽 마루턱에 세운 건국 대통령 우남 이승만 박사 동상 제막식 실황 동시 중계 한국일보사 주관 국제마라톤 대회 때 인천을 출발하여 서울로 향하는 코스 한 지점 부평 원퉁이 고갯마루에서 맘원경과 트랜지스터 라디오를 목에 걸고 한 손에 마이크 또 한 손에 기록지를 쥔 채 흥분하던 현장 묘사 방송, 미국 아이젠하워 대통령 방한 시 그의 카 퍼레이드 실황을 종로 덕흥 빌딩 옥상에서 중계하다 자칫 실족할 뻔 했던 일, 그러나 무엇보다 충격적인 경우는 4. 19와 5. 16이다.

4. 19의 충격은 당시 KBS 아나운서 일동이 성명을 낸 '방송 중

립화'로 분출되었고, 5.16 충격 역시 4. 19 못지않게 컸다.

KBS 라디오에서 3인 1조 4교대로 방송 현업에 들어가 주로 뉴스와 공지 사항 또는 기상 개황 및 실황 로컬 뉴스 해외 토픽스 시사 리뷰 그리고 각종 드라마 또는 다큐멘터리 소개와 해설 좌담 토론 대담 소개와 사회, 긴급 뉴스와 속보, 음악 곡목 소개 등 각종 프로그램을 담당하느라 한가할 틈이 없었다.

그 밖에 음악회 실황 중계, 무대 연극의 실황 중계 국회의사당 실황 중계 각종 의식 실황 중계, 이어 각계각층 화제 인물에 대한 인터뷰 선거 투표 및 개표 실황 등 일일이 꼽자면 한이 없다.

나는 특히 '재치 문답' '비밀의 문' '만능 스테이지' '가정오락회' 프로그램 사회를 맡았다.

KBS-TV 방송관으로 승진 발령되어 황우겸 선배 후임으로 잠깐 교양 프로그램 제자 책임을 맡고 이이 아나운서 실장을 맡았다. 그리고 프로그램은 밤 9시 메인 뉴스 앵커와 '홈런 퀴즈' 사회, 축구 경기 실황 중계 등을 맡았다.


## 동아방송 간판 '유쾌한 응접실' 사회로 각광.


공개 방송 '유쾌한 응접실'이 1963년 4월 25일 DBS 동아방송 개국과 더불어 출발, 시종 내가 담당하였다. 1980년 11월 30일

폐국과 함께 종언을 고하였다.

17년 10개월의 기간이다. 유쾌한 응접실은 유형이 오락이고, 형식이 좌담이며 포맷은 단골손님 셋, 새 손님 둘, 그리고 노래 손님 넷이 출연하여 제시된 화제를 놓고 유머와 위트로 삶의 지혜를 엮어 나가는 50분 길이의 토크 쇼이다.

양주동 박사 이서구 선생 김두희 교수 등 세 단골손님이 아니면 이 프로그램이 반석 위에 놓일 수 없었고 또 명실 공히 동아방송 간판 프로그램의 애칭을 듣지 못했을 것이다.

노승병, 안평선, 박재권 등 명 PD가 제작을 맡고 사회를 내가 맡았다.

문화관광부 주관 제1회 방송 대상을 수상하였다.

## 라디오 뉴스 전성기 정오 종합 뉴스 맡아

격조 높은 민족의 방송임을 다짐하며 동아방송은 민족의 표현 기관 민주주의 지지 문화주의 제창이라는 동아일보 창간 이념에 따라 언론의 자유와 편성의 자주성을 지키며 보도 기관의 권위와 사명감을 앞세워 건전 공평 품격을 지향하고 자유와 정의의 편에서 어떤 독재도 반대한다는 방송국 주지를 내외에 천명하였다.

동아방송 정오 종합 뉴스를 시종 내가 담당하였다.

개국 당시 10분이던 것이 1965년 15분, 1967년 20분, 1977년 25분 그리고 또다시 1980년 30분 길이로 시간이 늘어났다.

동아방송 메인 뉴스의 가치가 어떠하며 그 영향이 어떤 것이었느냐를 단적으로 입증하는 증거가 된다. 그것은 거의 동아방송 뉴스 스태프의 기획 취재 편집 역량의 총화이지만 일부는 담당 아나운서의 역할이기도 하다.

일본국 도쿄에서 멕시코 올림픽 축구 최종 예선이 벌어져 동아방송이 실황을 동시 생 중계할 때 필자가 축구 캐스터로 현지에 파견되었다.

한국이 일본과 대전하는 당일 아침 그곳 조간신문은 똑같이 한국이 일본에 3대 1, 또는 4대 1로 패할 것이라는 예측 기사를 내놓았다.

그날 저녁 도쿄 요요기 국립 경기장에 약 7만의 관중이 몰렸다.

전반전이 끝났다. 스코어는 2대 0으로 우리가 석패하고 후반이 킥업 되면서 한국 팀은 순식간에 연거푸 두 골을 만회 마침내 2대 2 동점을 만들었다.

후반전에서 아까운 장면은 우리 팀이 슛한 볼이 일본 골 크로스 바를 맞고 튀긴 경우이다. 이것마저 들어갔다면 한국이 일본을 누르고 멕시코 올림픽 본선 진출이 가능했을 것이다.

득점은 동점이지만 우리가 패하였다. 그것은 예선전을 통하여 다른 팀과의 대전에서 골의 득실점 차이가 있었기 때문이다. 아쉽다. 이튿날 그곳 조간신문을 보니 역시 약속이나 한 듯 일제히 이 번 한일 축구전은 결정적으로 한국이 우세를 보였다고 했다.

# 'KBS 한국어 연구회' 조직 발족

1983년, KBS 이원홍 사장 조치로 내가 수원대 교수와 KBS 실장 겸직을 1년 간 수행한 일을 잊기 어렵다.

1982년 'KBS 한국어 연구회'를 내가 조직 발족시키며 영국 'BBC 잉글리시' 못지않게 한국어 위상을 전 세계적으로 높여 나가자는 취지로 시작하였다. 약 40년이 경과한 현재 후임 특히 이규항, 김상준 실장 등의 열성적인 활동으로 모임이 장족의 발전을 보이고 있다. 발족 초기인 만큼 앞으로 토대가 잡힐 때까지 당분간 중심적 역할 수행을 더하라는 사장 의도로 나이 겸직 발령을 낸 것이다.

'국어 발음'이 비공식적으로 논의되어 온 것은 방송계에서 오래된 일이지만 국립 국어원이 '표준 발음법'을 제정 공포한 것은 1983년의 일이다.

아나운서 초기 내가 뉴스 원고를 소리 내어 읽을 때, 관형격 조사 '의'를 모두 [으이]로 소리내 읽으니 당시 윤길구 실장이 [에]를 왜 [으이]라 하느냐 [에]라고 발음하라 하기에 묵묵히 수용하였지만 내심 그 이론적 근거가 무엇일까 하는 의문이 계속 머리 속에 맴돌았다.

이후에도 발음 문제는 꼬리를 이어갔다. 어떤 국어학자는 [동경]이라 하지 왜 [도꾜]라 하느냐 또 다른 국어학자는 [문법]을 왜 [문뻡]이라 하며 [사:건]을 왜 [사:껀]이라 발음하느냐 즉시 정상으로 돌릴 것을 강하게 지적해 오기도 하였다.

그때마다 왜 아직 우리에게 '발음 규정' 및 '발음 사전'이 없는가 안타까워 하였다.

나의 45년 작업으로 마침내 2001년 6만 5천여 표제어가 수록된 본격적인 '표준 한국어 발음 사전'이 민지사에서 출판되고, 이듬해 문화관광부가 이 사전을 그 해 우수 학술 도서로 추천했다.

최근 인터넷 검색을 통하여 찾아보니 하버드 대학 도서관 서고에 내 저서 '표준 한국어 발음 사전'과 나의 학술 논문집 '신국어 화법론'(태학사, 1998) 등 6권의 저서가 수장되어 있음을 알았다. 기쁘고 보람차다.

## 아나운서 직업

아나운서를 인기 직이라고 보던 때도 이제는 지나간 얘기가 되는 성싶다. 우리나라에 방송국이 하나였을 때는 몰라도 지금처럼 라디오 국은 서울에 수없이 많고, TV 국도 여럿이 되고 보면 아나운서의 수도 만만치 않게 많은 편이다.

이래서 방송사 아나운서 동업끼리도 일단 소속사를 달리하면 서로 모르고 지내는 수가 많게 되었다. 따지고 보면 아나운서에 대한 희소가치를 이제는 과거처럼 인정받기가 어렵게 되었다. 더구나 청취자 처지에서는 한 방송사에 한 둘 정도의 아나운서 밖에 기억하기 힘들게 된 것이다.

시청자들이 라디오 다이얼이나 TV 채널을 임의로 고르기 때문에 방송사도 프로그램의 제작 경쟁을 가지게 되고 그러다 보면 서울의 여러 방송사가 한 건의 이벤트를 가지고도 동시에 중계하는 경우도 생긴다.

이럴 때일수록 방송사 우열이 아나운서로 평가되고 아나운서는 마치 경마할 때의 기수처럼 서로가 선의의 적수임을 자각하게 된다.

어처구니없는 일이지만 어느 겨를에 이런 모진 바람이 우리에게 불어왔을까 아나운서의 인기라는 것이 선의의 경쟁으로 카므

플라주 된 것인가?

돌이켜 한 70년 남짓 우리나라 방송의 발자취를 더듬으면 흘러 간 목소리의 주인공들이 제각기 밤하늘의 별처럼 무수한 성좌를 방송으로 새기고 저만큼 명멸해 간 것을 알 수 있다.

그 속에는 인기의 소용돌이를 벗어나지 못하고 여기에 자신을 불태워 젊음마저 잃어버린 사람도 많다. 그들은 마이크와 더불 어 그들의 목소리를 전파에 실어 허공에 발사하고 또 인기를 목 마르게 갈구하였다.

아나운서는 인기가 있어야 한다고 일러 왔고 그래야 할 것이라 는 걸 또 굳게 그들은 믿어 왔다. 인기는 자신을 충실히 하여야만 비로소 얻어지는 것이기에 한편 에고이스트가 되기에도 안성 맞 춤이었다.

그리고 선의의 경쟁은 아나운서를 시작하여 아나운서를 그만 둘 때까지 한 방송사 안이든 타 방송사와의 사이에서든 언제 어 디서고 보이지 않게 그러나 치열하게 진행되어 나간다.

결국 내가 리드하지 않으면 내가 리드 당한다는 야릇한 생리를 지니고. 그러므로 아나운서의 길은 늘 소용돌이치는 여울 속에 서 맴돈다.

시청자 인기를 한 몸에 독차지하던 사람이 어느 결에 슬며시 쓰러지고 새 사람이 인기의 각광을 받고 등장하기도 한다.

인기를 추구하고 인기를 먹고사는 사람들. 이 외곬의 사람들이 분초를 좇고 분초에 쫓기면서 소리로 부각한다.

한 때의 인기를 위하여 취미조차 몸에 붙일 수 없고 한 때의 인기를 위하여 빠른 속도로 지나는 차 속에서까지도 길 양쪽의 간판을 읽으며 가야 했고 한 때의 인기를 위한 나머지 장시간의 스포츠 중계도 감수해야만 한다.

이렇듯 하나의 인기를 위하여 소모되는 남 모르는 노력속에 그리고 그 정력 속에 아나운서의 재능이 자라는 것이리라.

이 남 모르는 정력과 노력에 늘 함께 동반하는 것은 날카로운 신경이다. 신경이 무디지 않아야 하므로 체구가 건장한 사람도 신인 때에는 몸이 여위기 쉽다.

그러나 7,8년에 접어들면 회복되고 나아가 오히려 몸이 더 늘 정도이다. 신경 노동으로 위축됐던 몸이 신경이 둔해지면서 디시 몸이 이는가 보다. 이 것은 마이크 프라이트가 원인이란다.

신인이면 누구나 겪는 일이지만 멀리서 방송사 안테나만 보아도 가슴이 떨리는 때가 있다. 더구나 그것이 바로 마이크 앞이면 더욱 그렇다.

그러나 사랑하는 연인처럼 자애로운 어머니처럼 마이크를 대하라는 선배들의 간곡한 권고가 늘 우리 귓전에 머문다.

하기야 애인이어야 하고 어머니이어야 할 마이크가 때로는 그 반대의 대상으로 느껴질 때가 많다.

뉴스 마감이 늦거나 중간에 뛰어드는 이유로 미처 그 내용을 검토도 하기 전에 방송해야 할 경우, 축구 중계는 시작해야 하는데 옆에 있어야 할 해설자가 아직 보이지 않을 경 우, 일기 예보를 하고 스튜디오 문을 닫고 나와보니 그 것이 어제 것이었을 경우, 방송이 중단돼서 사과하는 아나운스먼트를 연거푸 자주 내야 할 경우, 잘하리라던 프로에서 말을 더듬을 경우, 여유 시간은 얼마 없고 해야 할 방송 분량은 생각보다 많아졌을 때 우리는 이런 때에 마이크가 애인처럼 느껴지지 않고 어머니처럼 느껴지지 않는다.

그러나 5분이면 5분 정해진 시간 내에 단 1초의 차이도 없이 방송을 깨끗이 끝마쳤을 때, 밤새껏 보낸 숙직도 거의 끝나고 지금 맡은 프로가 오늘의 마지막 일일 때 아마 이 경우는 막차를 운행한 전동차 기사의 허탈과 어쩌면 비슷할지 모른다.

또 그처럼 며칠을 두고 신경을 곤두세우며 준비하던 중계방송을 별 사고 없이 잘 진행하고 종료 멘트를 할 때 이 때만은 누가 뭐래도 정말 마이크가 애인처럼 정답고 어머니처럼 포근하다.

이처럼 마이크를 중심한 아나운서 애환이 그날 그날 펼쳐진다. 라디오와 텔레비전에서 모두 마이크와 아나운서는 서로 떨어질 수 없지만 라디오 아나운서와 텔레비전 아나운서는 시청자에게 주는 인상이 다르다. 언제인가 오래 전 나의 신인 시절 이른바 팬의 내방을 받은 적이 있다. 그 때 그 손님이 나를 보더니 놀란다.

그것은 목소리로만 듣던 나를 실제로 직접 보니 너무나 젊기에 놀랐다는 것이다. 목소리로는 적어도 50이 넘은 것으로 짐작했던 것이 실제 내 나이와는 무려 10여 년이나 차이가 나고 보니 신기하다는 것이었다.

청각에만 호소하는 라디오는 청취자의 상상을 이렇게까지 날개 돋게 하나 보다. 라디오의 신비감이 이런 것인가?

내 아나운서 편력이 라디오에서 시작된 것도 이런 데에 뜻이 있는 것인지 아니 인기를 좇느라고 라디오와 TV를 오고 갔는지 그러나 지금은 아나운서의 희소가치도 감소됐고 인기라는 말도 아나운서 주변에서 점차 멀어져 가고 있다.

인기가 우리들 소비 생활에 비례되지 않는 바에야 차라리 우리에게서 인기를 떼어놓는 일이 속 시원하지 않을까?

그러나 아나운서라는 직업이 여전히 매력적이고 중요하다는 사실은 변함이 없다. 대중과 직접 소통하며 정보를 전달하고 감동을 주는 이 역할은 다른 어느 직업에서도 느끼기 어려운 특별한 가치와 보람을 제공한다. 시대가 변하면서 아나운서에게 요구되는 기술과 스타일 역시 변화했지만, 그 중심에는 여전히 진실되고 신뢰할 수 있는 전달자의 역할이 자리하고 있다.

# 직선적 충고 윤길구 선생
## – 야구 캐스터, 뉴스 해설위원

　윤 선생이 서울대 부속 병원에 입원했다는 연락을 받고 병원으로 문병 간 것은 그분이 타계하기 바로 며칠 전 일이다. 때마침 병상에서 간단히 식사를 마친 후라 이마에 구슬 같은 식은땀이 흐르고 얼굴은 무척이나 수척해 보인다. 저자를 본 순간 입가에 감돌던 특유한 그의 웃음은 지금껏 잊혀지지 않는다.

　방송국 아나운서를 동경한 나머지 수습으로 뽑혀 처음 연수를 받던 무렵 KBS 아나운서 책임자가 윤길구 선생이다. 각계 각층 인사가 망라된 강사진은 3개 월의 연수 기간이 지루하기는커녕 오히려 짧은 느낌마저 갖게 해줄 정도로 새롭고 유익하고 보람 있는 기회를 주었다.

　소정의 수습이 끝날 무렵 윤 선생은 13명 수습생을 향해 그동안 하루도 빠짐없이 출석한 사람이 누구냐고 묻는다. 손을 들고 보니 공교롭게 해당자는 저자 혼자뿐이다. 자랑스러운 느낌은 순간이고 곧 손 든 일이 무안할 뿐 아니라 무색하게 느껴지는 감정 변화는 무엇인가?

그는 저자에게 과제를 준다. 연수 수료식 때, 축사에 이어 답사가 있을 예정인데 저자를 수료생 대표로 지명하니 오늘 중으로 답사를 준비해 두라는 것이다.

저자는 멍하니 앉은 자세로 그 날의 답사를 구상하기 시작한다. 겉으로 아무 움직임이 없어 보이나 속마음은 매우 초조하고 분주하다. 몇 시간 뒤 그는 저자에게 다시 독촉이다.

왜 답사 준비를 아직 안 하고 있느냐는 다그침이다. 일순간 그의 얼굴에서 감정의 파도가 높게 이는 표정을 읽었으나 애써 태연해 보이면서,

"아나운서 수습 3개월간이나 했는데 준비를 따로 해야 합니까? 당일 가서 즉흥으로 하면 되겠지요."

"좋아! 바로 그거야 보람 있어."

폭소가 터지고 지난 그의 얼굴에 다시 평온이 살아난다. 이때 저자의 대답이 매우 당돌했다는 후회를 그 후 몇 차례 반복한 기억이 남아 있다.

"이봐! 미스터 전, 당신 방송은 꼭 C를 닮은 것 같아 틀렸어! 틀렸단 말이야!"

"…………"

사실 저자는 평소 사숙한 인기 절정의 모 선배 방송을 좋아한

나머지 그를 모방한 것이다. 이 무렵 저자 주변에서 이르는 말이,

"자네는 C 아나운서와 똑같더군." 하면 자신도 모르게 어깨를 으쓱했던 참인데 윤 선생의 질타는 대조적인 것이니 나이 어린 저자에게 그의 꾸지람이 퍽이나 섭섭하게 생각된 것은 사실이다.

그리고 KBS TV 초창기 동 국제방송국장이던 그는 저자의 TV 뉴스 방송 화면을 몇 차례 시청한 뒤에,

"자네 TV 뉴스는 꼭 닭이 모이 쪼아 먹는 것 같더구만"

뉴스 원고와 정면 카메라를 번갈아 보며 방송하는 부자연스런 저자의 방송 자세를 꼬집어 풍자한 야유의 말씀이다. 순간 저자는 얼굴이 화끈하게 달아올랐다. 그러나 당시 이 표현은 사실의 정곡을 찌른 정확한 것이었다.

그의 성품은 언제나 직선적이고 조금도 완곡을 택하는 일이 없다는 것을 잘 알던 터이다. 대쪽처럼 곧은 성품인 그는 평소 희로애락의 감정 표출이 매우 분명하다. 외유내강이나 외강내유의 위선이 없는 분이다. 때로 성급해 감정을 민감하게 분출한다.

그러나 세심하고 빈틈 없는 성격을 함께 지닌 분이다.

야구 중계방송의 베테랑이던 그는 투수가 포수에게 던진 볼이 스트라이크 이든 볼 이든 일단 심판 선언이 있은 후라야 "심판이 스트라이크를 선언했습니다." 또는 "심판이 볼을 선언했습니

다." 하고 중계방송을 하는 신중파 아나운서이다.

야구 캐스터로 크게 활약한 시절의 경험담을 파안대소하며 말할 때는 택시 기사도 윤길구 아나운서를 알아보고 이따금 택시비를 받지 않더라는 대목에서 그는 늘 말의 억양을 높였다.

최근 방송가에 아나운서 몇이 뉴스 해설 위원을 겸임한 경우가 있으나 실은 4반세기 전에 이미 윤길구 아나운서가 윤철성이라는 별도 이름으로 시사 해설을 맡아 사계에 명성을 크게 떨쳤음은 주지의 사실이다.

불교 전문 출신인 그는 불교 철학에 조예가 깊은 것 같았으며 죽음의 철학에도 그 나름 일가견이 있는 것 같았다.

그것은 바로 생즉 사요, 사즉 생의 사생관이다. 마치 색즉 공 공즉 색을 연상케 하는 철학이다. 주어진 직무에 충실하고 감정이 풍부한 그는 동료끼리 모여 앉아 대작하며 담소하는 분위기를 퍽이나 즐긴 편이다.

그때 정황은 술 안주 술집을 가려 찾는 형편은 못 되고 모든 것을 멋에만 맡긴 시절이다. 말하자면 철학은 있으나 경제 사정에는 거리가 먼 술 좌석이다.

어떻든 멋을 좇는 것으로 사는 보람을 만끽한 시절이다. 술이 좋아 정서가 풍요해진 것인지 정서가 풍요해 술을 즐긴 것인지 아무튼 그런 풍류가 당시 전문 방송인들 생활에 젖어있던 때이다.

대학병원 병상 윤 선생은 식사 끝낸 뒤 이마에 식은땀을 흘리며 문병 간 저자에게 "수술을 받았는데 앞으로 회복되면 술을 마셔도 상관없다는 거야."하고 말하며 웃던 그 분이 며칠 후 저 세상으로 가고 말았다.

호탕한 웃음의 철인이며 아끼는 후배에게 충고를 아끼지 않던 윤길구 아나운서를 잊지 못하는 후배가 어찌 한둘 이겠는가?

# 홍양보 아나운서

## – 전시 중앙 방송국장

　홍영보 아나운서는 1916년 평양 출생으로 1945년 평양 방송 아나운서로 활동하기 시작 방송계에 몸 담았다. 1958년 한 방송 전문지가 마련한 좌담회에 참석 월남 경위와 서울 중앙방송국 아나운서로 선발된 과정을 설명한 적이 있다.

　"여기 평양에 있으면 아무래도 재미없겠다는 생각이 들어요. 그래서 국장에게 물어봤죠. 내가 서울 가도 방송할 수 있겠는가 물어보니 '내가 아나 그러나 목소리만은 알고 있다.' 그러자 나는 해주를 통해 위험을 무릅쓰고 남으로 넘어왔죠. 서울 와서 아나운서 시험을 3회나 치르고 겨우 합격했죠. 마침 조봉순 씨가 그만두게 되어 결원 보충으로 시험 보고 들어왔죠"

　이 때 시험위원은 중앙방송국장 이혜구님, 방송과장 이계원님, 민재호 님, 방송계장 윤길구 님, 이덕근 님 등이었다.

　홍양보 님은 아나운서로 방송국에 근무하는 한편, 서울대 사범대를 졸업했다. 전공은 국어교육이다. 그는 '스무고개'와 '천

문답' 같은 공개 방송 사회를 맡아 하고 스포츠 중계방송도 담당했다.

그러나 홍양보 님은 1949년 7월 5일 민족 지도자 고 백범 김구 선생 국민장 실황을 중계방송함으로써 그의 성가가 한층 올라갔다. 그는 운구 행렬 실황을 중계했고 서울운동장 국민장 장례 실황은 방송과장 민재호님이 그리고 효창공원 묘지 하관식 실황 중계방송은 위진록 님이 담당했다.

백범 김구 선생 국민장 실황 중계는 장례식과 하관식이 모두 중요하지만 운구 행렬 이동 실황이 라디오를 청취하는 시민 입장에서 보면 일층 애 끊는 장면이었을 것이다.

김성호 "한국아나운서 통사"에 따라 홍양보 님의 그 뒤 행적을 추적해 보기로 한다.

1950년 625 전쟁 때, 중앙방송국이 대전으로 이동 여기서 방송을 하게 되자 방송 요원은 엔지니어뿐이고 유일하게 홍양보님 혼자 대전 도착해 방송하므로 국무총리 서리 겸 국방부 장관이 평 아나운서 홍양보 님을 중앙방송국장에 임명함으로써 전무후무한 인사 전례를 남겼다.

1951년 14 후퇴 때, 홍양보 님은 VUNC 유엔군 총사령부 방송 아나운서로 전출되어 일본 도쿄로 간다. 자의 반, 타의 반으로 KBS와 관계가 끊어지고 다시 오키나와로 가 18년간 심리전 방송을 담당하다가 1968년 VUNC가 해체되자 미국으로 이주 미국무성이 관장하는 VOA'미국의 소리' 방송에서 1990년까지 20여 년간 근무했다.

방송계 50여 년 오로지 아나운서로 충실히 근무한 홍양보 님은 2015년 가을 백세를 일기로 미국에서 타계했다.

대한언론인회가 2015년 11월 발간한 '실록 언론 언론인의 길 5 그 때 그 현장 못다 한 이야기'에 실린 저자의 글 '아나운서 30년 대학교수 30년' 가운데 홍양보 님 관련 부분을 발췌한다.

대학 및 전공 학과를 선택할 때도 저자는 평소 애청하던 홍양보 아나운서 방송에 끌리어 그가 졸업한 서울대 사범대 국어교육과를 지원하게 되었다. 그가 국내 전파를 타던 때는 물론이거니와 후에 VUNC에 근무할 때 도쿄에서 한국을 향해 보낸 그의 방송을 거의 매일 청취하였다.

장중한 시그널을 들려준 다음 그의 미성이 흘러나왔다.

"VUNC! 여기는 유엔군 총사령부 방송입니다. 유엔군 총사령부 방송은 지금부터 가장 정확하고 가장 새로운 소식을 여러분에게 전해드리겠습니다."

뉴스 내용을 듣기보다 오히려 그의 음성 듣기에 일층 더 신경을 썼다는 것이 솔직한 생각이다. 아름다운 음성, 명료한 발음,

듣기 좋은 어조, 남성 음성이지만 은반에 구슬 구르는 소리 같다는 수식이 어색하지 않은 음성이다.

나도 저이처럼 아나운서로 방송계에서 활약할 수 있을까 아니 그보다 먼저 나에게 저이같은 적성이 있을까 없을까 이런 의문이 꼬리를 이었다.

그곳에 위진록, 유덕훈, 이상송 아나운서가 함께 근무했다. 각각 독특한 개성으로 방송 현업에서 활약 지명도를 높이고 있었다.

홍양보 아나운서는 라디오 프로그램 '스무고개' 명 사회자로 정평이 나 있었으며 한편 '인품이 훌륭한 분'으로 방송가에 소문이 자자했다.

홍 선배님을 저자가 주선해 1956년 사대 용두동 캠퍼스로 초청, 국어교육과 학생을 대상으로 특강을 열어 좋은 반응을 얻은 적이 있다.

뿐만 아니라 오키나와 또는 미국 체류 시 이따금 고국을 방문할 때 저자와 몇몇 전문 방송인을 초대해 미국 대사관 옆 유좀 구내 식당으로 안내해 당시 국내인은 출입 제한되던 곳에서 맛있는 서양 요리를 대접하기도 했다.

선배님 나이 8, 90대 들며 미국에 오래 머물러 계시어 좀처럼 소식 모르다가 2015년 9월 29일 미국 메릴랜드에서 백세를 일기

로 작고하셨다는 부음을 '아나운서 클럽' 회보를 통해 접하고 인
생 덧없음을 다시금 실감했다.

　때늦은 감 있으나 멀리 고국에서 홍양보 선배에게 마음으로 나
마 재배하고 명복을 빈다. 평안히 영면하소서.

# 축구 중계 캐스터 최승주 아나운서
## – 당시 실장 겸 대한축구협회 이사

"왜 저만 숙직 보근을 시킵니까?"

"그럼 당신이 나보다 일찍 방송국에 취직해 들어올 일이지 나중에 들어와 어떻다는 말이오?"

그러니까 1956년 KBS가 시내 정동에 있을 무렵이다. 그 때 최승주 씨는 아나운서 책임자이고 나는 2년 밖에 안 되는 초년생, 그의 빈번한 보근 지시에 나는 본의 아닌 반발을 보이고 그는 여유를 드러내는 해학으로 응수한 것이다.

당시 나는 축구 중계 하나만으로 스포츠 캐스터 명맥을 겨우 유지하는 형편인데 실은 이 축구 중계를 처음 맡겨준 이가 바로 최 선배이다.

처음 나는 보조 임무로 여러 가지 중계 뒷바라지를 담당했다.

가령, 게임이 있기 바로 전 대진 양 팀 선수 명단을 입수해 오는 일부터 시작, 선수들 최근 동정 게임 개황과 전망 등 스포츠 시즌이 벌어지면 시내 서울 운동장으로 나가는 횟수가 늘고 이에 따라 보조 아나운서 일이 매우 분주했다.

비록 보조 입장이나 우리나라 방송 기관이 하나뿐이라 운동장 출입할 때 정문 경비들이 자못 호기심 어린 표정으로 방송 중계반을 유심히 바라보는 바람에 절로 어깨가 으쓱했다.

그러나 이 일도 한두 번이지 보조 역할에서 하루속히 벗어나 당당히 담당 캐스터로 실황 중계방송을 담당했으면 하는 소망은 날이 갈수록 간절하기만 했다.

당시 축구 중계에 관심 가진 선배가 따로 몇 사람 더 있는 까닭에 중계석에 앉아본다는 꿈은 나로서 엄두도 낼 수 없는 때다.

그러던 어느 날 이순길 선배가 치밀한 준비와 상당한 연습 끝에 절호의 기회를 포착했다.

"그럼 마이크를 '이' 아나운서에게 옮깁니다."

"지금까지 최승주 아나운서의 실황 중계였습니다. 말씀드리는 순간 양 팀 선수 모두 그라운드 한복판에서 혼전! 혼전! 혼전!"

"이 아나운서의 실황 중계였습니다."

머뭇거리며 말 꼬리를 잇지 못하는 후배를 안타깝게 생각한 나머지 최 선배가 즉각 이 아나운서 마이크를 도로 빼앗아 축구 경기 실황을 계속 이어 나아갔다.

이 아나운서야 더 말할 것 없으나 최 선배 마음도 여간 괴로운 것이 아니다는 소감을 후에 들었다.

이 아나의 축구 중계는 결국 1분을 넘기지 못한 채 끝난 셈이다. 그 뒤를 이어 나는 최 선배에게 축구 중계기회를 달라고 수차 요구하고 나선다. 그러나 그는 요지부동이다. 사실 그럴 수 밖에 없을 것이다.

그러다가 간신히 허락을 얻어 냈다. 장소는 서울 운동장 국내 실업 팀 축구 경기 전반전이 끝나고 후반전 킥 오프를 앞둔 순간이 때다.

"그럼 후반전 경기 실황 '신진' 전영우 아나운서 중계로 들으시겠습니다."

마이크를 옮겨 쥐기 무섭게 나는 걷잡을 수 없는 흥분에 휩싸인다.

1분, 2분, 3분… 10분쯤 되었을까. 누군가 내 등을 가볍게 두들기기에 힐끗 돌아보니 그만하면 실패는 모면했다는 듯 최 선배가 웃는 낯으로 나를 바라본다.

그 순간 나 역시 안도의 숨을 쉬며 마주 쳐다보고 미소를 나누었다. 이렇게 해 나의 처녀 축구 중계방송은 그런대로 무사히 끝낼 수 있었다.

그날 저녁 그가 이끄는 대로 창신동 그의 집에 가 동태찌개와 막걸리 잔을 상에 놓고 그 날 진행한 나의 축구 중계를 화제로 이야기 꽃을 피우며 시간 가는 줄 몰랐다. 잘한 점과 부족한 점을 낱낱이 꼬집어내 자세히 일러주는 선배에게 나는 형제의 정을 느끼지 않을 수 없었다.

최승주 아나운서는 1950년대 중반 축구 캐스터로 관록이 대단한 분이다. 그도 그럴 것이 그 때 그는 이미 대한축구협회 이사직을 겸하고 있기까지 했다.

하루 한 번 시청 건너편 축구협회 사무실을 꼭 다녀오는 그를 나도 이따금 수행한 적이 있다. 축구협회 이사를 겸한 방송국 축구 캐스터는 현재도 그렇지만 아마 앞으로도 전무후무한 일이 될 것이다.

당시 실황 방송을 지금과 비교하면 격세지감이 없지 않다. 우선 그 때는 트랜지스터와 TV가 없던 시절이다. 뿐만 아니라 캐스터 중계 기법에도 많은 변화가 있다.

그 때 최승주 캐스터가 즐겨 쓰던 축구 경기 실황 묘사에 "세기차듯 몰고 들어가는 볼"이라든가, "두 발 당성으로 차는 볼", "여의치 않은 볼" 등이 떠오른다.

언제나 실감 나는 애드리브로 표현해야 한다는 주장을 염두에 두고 실황 방송에 임하던 그 분이 본의 아니게 언어 표현상 약간 품위가 손상된 적이 있다.

어느 해 여름 철 서울 운동장 스탠드 빽빽이 관중이 운집하여 축구 경기를 흥미 있게 관전하고 있을 때였다. 한참 경기가 절정에 이를 때 난데없이 소나기가 쏟아지자 스탠드 관중은 약속이나 한 듯 일제히 스탠드 뒤 편 포플러 나무 밑으로 들어가 비를 피하고 있었다.

"때마침 서울 운동장에 소나기가 퍼붓고 있습니다. 주위 스탠드를 꽉 메우고 있던 관중들 모두 비를 피하느라 포플러 나무 '밑 구녕'으로 들어갔습니다"

아차 하는 순간 거침없이 나가던 캐스터의 실황 묘사가 실수를 하고 만 것이다.

그러나 이 경우를 물씬한 서님 체취로 보고 싶다. 이 분 서민 체취는 일상 생활에 종종 나타난다.

어느 해 연말 KBS 아나운서 실에서 최 선배 제의로 선물 교환 행사가 베풀어져 동료 간에 세밑의 정을 나눈 때가 있다. 그가 나에게 준 선물은 허름한 가방 하나다. 엉뚱한 선물에 어이없어 하는 나에게 그가 던진 말은,

"이거 뭐 별거 아닌데 갓난 아기는 잘 자라고 있겠지요? 아기 기저귀 가방이나 하시오!"

이야기는 바뀌지만 1950년대 중반 라디오 프로그램 '인생 역마차'가 꾀 인기 있고 청취율이 예상외로 높았다. 쟁쟁한 작가들이 돌아가며 청취자 인생 애환을 접수 극화하는 프로그램인데 청취자가 정황을 생생하게 실감할 수 있고 내용도 매우 흥미 있어

시중 인기가 대단했다.

그 때 최승주 씨는 '최일주'라는 필명으로 가끔 이 '인생 역마차"를 극화했다. 어떤 사람의 인생 체험을 극화하는 일이 창작만큼 어려운 작업이라면 그는 창작 구성력을 이미 갖춘 것이라 보아야 한다. 유명 아나운서로 이름을 날렸지만 방송 작가로도 자질이 십분 발휘된 셈이다.

이 분이 홀연 유명을 달리하고 1 주기가 되었을 때 평소 그를 따르던 동료 및 후배 그리고 가족과 친지가 그의 유택에 모여 1 주기 추모제를 올리는데 고인 필명이 공교롭게 '일주'임을 기억하고 북받치는 슬픔을 억제하기 힘겨워 하던 일이 저자에게 주마등처럼 스쳐 간다.

생전 그가 나에게 남 달리 따뜻하게 대해 준 배려로 인해 지금도 나는 그를 고맙게 생각한다.

내가 아나운서 모집 시험에 응모해 면접을 받을 때 확실치 않으나 어렴풋이 그가 대학 선배인 점을 알고부터 나도 그를 각별히 따르고 존경했으며 지금도 그를 잊지 못한다.

내친 김에 일화를 몇 가지 더 소개하는 것으로 그 분 사람 됨을 알리려 한다.

아나운서 생활은 시간에 쫓기는 것이 숙명처럼 되어 있어 여가를 즐기는 일이 상당히 어렵다. 더구나 취미를 몇 가지 갖는다는 일은 꿈도 못 꿀 일이다.

이처럼 자기는 취미에 묻힐 시간이 없더라도 직업 탓에 남이 하는 모든 취미를 폭 넓게 살피는 고된 작업을 아나운서는 감수해야 한다.

지금은 사정이 다르나 1950년대 중반 서울에 당구장이 그리 흔하지 않았고 당구를 즐기는 인구도 많지 않았다. 아니 거의 없는 형편이었다.

한번 최 선배를 따라 시내 소공동 근처 당구장을 찾은 일이 있다. 당구대가 여러 개 있는 규모 큰 집이지만 그 시간 우리가 첫 손님인지 다른 손님은 눈에 띄지 않는다.

선배는 큐 꽂이에서 큐 몇 개를 만지작거리더니 이윽고 큐를 한 개 골랐다. 큐 선택에 보통 신중을 기하는 것이 아니다.

또 당구 대만 하여도 요모조모 살피고 난 후 한 당구대를 잡는다. 공을 선택할 때도 물론 신중했다. 어떻든 매사 신중하고 시간이 소요되었다.

얼마 후 내게도 큐 하나를 골라주고 당구 하는 요령을 그 자리에서 5분가량 자세히 일러준다.

나는 최 선배의 일거수 일투족을 주시하다가 아주 놀라고 말았다. 당시만 해도 당구가 보편화되어 있지 않았는데 언제 저만한 실력을 쌓았을까 놀라운 시선으로 바라본 것이다.

그러나 얼마 후 알고 보니 그 때 그의 당구 실력은 고작 30이라는 보잘것없는 실력이었다. 그러면서도 전혀 초심자인 나에게 가르쳐 주는 폼은 가위 고점자에 손색없는 바로 그것이었다. 이 점이 그의 멋이다.

그의 멋은 방송에서 적잖이 나타난다. 각종 스포츠 경기가 막을 내리고 빙상 경기만 남았을 때 스포츠 특집이 매일 일정 시간에 나가게 되었다.

이 시간을 담당한 최 선배는 축구 경기 규칙을 해설해 나갔다. 물론 원고도 없고 단지 메모 한 장만 손에 쥔 채 마이크 앞에 앉는다.

마침 그 때 나는 소개 방송을 하고 서서 축구 경기 해설을 옆에서 들었다. 그는 차분하게 그러나 박력있는 음성으로 알아듣기 쉽게 규칙을 해설한다."가령 제가 있은 자리에서 오른쪽이 A 팀 진영 왼쪽이 B 팀 진영이라 가정하면 이것은 어디까지나 가정입니다. 여러분은 각각 여러분대로 가상 그라운드에 가상 진영을 설정하시면 좋겠습니다.

자! 그럼 이제 본격적인 설명으로 들어가겠습니다. 준비는 다 되셨겠죠?"

학교 선생님처럼 찬찬하게 축구 경기 규칙을 설명해 나간다.

최 선배는 아나운서 역할이란 크게 말해 사회과 교사 구실이란 점을 항상 힘 주어 말해 왔고 또 그런 신조로 방송에 임하는 것이 분명했다.

지금 방송 아나운서가 사회과 교사라기보다 각종 메시지 센터 입장이지만 당시는 사회과 교사라는 표현이 어쩌면 타당한 느낌이 든다.

신문과 함께 방송도 교육 기능을 갖는 것이 사실이고 보면 그의 표현에 수긍이 간다. 아니 대학을 다니며 그기 교육자적인 소양과 훈련을 쌓고 교육학적인 분위기 속에서 고등교육을 받은 결과인지 모른다.

어느 날 내가 그 분에게 역도 경기에 대해 질문했을 때만 해도 그 자리에서 즉각 시범교육을 실시하는 그였다. 놋쇠로 만든 스탠드 재떨이가 순간 역기로 둔갑한다. 나에게 재떨이를 가져오게 한 다음 그가 그것을 말끔히 닦고 스탠드를 옆으로 누이니까 마치 억기처럼 형상이 바뀐다.

170 센티 신장 80 킬로그램 체중, 상의를 벗더니 역도 선수 폼으로 가로 놓인 재떨이를 중량이 크게 나가는 실제 역기를 드는 것처럼 온 기력을 한 곳에 집중한다.

그러더니 가볍게 들 수 있는 것을 무척 힘들게 들어 올리는 시늉을 한다. 재 떨이를 한동안 들고 서 있다가 매우 힘든 모습으로 다시 사무실 바닥으로 조용히 내려놓더니 내게 한 마디,

"이 것이 바로 추상입니다. 아시겠습니까? 다시 한번 하죠."

나는 하도 진지한 그의 표정과 동작이 우스워 못 견딜 지경인데 최 선배는 조금도 웃지 않는다. 이처럼 실감 나는 인스턴트 교육이 있을까를 생각하면 그는 사회과 교사로도 손색없는 참 모습을 지녔다.

"그럼 후반 경기 실황을 '신진' 전영우 아나운서에게 넘깁니다."

이 때, '신진'이란 수식어만 해도 그렇다. 그 표현을 안 쓰는 것이 어찌 보면 나를 아끼는 듯하나 실은 그 반대다. 다만 이 신진이라는 표현은 아무래도 유명 캐스터 다음에 서투른 내가 처음 등장하는 터라 우선 미숙하기 이를 데 없을 것이고 그러다 보면 청취자 반응도 좋지 않을 것을 예상 처음 등장하는 신인이니 청취자 여러분이 이 점 크게 참작하여 좀 미숙하더라도 널리 이해해 달라고 후배인 나를 함축성 있게 감싸주는 말하자면 햇병아리를 감싸는 어미 닭의 따뜻한 깃털인 것이다.

"왜 저만 숙직 보근을 시킵니까?"

"그럼 당신이 나보다 일찍 방송국에 들어올 일이지 나중에 들어와서 어떻다는 얘기요?"

나와 최 선배의 이 한 도막 대화에도 그의 서민 체취가 물씬 난다. 그리고 그는 그가 말한 것처럼 사회과 교사였다.

한 평범한 아나운서로 삶을 살다가 어느 날 갑자기 타계한 그를 흠모하는 내 마음은 지금도 여전하다.

산소를 먹골에서 양주로 천장하고 최 선배 큰 자제가 저자에게 묘비명을 청하기에 서투르나마 지어 보냈는데 그 전문은 이렇다.

일주 최승주 아나운서 묘비명

방송에서 한 시대를 풍미하고 난세를 고고히 살다 간 최승주 아나운서, 공중에도 길이 있어 희로애락의 메시지를 전파에 날리던 금속성 중후한 음성 마이크의 주인공 최승주 아나운서 환한 미소에 서민의 체취가 물씬하던 다정다감한 인간미 경신학당에서 축구로 다진 몸매 일본 도시샤 대 유학 후 서울대에서 거둔 학문의 성취 대한축구협회 이사를 겸한 명 축구 캐스터 50년대 KBS 아나운서 실장 일주 최승주 선생 생애 비록 짧았으나 그가 남긴 발자취는 길이 빛날 것이다.

한국 아나운서 클럽 회장 문학박사 전영우 기록

# 2부

# 스승의 은혜

# 이하윤 선생 '현대문학' 강의

'물레방아'의 시인 연포 이하윤 선생이 담당한 '현대 문학' 강의 때, 조지훈이 지은 '시의 원리'를 교재로 채택 이 책을 읽어가며 수업이 진행되었을 때 방송국에 근무한 이력이 있는 연포 선생이 저자에게 책을 읽게 해 한 학기 동안 열심히 읽었다.

문장 내용 구성에 어려운 한자어가 많이 포함되어 한자 옥편을 찾아 뜻을 익히느라 공부를 많이 했다.

저자는 연포 선생의 각별한 사랑을 받은 제자라고 기억한다. 선생이 외국에서 열리는 유네스코 국제회의에 자주 참석하여 휴강이 잦았으므로 수업이 아쉬웠지만 그래도 문단에서 지명도가 높은 스승이었으므로 그 분을 우러르고 자랑스럽게 생각했다.

특히 선생은 당시 이화여대 교수 이헌구 선생과 교유가 각별했던 것으로 안다.

선생은 일본에 유학 호세이 대학에서 문과를 졸업하고 귀국하여 신문 방송 등 언론계와 문단 그리고 교육계에서 활약하고 해외 문학파 시인으로 알려졌으며 '물레방아'와 '향기 잃은 화원'이라는 시집과 '프랑스 시 선집' '영국 애란 시 선집' 등의 저서 및 역서를 남겼다. 그의 물레방아 시비가 현재 신갈 민속촌 한 쪽에 세워져 있다.

시내 소공동 서울대학교 치과대학 그릴에서 '영국 애란 시 선집' 출판 기념회가 있을 때 정경이 떠오른다.

문단 인사와 대학교수 등 여러분이 참석한 자리 조용하고 고즈넉한 분위기 속에서 모임이 시작되자 먼저 출판 경위에 앞서 선생이 역자이므로 역자 소개가 간단히 있은 뒤 경과보고와 함께 축사로 들어가 '가고파'를 작곡한 경희대 김동진 교수 축사가 엄숙한 가운데 진행되고 바로 이어 '순애보' 소설 작가 박계주가 축사의 바통을 이어받았다.

6. 25 때 그가 문인들에 섞여 서울에서 북한으로 이송될 때 강원도 철원 시골 조등학교에서 마침 어느 청년 하나가 앞에 오더니 "선생님! 이하윤 교수가 저의 아버지 십니다." 하고 반갑게 인사한다.

이에 바로 앞서 북한 군인 하나가 "소설 순애보를 쓰신 박계주 선생이시죠? 저도 그 소설을 읽은 사람입니다" 하며 반갑게 인사하고, 신문지에 싼 삶은 쇠고기를 한 덩이 건네주어 손에 들고 있던 참이다.

급하게 한 귀퉁이 떼어내 주고 먹으라 하니 핏기 없는 허기진 얼굴에 냉큼 받아가지고 남이 볼세라 뒤도 돌아보지 않고 달려가더니 무리 속으로 사라져 버리더라는 연포 선생 큰 자제 예기를 꺼내자 축하 일색으로 들뜨던 분위기가 삽시간에 얼어버리고 출판 기념회 주인공, 참석자 한 사람인 저자 역시 순간 슬픈 감정에 휩싸이지 않을 수 없었다. 선생의 자제는 그 때 서울 모 신문사 문화부 기자라는 사실을 나중에 알았다.

분위기 반전이 연출된 장면 속에서 저자는 소설가 박계주의 작가적 역량을 새삼 엿보게 된다.

이에 앞서 김동진이 축사할 때 처음 지명된 터라 약간 긴장한 탓인지 자리에서 일어나며 더블 재킷의 단추를 채울 때 위 단추를 아래 단추 구멍에 끼워 언밸런스를 이루자 참석자 사이에 웃음이 일렁인 터여서 어찌 보면 박계주 축사의 한 토막은 그야말로 분위기에 극적인 전환을 가져온 셈이다.

어느 정도 세월이 지나간 뒤 선생이 서울대에서 정년하고 시내 덕성여대 교양학부 학부장으로 교수 직을 이어갈 때 저자에게 전화를 주고 월간 '세대' 잡지에서 취재 온다는데 '스승과 제자' 코너에 게재될 사진을 찍힐 터이니 곧 만나자는 분부 말씀이다.

당일 약속이라도 선생님 말씀이라 바삐 돌아가는 방송국 일 다 옆으로 미루고 급히 달려갔다.

사진 기자가 이렇게 저렇게 포즈를 지시하더니 연방 셔터를 눌러 댄다. 한동안 찍어대던 기자가 그만하면 되겠다고 하더니 손수건을 꺼내 이마의 식은땀을 닦으며 사진 설명을 이하윤 교수에게 부탁하니까 지체할 겨를 없이 사진 설명을 저자가 쓰도록 선생이 진지하게 당부하신다.

사진 설명에 쓴 당시 저자의 글을 옮긴다.

"연포 이하윤 교수님이 지금은 덕성 여대 교양학부 학부장으로 계시지만 그전에는 서울대학교 사범대학에서 다년간 강단을 지키셨다. 필자는 이때의 문하생이다.

언제인가 필자의 재학 시절 선생님이 '영국 애란 시 선집'을 냈고 그 출판 기념 모임이 있던 자리에서 어느 작가 한 분이 축사하는 중 선생 함자를 풀이해 이르기를, '이국 산천의 윤택함을 노래한 외국의 시 작품을 우리 말로 옮기기가 그리 수월한 일이 아닌데 연포 선생은 이름 글지 뜻대로 그 일을 하신 겁니다' 하던 말소리가 지금 새롭게 귓전을 때린다.


끝없이 돌아가는 물레방아 바퀴에
한 잎씩 한 잎씩 이내 추억을 걸면


선생의 시 '물레방아' 첫머리가 우리나라 산하의 산수화라면 분명 선생은 이 강산의 아름다움을 먼저 노래한 셈이다.

오뉴월 복중의 무더위인데 선생은 정장을 하고 필자는 버릇없는 옷차림이다. 선생의 제자 아끼는 마음을 굳게 새기고 선생이 연년 익수 하시기를 빈다. 덕성여대 캠퍼스에서 스승과 제자의 망중한, 그 후 서울대 명예교수 이하윤 선생은 1974년 작고하셨다. 선생을 따르던 문학 전공 제자인 국어과 9회 최성민 교수가 프랑스 유학 후 이화여대 불문과에서 교편을 잡았다.

삽화가요, 영화인인 석영 안석주가 그의 빙장이요 '우리의 소원은 통일' 노래를 작곡한 음악가 안병원이 그의 처남이다.

# 한상갑 선생 '맹자' 강독

　한문 공부가 더 목마를 때 저자는 한상갑 선생을 알게 되어 그분 수업을 듣기로 하는데 마침 한문 강독으로 '맹자'를 가르쳤다. 두 학기인가 들었는데 이 때 한 문장 해석을 어찌나 자세히 해 주는지 한문 공부에 저자로서 또 새 길을 찾게 되었다.

　우리 말 약 3분의 2가 한자어인데 한자의 튼실한 기초 없이 어찌 저자가 국어과 교육을 장차 잘 담당할 수 있겠느냐는 소견을 가지고 있던 터라 마침 매우 잘된 일이었다. 이제 생각하면 논어를 이보다 먼저 배운 깃으로 기억한다.

　논어와 맹자에 앞서 중국 역사 '십팔 사략'을 이미 배웠으니 급한 대로 한문의 기초가 어느 정도 다져진 것 같지만 아직 멀게만 느껴진다. 지금 돌이켜 보면 한시를 이 때 배웠어야 하는데 그러지 못한 점이 이제 와 후회되기도 한다.

　앞으로 기회가 오겠지 하였지만 그 후 한번 놓친 기회는 저자에게 영영 돌아오지 않았다.

　그 때 한시를 배웠다면 노후에 동호인들과 함께 한층 더 깊은 정서 속에 우정을 다지며 유유자적 할 수 있었을 것을 하는 후회가 남는다.

한상갑 선생은 일찍 일본에 유학 그 곳 동양대학에서 동양 철학과를 나왔다. 당시 선생은 성균관대 동철과 교수로 사대는 겸임이다.

큰 자제가 문희 씨로 사대 동기요, 생물교육과를 나와 대전 유성에서 유전공학 연구소장을 지냈고 둘째 자제 무희 씨는 단국대 한문교육과 교수를 지냈다.

# 말본과 문법 수업

저자가 문법을 한문 다음으로 중요시한 까닭에 국어학 강독으로 일석 이희승 선생 문법과 심악 이숭녕 선생 문법 그리고 외솔 최현배 선생 말본을 배울 수 있던 일은 저자에게 더없이 좋은 기회가 아니었을까?

국어국문학회 문법과 한글학회 말본이 우리말 문법의 양대 산맥을 이루니 마침 저자는 문법을 배울 좋은 기회를 잡은 것이다. 이 절호의 기회를 놓칠세라 온 정력을 기울여 문법과 말본을 학습하는데 그야말로 최선을 다했다.

외솔 선생은 그의 저서 '우리 말본'을 교재로 삼고 '한글갈'을 부교재로 삼았다.

'한글갈' 머리말에서 외솔 선생이 그 책을 쓸 때 간송 전형필의 훈민정음 원본을 빌려보고 썼다는 내용을 읽고 저자가 "바로 그분이 저의 아저씨에요"(삼종숙)하고 말씀 드리니 "그래?" 하고 빙그레 웃는다.

간송 전형필은 교육 사업가요, 문화재 수집가다. 1929년 일본 와세다 대학 법문학부를 졸업하고 문화재 수집을 시작했으며 한남서림을 경영하고 문화재 대일 유출을 저지하는데 공로가 크다.

선생은 1940년 보성 고보를 인수 운영하였고 선생의 문화재 수집품 가운데 '훈민정음' 원본 등 10여 점이 국보로 지정되었다.

선생은 1954년 문화재 보존위원을 지내고 상훈으로 교육공로 표창과 문화포장 국민훈장 동백장 금관 문화훈장 등을 받았다.

한글 학자 최현배는 1925년 일본 교토 대학을 졸업하고 1926년 동 대학원을 졸업한다. 연희전문학교 교수 군정청 문교부 편수국장 한글학회 이사장 1954년 연세대 교수 부총장을 거쳐 1961년 연세대 명예교수 1964년 동아대 교수 등을 지냈다.

저서에 우리말본, 한글갈, 글자의 혁명, 조선민족 갱생의 도 나라 사랑의 길 등이 있고 상훈은 건국 공로훈장이 있다.

사대 국어교육과 동기 박능제가 수업시간에 말본 문제를 선생에게 질문했을 때 선생이 그 말소리를 듣고 "자네 고향이 경남 함안이지?" 하자 대뜸 "예! 그렇습니다." 하고 대답한 적이 있다. 이 때 일이 지금도 생생하게 되살아난다.

말소리를 듣고 경상도 방언은 누구나 쉽게 알 수 있어도 군 단

위까지 내려갈 수야 없지 않은가?

수업 듣던 저자를 포함 모든 학우가 순간 놀라고 말았다. 앞으로 말본을 열심히 공부하면 말소리만 듣고도 남의 고향을 족집게처럼 알아맞힐 수 있을까? 그 후 저자 역시 여러 차례 시도해 보았으나 들쭉날쭉하였다.

글말도 중요하지만 소리말도 중요함을 새삼스럽게 인식하게 된 순간이다.

말본 시간에 선생 강의를 열심히 들은 까닭에 두 학기 모두 시험 본 성적이 좋아 가능하다면 선생 학문을 계승 발전시키는 방향으로 향후 진로를 잡아 보는 것이 좋지 않을까 하는 생각이 들어 대학 졸업 후 연세대 대학원 석사 과정 '국어학' 전공 시험에 응시하였으나 곧 낙방했다.

저자가 너무 무모한 까닭이다. 우선 시험에 응시하기 잎서 외솔 성생과 상의한 뒤 결정하는 절차를 밟지 않은 결과이다. 시험 첫 시간이 전공 필답고사 인데 출제된 문제를 보니 도무지 문제 자체를 이해할 수 없다.

이 때 저자 평생 처음으로 시험 보며 백지를 낸 첫 기록을 남겼다. 시험장을 빠져나오자 마자 대학원 교학과에 알아보니 이 번 출제는 외솔 선생이 아니고 한결 김윤경 선생이 낸 것이라 하여 이 때 저자는 머리 뒤통수만 긁고 말았다.

한결 선생의 '한국 문자 및 어학사' 책을 저자도 가지고 있어 미리 한두 차례 곰곰이 읽고 갔어도 결과는 달랐을 것이다. 그러나 함께 시험 본 사대 국어과 동기 이재철 박사는 대학원 도서관 학과에 합격, 후에 우리나라 문헌 정보 학계를 선두에서 이끌었다. 그는 학교 보직으로 연세대학교 중앙 도서관장도 지냈다.

후에 저자가 경기고에서 교편을 잡았을 때 선생님의 손자 최동식 군을 가르쳤으니 이 생각 저 생각 만감이 교차한다.

# 김형규 선생 '국어학 강독'

해암 김형규 교수는 비록 일제 치하이지만 당시 일제의 우리 문화 말살의 정책에 분개하여 선인들의 문화 전통을 계승해야 한다는 애국정신을 일념으로 관학이기는 하나 일제가 세운 경성제국대학에 입학하고 조선어 및 조선문학 학과에서 우리 어문학을 전공한다.

선생은 졸업 후 전주사범학교 교유를 거쳐 광복이 되자 원산중하교 교장, 이어 고려대 교수 그리고 1952년부터 24년 간 서울대 사대에서 교수 생활을 했나.

따뜻한 미소가 인상적인 해암 선생은 전공 학생들로부터 많은 존경을 받았다.

저서에 '국어사 연구' '국어학 개론' '고가 주석' 등이 있다.

선생은 국어학회 학회장, 학술원 회원이 됨으로써 우리나라 국어학자로서 최고의 영예를 누렸다.

수상은 학술원 저작상, 31 문화상, 그리고 정부로부터 국민훈장 동백장을 받았다.

선생은 1962년 서울대에서 문학 박사 학위를 받았다.

이 무렵 저자가 KBS TV 방송관보로 교양 프로그램 제작 책임자로 있을 때이다. 당시는 박사 학위가 드물 때이라 선생의 학위 취득은 학계 뉴스이다.

저자는 곧 담당 PD에게 지시 명사를 모시는 인물 코너를 제작하게 했다. 한때나마 TV 녹화장은 선생 왕국이었다.

남긴 저서에 앞에 말한 3가지 외에 수필집으로 '계절의 향기' 등이 있다.

학계에서 많은 경외를 받는 해암 김형규 선생은 마침내 초대 국립 국어원장이 된다. 존경스러운 학자요 스승이다.

선생 수업 중 자주 들었던 언어학 용어에 '히아투스 현상'이 있다. 당시 어떤 학술 용어보다 신선감을 주는 용어인데 최근 저자가 읽은 그리스 철학서인 플라톤 저서 '파이드로스' 주석 가운데서 같은 용어를 발견하고는 새롭게 놀라지 않을 수 없었다.

이 현상을 '모음 충돌 회피'라고 배운 바 있다.

한 편 "플라톤은 문체상으로 이소크라테스의 영향을 매우 강하게 받았다. 이른바 모음중복(히아투스)이란 현상 부분도 그 하나이다"

이 인용구는 후대 번역자가 플라톤 문체가 이소크라테스의 영향을 받은 사실을 입증한 한 증거로 내세운 것이다. 따라서 해암 선생의 학문적 통찰이 얼마나 폭 넓은 것인지 새삼 깨닫게 된다.

국립국어원이 초기 서울 시내 덕성 여대 구내에 있을 때 선생을 그곳에서 뵌 적이 있고 서울 신촌 로터리 한 음식점에서 사대 국어 교육과 10회 동기 모임이 베푼 선생 원장 취임 축하연이 저자가 선생을 만나 뵌 마지막 자리이다.

1996년 교음사에서 출판된 김형규 수필집 '세월은 가고'에 담긴 선생의 시 한 수를 붙인다.


## 창공


푸른 하늘을 바라본다
온 세상을 품에 안은
네 가슴은 넓기만 하구나!
구천 높고 높은 하늘 아래
떠도는 티 끌 같은 내 인생아!
나는 오늘도 너를 우러러본다
밝은 하늘 빛 이슬이 되어
내 마음 깊이 고이나니
이 영혼 그를 마시며 살아간다
영원에서 영원으로 이어가는
파란 하늘아!

옛 사람 너를 집(우주)이라 불렀거늘
내 언젠가 이 땅에 묻히는 날
넓은 흰 나래를 달고
너를 향해 끝없이 끝없이 나르리라

# 이을환 선생 '일반 의미론'

이을환 선생은 사대 국어과 1회 졸업생으로 언어학과 의미론 연구에 남다른 관심을 가지고 묵묵히 학술 업적을 쌓아 왔다.

모교에 출강 언어학을 담당하며 의미론의 지평도 우리에게 처음 열어준 분이다. 언어학과 의미론에 대하여 새롭게 눈을 뜨게 된 것도 전적으로 이 분의 가르침 덕분이다. 이 때는 물론 일반 의미론이다.

선생은 숙명 여대에서 국어국문학과 강사로 시작하여 교수가 되고 보직은 교양학부장 도시관장 문과대학장 대학원장까지 오르고 여기서 정년을 맞이한다.

선생 논저로 언어학 개설, 국어의 의미론적 연구, 국어학 연구, 증보 일반의미론 등이 있다.

선생은 일본어와 영어에 능통한 어학 실력을 토대로 해외 최신 정보를 신속히 입수 평가하고 누구보다 빠르게 우리나라 국어 연구에 응용 내지 전용함으로써 동학 및 후학들에게 많은 아이디어와 함께 여러 가지 시사 점을 제공 학문 연구에 새로 박차를 가할 수 있게 전기를 마련해 주었다.

일제 말기 저자가 서울 청계 초등학교 때 갈현동으로 소개 가서 서대문구 소재 녹번동 은평초등학교로 전학해 다니는 데 1945년 광복이 되자 새로 부임한 교장 선생이 바로 이을환 선생의 선고장 이근홍 선생이다.

온후하고 인자하신 인상이다. 그 무렵 저자는 다시 서울 학교로 복귀하게 되어 교장 선생과 헤어졌다.

이을환 교수가 추천해 준 '언어학 개요'는 일본인 사또의 저서로 내용 편성이 간명하여 언어학 대강을 파악하는데 매우 긴요할 뿐 아니라 교단에서 학생들을 가르치는 데도 매우 도움이 컸다.

1960년대 서울 종로에 있던 비어 바 '낭만'은 학술 정보를 획득하는데 더 없이 좋은 사교 공간이었다. 당시 그 곳에 서울과 지방의 대학 교수들이 많이 모여 친교를 도모하는데 이보다 더 좋은 공간이 없었다.

이 교수도 이곳에 자주 들러 저자와 여러 차례 자리를 함께 할 기회가 있었다.

유창돈 님, 조병화 님, 남광우 님, 김민수 님, 박노춘 님 등 등 우리나라 국어국문학계 중진 인사가 이 곳에서 회동하는 일이 자주 있었다.

선배인 우인섭 님, 박붕배 님, 구인환 님 등도 이따금 만날 수 있었다.

　마침 직장이 세종로에 있었기 때문에 저자 역시 이 곳에 자주 들렀다. 좌석에 흥이 오르면 바로 옆에 있던 향화촌으로 자리를 옮겨 2차 자리를 가지기도 하였다.

　종로 3층 다방 양지는 낭만으로 가기 앞서 모이거나 뒤풀이 장소로 많이 이용되었다. 그야말로 우리의 1960년대는 '낭만 시대'라 하겠다.

　아우님으로 이화여대 교수 규환씨와 제주대 교수 성환씨가 있는데 여기서 만나 처음 인사를 나누었다. 신환으로 학교를 그만 두고 서울에 왔을 때 저자가 성환 시인에게 동아방송 라디오 프로그램 '산곡 간에 흐르는 물' 방송 원고를 부탁해 쓰게 한 바 글이 간결하고 쉽고 문학적이어서 당시 청취자 반응이 좋았다.

　그러나 몇 년 가지 않아 집필이 끊기고 얼마 후 성환 시인도 저 세상 사람이 되고 만다. 애석한 일이다. 저자는 초등학교 교장 세 아드님과의 만남을 잊기 어렵다. 규환 교수는 서울 사대 선배이니 교장 선생 가정은 말하자면 모범적 교육 가정이다.

# 그믐달

이성환

그믐달은
마을에 상여 떠나기를 기다려서
저 혼자 어둠을 기대고 드러누웠다

몸은 비록 멀리 떨어져 있으나
나 어린 상주의 울음 대신
그믐달은 조용히 머리를 풀어 띄웠다

산 설고 낯 설은 바람 잔 뜰 안
허전한 어느 비인 항아리 안에
남 몰래 소나기로 내려왔다가
이윽고 다다른 목숨
재 너머로 조용히 일러 보내고
그믐달은
상주가 잠이 들기를 기다려서
부엉이를 여지없이 성 밖에 두고 싶었다

# 이두현 선생과 '신극사 연구'

당시 숙명 여대 국어국문학과 학과장으로 시인 김남조 교수가 집무할 때인데 저자에게도 출강 기회를 주어 학생들이 새롭게 관심 갖기 시작한 '스피치' 특강을 담당한 적이 있다.

지금까지도 선생에게 고마운 뜻이 남아 있다.

저자에게 스피치 연구 아이디어를 준 분이 바로 이두현 교수이다. 선생은 대학 선배인 동시에 대학 은사의 한 분이다. '한국 신극사연구'가 대표 저서이자 박사 논문이다.

선생은 1950년 서울내 사대 국이과를 졸업하고 1960년 미국 피바디 대학을 수료하고 1968년 서울대에서 문학박사 학위를 받았다.

선생은 1963년 국제 극예술협회 한국본부 사무국장 1966년 동 상임위원 1968년 서울대 부교수를 거쳐 1971년 문화재 위원 1972년 문화인류학회 이사장 1975년 연극학회 학회장 1982년 학술원 회원 1989년 서울대 명예교수를 지냈다.

그리고 상훈은 동랑 유치진 연극상 한국출판문화상 학술원 저작상 은관 문화훈장 국민훈장 동백장 등이 있다.

선생 저서는 대표 저서 외에도 '한국가면극' '한국민속학 개설' '한국연극사' '한국의 탈춤' '한국민속학 논고' '조선예능사' '한국 무속과 연희' 그리고 주석본에 '한국가면극 선' 등이 있다.

사범대 국어교육과 출신으로 학술원 회원은 이 분이 처음이다. 참으로 자랑스러운 선배요 스승이다.

선생은 이 밖에 '스피치' 분야 관심도 매우 진지하고 뜨거웠다.

이두현 교수는 1960년 도미했을 때 피바디 대학과 워싱턴 가톨릭 대학에서 연극과 스피치를 연구한 후 62년 귀국하여 최초로 서울대에 '화법' 강좌를 개설하고 스피치 수업을 시작한다.

1988년 '화법 강좌'의 바통을 저자가 이어받아 3년간 서울대에 출강했다.

이때 이응백 교수와 당시 학과 교수들의 뜻이 크게 작용했음은 말할 것도 없다.

모교 서울대 사대에서 본인이 스피치를 담당 수업할 기회를 가지게 된 행운은 오로지 신의 뜻이다. 저자는 다만 머리 숙여 신에게 감사할 뿐이다.

당시 수강 학생은 사대 학생이 중심이지만 법대 및 인문대 재학생도 일부 포함돼 있어 수업 준비와 실시에 온 정성을 다한 것으로 기억한다.

'한국스피치학회'가 1963년 정태시, 김갑순, 이두현, 이근삼, 전영우 등이 중심으로 서울에서 창립되었다.

중학교 및 고등학교 국어과 교과 과정에 화법을 넣고 학회에서 화법 교과서도 펴내어 검인정 교과서로 인가받아 국어과 교육에 새 기풍을 진작시키자는 의욕적 출범을 보였다.

화법교육 없이 건강한 민주주의 사회가 뿌리내리지 못하고 그렇게 될 때 민주주의 사회의 정착은 요원할 것이라는 관점에 착안하여 앞으로 국어과 교육에 반드시 화법 수업이 포함되어야 한다는 염원이 학회 창립 발기인의 공감대를 이루었다.

이 무렵 정부 당국의 치안 유지 조치로 인하여 소기의 뜻을 이루지 못하니 못내 아쉬울 뿐이었다.

학회가 뜻하지 않게 자리를 잡지 못하고 작업이 일시 중단되니 숙제로 남았다.

저자가 사대 동문 이석주, 이주행, 박경현, 민현식, 윤희원 교수 등과 힘을 합하여 1998년 9월 26일 중앙대학교 국제 회의장에서 '한국화법학회'라고 명칭을 변경 새롭게 창립 발족시키니 그 감회를 이루 다 말할 수 없다.

동시에 1960년대 스피치 동인들에게도 미안한 느낌을 덜 수 있어 크게 다행이다. 실로 35년 만의 일이다. 발기인 가운데 네 분은 이미 고인이 되었으니 세월의 무상함을 탓한들 이제 무슨 소용이 있을까?

저자는 1960년대 학회 총무이사를 맡았다. 현재 한국화법학회는 국제 규모로 크게 발전하여 비약적 성장을 보이고 있다.

학술지 '화법연구'도 발행 호수를 거듭할수록 내용이 충실해져 마음 든든하다.

본인은 1.2대 학회장을 역임한 입장에서 동학 후배들 노력에 새삼 고마움을 느낀다.

앞에 나온 동랑 유치진 연극상은 한국 민족극의 건전한 육성을 도모하고자 제정된 것이다. 이두현 선생은 1967년 제5회 때 수상한 바 그 배경은 선생이 우리나라 신극 운동의 발자취를 밝혀주고 그 체계를 세워준 '한국신극사 연구' 저술에 기울인 공로를 인정받은 것이다.

저자도 이 상을 받았다. 바로 이듬해 1968년 제6회 때 '스피치 개론'과 '화법원리' 등을 저술하여 당시 미개척 분야이던 '화법' 연구에 이바지한 공로를 인정받은 것이다. 그리고 저자에게 이 상은 생애 최초의 영광이 된다.

당시 남산 드라마 센터 소강당에서 수상했을 때 본인의 벅찬 감회를 무어라 말할 수 없었다.

서울대 사대 국어과 동문 유민영 선생도 같은 상을 받았다. 1990년 제14회 때 우리나라 연극의 발자취를 집대성한 '한국현대 희곡사'의 저술 등 평생을 한국 연극 연구에 전념한 공로를 인정받은 것이다.

유 선생은 1961년 서울대 사대 국어과를 졸업하고 1966년 동 대학원을 졸업했으며 1973년 오스트리아에 유학 비엔나 대학 연극학과 수학한 후 1987년 국민대에서 문학박사 학위를 취득했다.

선생은 1970년 한양대 부교수, 1980년 단국대 국문과 교수 1986~1991 단국대 예술대학학장을 역임하였다. 1986년 연극학회장 1988년 공연 예술 평론가 협회장 1989~1993 국립극장 레퍼토리 운영위원 자문위원장 1993년 방송위원 1994년 국립국악원 자문위원을 거쳐 1995~1998 예술의 전당 이사장 1997년 정동극장 이사장 등 우리나라 문화 예술계 각 분야에서 괄목할만한 경력과 공적을 쌓아온다.

자랑스러운 서울 사대 동문의 한 분이다.

# 박종홍 선생 '철학 개론'

서울대 사대 동기들은 1953년 입학 당시 본교가 있던 부산과 분교가 있던 서울에서 각각 대학 수업을 받았다. 저자는 서울에서 한 학기를 배웠다. 이 때 서양 철학을 강의한 분이 바로 박종홍 교수이다.

대학에 들어가면 철학을 배울 것이란 기대가 컸던 이유 때문이기도 하지만 1학년 1학기 내내 그야말로 열심히 수업을 들었다.

선생님 첫 강의를 기억한다.

오전 9시 수업 시간인데 교수님이 안 오신다. 10분이 지나고 20분이 지나도 안 오신다. '휴강'인 줄 알고 백 명 남짓한 수강생 가운데 대부분이 자리를 비웠다.

30분 지났을 때 선생이 교단에 오르고 교탁 앞에 섰다. 얼마 동안 잠자코 계시더니 드디어 말문을 연다.

"철학이란 뭐이냐 무엇이 철학이냐? 철학은 영어로 '필로소피'인데 독일어로 '필로소피렌' 하면 '철학하다' 이니 철학은 하는 것이지 배우는 것이 아니오. 라틴어로 철학을 '필로소피아'라 하는

데 '필로'는 사랑하다요 '소피아'는 지혜이니 결국 철학은 지혜를 사랑하는 일인 것이오.

나는 누구인가? 나는 어디서 왔는가? 나는 어디로 갈 것인가? 이 몸이 나인가? 아니면 마음이 나인가? 무엇이 나인가? 나는 도대체 무엇인가? 나는 어디 있는가? 이 탐색이 철학 하는 길이오."

알 것도 같고 모를 것도 같은 이야기 그러나 무엇인가 저자에게 긴장감을 주는 강의임이 분명했다.

박종홍 교수는 이 철학 외에도 따로 논리학을 강의했다. 일반 논리학이지만 수업 중 앞으로 시간이 되면 이 밖에 인식 논리학 기호 논리학 역의 논리학도 준비되어 있다고 수업 예정까지 말씀해 주었다.

그러나 아깝게 한 학기로 두 강좌가 마무리되고 말았다. 비록 한 학기에 멈춘 강의였으나 지금껏 저자의 뇌리에 흔적이 남은 것을 보면 아마 그 때 선생의 강의가 강한 인상과 함께 감동으로 다가왔던 것이 분명하다.

박종홍 박사는 철학자이다. 선생은 1932년 경성제대 철학과 졸업 후 1934년 동 대학원 수료 서울대에서 1960년 철학박사 학위를 받았다.

선생은 이어 1937년 이화여전 교수 1945년 경성대 교수

1946~1968년 서울대 문리대 교수 1953년 학술원 회원 1954년 철학회장 1962년 서울대 대학원장 1968년 서울대 명예교수 성균관대 유학 대학장을 지내고 1969년 동 대학원장 1970년 대통령 교육 문화 담당 특별 보좌관 등을 지냈다.

저서에 인식 논리학, 철학적 모색, 철학설, 현실과 이상, 일반 논리 등이 있다. 상훈은 문화훈장 대통령장이 있다.

대통령 측의 삼고 초려가 있었다는 일화는 유명하다.

서울대 본교가 부산에서 서울로 환도하자 분교가 폐쇄되고 사범대학은 을지로 6가의 예전 교사로 복귀하여 새 단장을 하고 대체로 사범대학 전임 교수만으로 수업을 속개하였다.

# 김기석 선생 '철학개론'

이때 김기석 선생을 알게 되고 선생 수업을 받게 되니 또 다른 감동이 다가오는 것이 아닌가 당시 우리는 180 학점을 4년간 이수해야 학부 졸업이 가능했다.

따라서 동일 강좌가 중복되는 경우도 생겼다. 말하자면 철학이 그랬다.

김 교수 강의는 또 다른 분위기를 자아냈다.

박종홍 교수가 예리하고 강한 이미지로 철학 강의를 했는데 김기석 교수는 부드럽고 서정적인 이미지로 강의를 했다.

"산새들은 이 나무에서 저 나무로 벌나비들은 이 꽃에서 저 꽃으로 날아가 앉고 자연의 삼라 만상은 예대로 이지만 예대로가 아니고 알게 모르게 바뀌어 가는 것이오."

일찍 정주 오산학교에서 영어를 가르친 것은 선생이 일본에 유학 와세다 대학 사범학부 영어교육과를 졸업한 직후다.

그 후 또 일본에 유학 도호꾸 대학 철학과를 졸업했다. 선생은 영어를 전공하고 철학을 한 것이니 미래 지향적인 남다른 감각이 엿보인다.

선생의 저서 '현대 정신사'만 보더라도 이 점은 확실하다.

우리 인류 문명은 지중해 문명권 중심에서 발원하여 대서양을 거쳐 태평양 문명권 중심으로 전개될 것이란 선생 예측은 오늘을 정확하게 내다본 형안이 아닐까.

선생 저서는 이 밖에도 '철학 개론' '윤리와 도덕' '남강 이승훈 전기' 등이 있다.

저자가 사대 재학 중 방송국 아나운서로 근무할 때 김기석 선생이 아침 7시 '생활인의 윤리' 생방송을 하러 매일 오셨다.

당시 근무조건이 좋지 못하여 겨울철이면 방송 스튜디오 안에서 직원들이 침구를 펴놓고 잘 경우가 있었지만 어느 날 방송 중 선생님이 "냄새나고 더럽고 남에게 눈살 찌푸리게 하고 깨끗지 못한 짓을 하고도 부끄러워할 줄 모르는 사람이 우리 주위에 얼마나 많습니까?" 하고 말할 때 바로 그 말이 나를 두고 하신 말씀 같아 순간 나는 몸 둘 바를 몰랐다.

장리욱 박사 초청으로 사범대학에 오고 학장을 거치고 정년을 했지만 철학 전공으로 학술원 회원이 되시니 학자로 최고의 자리에 올랐다.

선생님 큰 자제인 김선양 교수는 저자와 대학 동기요 공군에도 함께 입대 공사 교관으로 복무했다. 이에 바로 앞서 공군 대 '공사 교수 과정' 역시 동기생이다. 그것이 경남 진해 시절이다.

교외에 위치한 공사로 가기 앞서 우리가 잠시 진해 시내 '소피아' 다방에 머물러 커피를 마시며 조용히 울려 퍼지는 클래식 음악에 귀 기울이고 있을 때 갑자기 공군 헌병 둘이 다방 안으로 들어오더니 다짜고짜 "공사로 부임하는 교관님들이시죠?" 하고 묻기가 무섭게 빨리 자리에서 일어나 학교로 가자고 서둘러 댄다.

교장 신상철 장군이 즉시 학교에 오도록 조치하라는 지시라고 하며 그들 지프차에 우리 둘을 태운다.

교장님 앞에 선 저자가 먼저 "'부임 신고를 드려야 할 텐데요?" 하자, "생략하고 곧 입시 출제관에 합류하시오!"

이때부터 우리 둘은 공사 교수부 인문학과 교양 담당 학술 담당 교관 임무를 수행하게 된다.

군 전역 후 김선양 교수는 수도여자사범대학 조 교수를 거쳐 성신 여자 대학교 교수 및 대학원장 그리고 인하 대학교 사범대학장 등을 역임하는 한편 한국교육학회와 평생교육 기구에도 깊이 관여했을 뿐만 아니라 천원 오천석 교육상 심사위원장 등 교육계 구석구석에 그의 영향이 깊이 미치지 않은 데가 없다.

직업상 평소 각계각층의 인사와 만나 대화할 기회가 많았던 저자가 새삼 놀라는 사실은 김 선생을 만날 때마다 그가 토로하는 다양한 화제에 전문가 못지않은 식견이 있음이다. 김선양 교수가 시인임을 알고 국문학과 졸업의 저자는 한때 몹시 부끄러워했다.

1959년 10월 8일 당시 서울대학교 총장 윤일선 박사를 모시고 신랑 김선양 교수가 신부 민병순 양을 맞아 결혼식을 올릴 때 저자가 시내 외교회관 예식장에서 사회자로 예식을 진행했다.

저자와 그의 우정은 61년을 지나는 중이다.

저서에 '교육사 강의' '신 교육사 강의' '교육 철학' '작은 창조' 등이 있고 그는 평생을 교육계에서 헌신했다.

대학교수 정년에 즈음하여 정부로부터 국민 훈장 석류장이 수여되었다. 존경스러운 일곡에 대한 나의 우정은 아직 여전하다.

일곡의 자형이 한기언 교수이다.

선생은 1949년 서울대 사대를 졸업하고 1952년 동 대학원을 졸업한 후 도미 유학 1958년 컬럼비아 대학 대학원 마치고 1970년 서울대 대학원 졸업 후 문학 박사 학위를 받았다.

선생은 1952~1990년 사대 교육학과 교수를 지냈다. 저서는 '교육학 개론' '한국 교육사' '기초주의' '한국인의 교육 철학' 등 다수가 있다. 상훈은 국민훈장 동백장, 서울시 문화상, 천원 교육상, 아시아 문화상, 춘강 교육상 등이 있다.

# 박종화 선생과의 만남

## 청자부

선은
가냘픈 푸른 선은
아리땁게 굴러
보살같이 아름답고
날씬한 어깨여
4월 훈풍에 제비 한 마리
방금 물을 박차 바람을 끊는다.
그러나 이것은
천 년의 꿈 고려 청자기

빛깔 오호 빛깔!
살포시 음영을 던진 갸륵한 빛깔아
조촐하고 깨끗한 비취여
가을 소나기 막 지나간
구멍 뚫린 가을 하늘 한 조각
물방울 뚝뚝 서리어
곧 흰 구름장 이는 듯하다

그러나 오호 이것은
천 년 묵은 고려 청자기!

술병 물병 바리 사발
향로 향합 필통 연적
화병 장고 술잔 베개
흙이면서 옥이더라

구름 무늬 물결 무늬
구슬 무늬 칠보 무늬
꽃 무늬 백 학 무늬
보상화문 불타 무늬
토공이요 화가 더라
진흙 속 조각가다
그러나 이것은
천 년의 꿈 고려 청자기!

청자부는 1940년 6월 조광에 실린 시요, 고려청자의 신묘하고
정교한 솜씨를 찬양한 작품이고 월탄 박종화 선생 작품이다. 선
생은 백조 동인이었다.

선생은 시 동인지 '장미촌'을 통해 시를 쓰기 시작했다.

선생은 시집으로 1924년 '흑방비곡'이 있고 또 청자부가 있다.
시인이요 소설가인 월탄 선생은 소설로 '금삼의 피' '다정 불심'
'대춘부' '임진왜란' '여인 천하' '민족' '여명' 등을 냈고 수필집으로

'청태집'이 있다.

월탄 선생 작품은 그 후 극작가들에 의해 자주 극화되었다.

박종화 선생은 1920년 휘문 의숙을 졸업했다. 1946년 동국대 교수 1947년 연세대 교수 1947~1970 성균관대 교수를 지내는 한편 1949년 서울신문 사장 문총과 예총 초대 회장 1954년 예술 원 종신 회원 1964~1970 문협 이사장 1965년 월탄 문학상 제 정 1970년 통일원 고문 1980년 국정 자문위원 등을 지냈다.

선생에게 저자는 '현대 문학'을 수강했다. 전 성균관장 최근덕 박사와 함께 충신동 자택으로 선생을 뵈러 간 적이 있다.

둘이 의논 끝에 청주 두 병을 사 갔는데 한낮임에도 불구하고 사랑채에 떡 벌어지게 한 상 술 상이 차려져 나왔다.

일반 여염집 잔칫상을 방불케 한다.

두 제자에게 손수 일일이 잔에 술을 부어 주시어 저자가 이 번 에— 선생님께 제가 술잔을 올리겠다고 말씀드리자마자

"참 전군은 성북동 댁이야 아니면 효자동 댁이야?"

"네! 저의 집은 효자동입니다.'"

"그러면 성북동 전형필 씨 하고 어떻게 되는 관계야?"

"네! 그 분은 저의 삼종숙입니다."

"그러면 나에게 아저씨라고 불러! 전형필 씨가 나와 내외종 간 이야!"

저자는 곧 선생님에게 아저씨 호칭을 쓰기 시작했다. 빙허 현진건 선생 따님이 월탄 선생 며느님이다.

석계 이명구 교수는 저자와 한 동네 살던 분이고 친구 형님이라 일층 가까운 느낌이다. 일제 말기에만 해도 경성제대 예과 학생으로 예과 모자에 검은 망토 두른 모습이 나이 어린 학생들에게 무척 선망의 대상이었다.

마침 국문학 전공으로 성대 국문과 교수로 개인적으로 저자는 매우 반가웠고 교수님도 저자를 무척 반겼다.

'고려 가요' 수업 시간인데 노랫말을 놓고 토의할 때 저자가 이명구 교수에게 의견 제시로 서울 음대 국악과 이혜구 교수가 지은 '한국음악연구' 논문에 고려가요 음악 부분이 나와있다고 보고하니 그 책을 당신은 못 보았다고 하며 저자의 책을 빌려본 뒤 잘 봤다고 돌려준 일이 있다. 그러나 조금도 기분 나쁜 기색을 하지 않는다.

신사다운 면모가 뚜렷한 인상이 지금도 저자에게 남아 있다.

석사 수료 후 만나본 적이 별로 없어 저자가 구실을 다하지 못한 점 아쉽다.

만당 이혜구 박사는 초기 방송국 아나운서로 잠깐 근무한 일이 있다.

1931년 경성 제대 영문과를 졸업한 후 1959년 서울대에서 문학박사 학위를 받았다.

선생은 1945년 중앙방송국장 1947~1974년 서울대 음대 학장 1974년 서울대 명예교수 1975년~1981년 예술원 회원 1981년~1988년 예술원 원로 회원 등을 지냈고 상훈으로는 예술원상, 31 문화상 보관 문화훈장 등이 있다.

저서로는 '한국음악연구' '한국음악 서설' '한국악기 도록' '한국음악논집' 등이 있고 번역서는 '악학궤범'이 있다.

# 중앙대 대학원 박사 과정 입학

사람이 말 타면 경마 잡고 싶다고 학문 연구의 길에 더 한층 불이 붙기 시작한다. 석사 논문 심사 때 석사 과정은 유럽 부분을 했으니 앞으로 박사 과정은 우리나라 부분을 하면 좋을 것이라는 심사위원 3분의 한결같은 종용이 더 자극을 준다.

방송국에 들어가자 직면한 당면 문제가 왜 아직 우리나라에 '발음 사전'이 없을까?

'국어교육' 전공의 저자가 꼭 이루어 내야 할 과업이 바로 이것이 아닌가 생각한 나머지 우리 학계에서 '음성학' 전공 학자는 누구일까 하고 탐문 끝에 김선기 교수와 정인섭 교수 두 분을 찾아냈다.

김선기 교수는 국어학자로 1930년 연희전문 문과를 졸업하고 1937년 영국 런던 대학 졸업 후 1952년 미국 코넬 대학 펠로우를 거친다. 선생은 1938~1950년 연전 및 연대 교수 1950~1955년 서울대 언어학과 교수 1958~1960 문교부 차관 1964년 한글학회 이사 1967~1973년 명지대학 대학원장 1973년 명지대 명예교수 1981년 명지대 초빙교수를 지냈다. 저서에 '한국어 음성학' '향가 연구' 등이 있고 상훈은 대통령 표창이 있다.

정인섭 교수는 영문학자이다. 선생은 1926년 일본 와세다 대학 영문과를 졸업 1953년 영국 런던 대학 대학원 수료 후 연희전문학교 교수 1946년 중앙대 교수 1950년 영국 런던 대학교수 1956년 서울대 대우 교수 1957년 중앙대 대학원장 중앙대학에서 문학박사 학위를 받았다.

1956년 펜클럽 한국본부 위원장 1965년 셰익스피어 학회 이사 1966년 국제 연극협회 부위원장 1969년 한국 외국어대 대학원장 등을 역임했다. 저서는 '세계문학 산고'등이 있다.

저자는 1962년 성균관대에서 국문학과 석사 학위를 받은 지 2년 후 1964년 중앙대 대학원 박사 과정 국어학 전공 입시를 보게 된다.

필기시험을 볼 때 대니얼 존스의 기본 모음도를 그리고 설명하라는 문제가 나오고 또 IPA에 대하여 아는 바를 쓰라는 문제 그리고 또 하나는 한글 자모 가운데 탈락된 4글자에 대하여 아는 바를 쓰라는 것이다.

모두 아는 내용이므로 침착하게 소정 시간 내에 답안 작성을 완료하고 홀가분한 마음으로 시험장을 빠져나왔다. 영어 및 제2 외국어도 잘 치르고 시험을 마무리했다.

면접시험 때 정인섭 박사가 저자의 석사 논문 내용을 묻고 장차 박사 논문은 무엇을 쓸 것인가 물어 석사 때 심사위원 권고 사항인 '한국 근대 토론 사 연구'라 말씀드리니 바로 그것이 스피치라고 하며 그 주제를 당신께 배워야 할 것이라 하였다.

　그래서 교수님께 배울 목적으로 중대에 오게 되었다고 말씀드리니 알겠다 말씀하고 저자의 면접을 끝낸다.

　며칠 뒤 방을 보니 박사 과정 국어학 전공 합격자가 저자 하나이다. 박사로 향하는 첫걸음이다. 인사 차 총장실로 가 임영신 총장께 고맙다는 인사를 드리니 즉각 학비 문제를 꺼내며 현재 봉급생활로 대학원 등록금 대기가 어려울 것이라며 걱정부터 해 준다.

　그러더니 즉석에서 대학원 입학금 및 등록금 일체를 총장 장학금으로 충당할 것이니 학비 걱정하지 말고 박사 과정 연구만 열심히 하라는 당부 말씀이다. 이 이상 반갑고 고마운 말씀이 어디 있을까?

　이제부터 모든 일은 저자 하기에 달린 것이다. 이 때 옆에서 조용히 저자를 도와준 분이 바로 정치학과 교수 이달순 박사이다.

　박사 과정 전임교수는 대학원장 정인섭 박사 외에 현대문학의 백철 박사 고전 국문학 양재연 박사 국어학 남광우 박사 등 네 분이다.

백철 박사는 문학평론가이다. 선생은 1931년 일본 도쿄 고등 사범학교를 졸업하고 1963년 중앙대에서 명예 문학박사를 받았 다. 1939년 매일신보사 문화부장 1949년 동국대 교수 1952년 서울대 대우교수 1955~1973년 중앙대 대학원장 1983년 문학 평론가 협회 명예회장 등을 지냈다.

저서로는 '국문학 전사' '신문학 사조사' '문학론' '한국문학의 이론' '진리와 현실' 등이 있고 상훈으로는 '예술원상' '국민훈장 모란장' '서울시 문화상' '31문화상' 등이 있다.

사범대 재학 중 선생의 '신문학 사조사'는 이미 읽었지만 또 직접 배울 수 있게 되니 더욱 기쁘다. 저자는 국어학 전공이지만 문학 소양도 전공 못지않게 중요하게 여겼다.

이 때 국문과 고전은 양재연 박사 강의를 들었다.

사대에서 선생 수업을 이미 들었으므로 박사 과정이 그렇게 생소하지 않았다.

그리고 수강생은 박사 과정은 물론 석사 과정도 함께 합동으로 수강하게 되어있어 연구 분위기도 매우 진지한 편이었다.

정인섭 선생은 '음성학'과 '미국 방언학'까지 폭넓게 가르쳐 주는데 이를테면 린든 존슨 전 미국 대통령 방한 시 그가 당시 김현옥 서울시장을 호칭할 때 "메이어 기엄"이라 하던 일을 실례로 들어 미국 남부 방언의 특징이라 설명하는 순간 저자는 감탄이 절로 나왔다.

보통 "김"인데 이중 모음으로 소리 내어 "기엄"이라 한다고 지적할 때 학문하는 묘미를 맛볼 수 있었다. 정인섭 선생이 "우리말 악센트는 피치 악센트"라 주장한 논문의 요지도 잊기 어렵다.

정인섭 교수의 해박한 어문 지식을 무엇이라 꼬집어 말하기 어렵지만 이 분의 학문을 주제로 하는 논문이 향후 꼭 나오리라 확신한다.

# 유치진과 유치환

유치진은 극작가이다. 호가 동랑이다. 1931년 일본 릿교 대학 영문과를 졸업하고 극예술 연구회 동인이 된다.

선생은 1942년 현대극장 주재, 1948년 서울시 문화위원 1949년 중앙 국립극장장 1955년 예술원 회원, 부회장. 1958년 국제극예술 협회 한국본부 이사장 1959년 동국대 교수 1962년 예총회장 연극 연구원 이사장 겸 원장 1964년 서울연극학교 교장 및 교수 1971년 극작가 협회장 등을 지냈다.

선생 작품집은 '유치진 역사극집' '유치진 희곡십' '소' '나도 인간이 되련다' '원술랑' 등이 있다. 상훈은 문화훈장 대통령장이 있다.

유치진 선생 부름을 받고 저자는 드라마 센터 아카데미와 서울 연극학교에서 약 7년간 '연기 스피치'를 가르쳤다.

어느 날 남산 아카데미에 나가니 선생 사무실에 웬 노인이 앉아 계셔서 누군가 궁금할 즈음 "전 선생 청마 유치환 시인 몰라요?" 하고 물어보기에 "너무나 고명하신 시인이신데요. 압니다.

다만 오늘 이 자리에서 처음 뵙는데요." 한 뒤 곧 청마 시인을 향하여 "선생님 처음 뵙겠습니다. 선생님 작품을 학생들에게 가르치기도 하였습니다. 참 반갑습니다."라고 인사를 건넸다.

청마 시인은 안경을 끼고 있었는데 바닷빛 색안경이다.

"유치환입니다." 한 다음 시인은 별 말씀이 없다. 청마는 동랑의 아우님이다.

그리고 몇 해 지나지 않아 저자는 뜻밖에 신문 지상에서 청마 시인의 부음을 접한다.

해 다 저문 어느 날 저녁 비 오는 항도 부산 거리에서 뜻하지 않은 교통사고로 시인이 안타깝게 타계하였다는 비보다.

알려진 바 당시 동래 거주 여류 시인 이영도 님을 만나려던 계획이 사정으로 미루어 지자 거나하게 약주를 들고 걷다 당하신 큰 변이다.

시인이 돌아가고 얼마 후 정운 이영도 시인의 애절한 시조가 실린 편지 모음이 아담한 책으로 엮여 나왔다. 책 이름은 '사랑했으므로 행복하였네라' 다. 이 편지 모음은 삽시간에 베스트셀러가 되어 시중 화제가 되었다.

청마의 '행복'을 붙인다.

# 행복

사랑하는 것은
사랑을 받느니보다 행복하나니라
오늘도 나는
에메랄드 빛 하늘이 환히 내다 뵈는
우체국 창문 앞에 와서 너에게 편지를 쓴다

한길을 향한 문으로 숱한 사람들이
제각기 한 가지씩 생각에 족한 얼굴로 와선
총총히 우표를 사고 전보지를 받고
먼 고향으로 또는 그리운 사람께로
슬프고 즐겁고 다정한 사연들을 보내나니

세상의 고달픈 바람결에 시달리고 나부끼어
더욱 더 의지 삼고 피어 헝클어진
인정의 꽃 밭에서
너와 나의 애틋한 연분도
한 방을 연연한 진홍빛 양귀비꽃인지도 모른다.

사랑하는 것은
사랑을 받느니보다 행복하나니라.
오늘도 나는 너에게 편지를 쓰나니
그리운 이여, 그러면 안녕!

설령 이것이 이 세상 마지막 인사가 될지라도
사랑하였으므로 나는 진정 행복하였네라.

청마 시인 비보를 접한 정운 시인의 슬픔은 어떠하였을까 시간
이 흐른 뒤 슬픔을 추스른 정운 시인은 '탑'이란 제목의 시조를 지
어 책머리에 붙였다.

## 탑

너는 저만치 가고 나는 여기 섰는데
손 한번 흔들지 못한 채 돌아선 하늘과 땅
애모는 사리로 맺혀 푸른 돌로 굳어라

청마 시인은 일찍 '그리움'이란 시를 두 편이나 남기고 있다.

## 그리움

파도야 어쩌란 말이냐
파도야 어쩌란 말이냐
임은 뭍같이 까딱 않는데
파도야 어쩌란 말이냐
날 어쩌란 말이냐

# 그리움

오늘은 바람이 불고
나의 마음은 울고 있다
일찍이 너와 거닐고 바라보던 그 하늘 아래 거리언마는
아무리 찾으려도 없는 얼굴이여
바람 센 오늘은 더욱 더 그리워
진종일 헛되이 나의 마음은
공중의 깃발처럼 울고만 있나니
오오 너는 어디 꽃 같이 숨었느냐


청마 유치환은 시인이다. 선생은 1929년 연희전문 문과를 중
퇴하고 1940년 북만주에서 영농에 종사하고 1945년 귀국 이후
중고 교사에 이어 부산 남 여상 고 교장을 지냈다. 그는 예술원
회원이었다. 시집에 '생명의 서' 등 다수가 있다. 상훈으로 서울
시 문화상 자유 문학상 예술원 상 등을 받았다.

# 금아 피천득 선생

국문학과 입학하여 한 번쯤 시인이 되었으면 하고 희망을 가져 본 적이 없는 학생은 아마 아무도 없을 것이다. 물론 저자 역시 그 중 하나다. 국문학과에서 잠시 영문학과로 눈을 돌리면 여기 금아 피천득 교수가 보인다. 하여 '영시 특강'을 수강하기 위해 수강 신청도 하지 않고 강의실에 들어가 맨 뒷자리에 앉았더니 수업도 하기 전에 도강 학생부터 점검한다.

"자네 영문과 학생이 아니지?"

"네! 아닙니다. 저는 국문과 학생입니다."

나가라고 할 줄 알았지만 더는 말씀이 없다.

피천득 교수는 1910년 서울 출생으로 1940년 상하이 호강 대학 영문과를 졸업하고 1945년 경성대 예과 교수를 거쳐 이듬해 서울대 사대 교수로 부임한다. 외유내강한 인품이다.

수강 소감은 영시를 알기 쉽게 풀이할 뿐 아니라 그 속에 내재된 시 사상을 확실하게 짚어준다. 몇 차례 수강으로 그쳤지만 그때 인상이 아직도 기억에 남아 있다.

번역 시집 '삶의 노래' '셰익스피어 소네트' 시집 '서정시집' '금아 시선' 그 밖에 '금아 문선' '생명' 수필집으로 '인연' 등이 있다.

상훈은 은관 문화훈장과 인촌 문화상이 있다. 1954년 하버드 대학에서 연구한 뒤 1963년 서울대 대학원 영문과 주임 교수를 지냈다.

저자가 세종로 동아방송에 근무할 때이다. 한낮 정오 뉴스를 마치고 현관을 나가 막 거리로 나서는데 마침 금아 선생과 마주칠 즈음 인사를 드리니 저자를 기억하고 "자네 요즈음 '수필 문학' 지에 쓴 것 사실이야?" 하고 사실 여부를 캐묻는다.

"그럼요"하고 대답하니 그래도 믿기지 않는다는 듯 의아해한다.

오래 지난 이야기 지만 당시 박연구 주간 요청으로 '만년필 이야기'라는 제목으로 쓴 저자의 수필을 '수필문학'에서 읽고 혹여 허구적인 요소를 가미한 것이 아난가 하는 노파심에서 확인해 본 것이리라.

'국어사전'을 새로 내 놓은 한 출판사가 사전 편찬 감수자들에게 사례하는 뜻으로 '파카 51' 만년필을 하나씩 선물한 바 저자도 여기 포함되어 고급 만년필을 받은 것이다.

저자 역시 글 쓸 때가 더러 있는 사람이니 우선 선물이 마음에 들어 포장을 뜯고 잉크를 넣은 다음 종이에 글씨를 써 보니 글씨가 잘 써진다. 몸통 색깔도 코발트 블루라 더할 나위 없이 좋은데 때마침 내방 손님이 있어 그와 인사하느라 얼떨결에 잠깐 쓰던 만년필을 책상 위에 놓았건만 순간 그것이 굴러 책상 아래로 떨어져 펜촉이 갈라지고 망가졌다.

이 때 저자의 상심은 뭐라 말할 수 없다. 고전 수필 '조침문'이 문득 떠오르기도 한다.

문제 해결 수습에 들어간 저자는 먼저 백화점 만년필부로 전화했다.

있는 그대로 경위를 말하고 저자의 잘못인데 웃돈을 더 낼 터이니 새것으로 바꿔줄 수 없느냐고 청을 넣었더니 그러면 일단 만년필을 보내라 하여 인편에 보냈다.

얼마 후에 사환이 돌아와서는 "대개 손님이 망가트리고도 새 만년필로 바꿔 달라고 떼쓰는 손님이 많은 터에 이 경우는 달라서 웃돈 안 받고 새 것 줄 테니 가져가요." 하더라는 점장의 이야기를 전한다.

어찌 감동이 없겠는가. 이 사실을 소재로 글을 쓴 것인데 선생은 저자에게 이 사실을 확인하고 싶었던 모양이다.

# 만년필 이야기

'수필문학' 2호

S 출판사에서 선물로 내게 만년필 하나를 보내왔다. 글 쓸 기회가 많지 않아도 그런대로 만년필 선물은 구미를 돋운다. 우선 잉크부터 넣는다. 아직 펜촉이 길들지 않아서인지 종이에 닿는 감촉이 덜 부드럽다.

마침 손님이 찾는다. 쥐고 있던 만년필을 놓은 채 손님과 대화하던 중 무엇이 구르더니 나의 발등 옆으로 떨어진다. 예의 만년필이나. '아까워라'하는 아쉬움이 마음에 먹구름을 편다.

기억을 더듬으면 내가 가져본 만년필이 수도 많고 종류도 많다. 나는 실용성을 앞세우므로 오래 가진 만년필이 많다. 아버지가 물려준 것 중에 옛날 구형 빠이롯드가 있다. 이것은 잉크를 스포이트로 넣어 다시 만년필에 주입하는 복잡한 과정 때문에 크게 환영받지 못했다.

뿐 아니라 잉크가 잘 샌다. 그러나 가슴에 꽂고 뻐기고 다니다가 어느 날 소매 치기 당한 일이 무척이나 서운하다.

해방 후 '쉐파'를 아껴 썼는데 이것은 고무 튜브가 특징이고 몸체에 한일자로 가느다란 쇠 장식이 붙어 있어 이것을 눌렀다 펴면 잉크가 들어간다. 이것은 새는 일이 거의 없고 튼튼하며 펜 촉이 매우 부드러운 감촉을 준다.

이와 비슷한 것이 '이스터브룩', 이것은 학생 실용으로 더없이 좋다. 값이 싸고 펜촉도 특수 금속제인데 여간 마음에 들지 않았다.

만년필은 잉크가 새지 않을 것이고 글을 쓸 때 잉크 흐름이 자연스러워야 하며 지면에 닿는 펜촉의 감촉이 부드럽고 몸체는 견고해야 한다.

요즈음 볼 펜이 흔하고 볼 펜을 자주 쓰나 볼펜으로 글 쓰는 맛과 만년필로 글 쓰는 맛은 영 다르다. 나는 원고 쓸 때 볼펜을 별로 써 본 일이 없다.

대개 만년필로 쓴다. 한동안 코발트 블루의 '파카 21'을 썼는데 이것은 스타일과 만년필 뚜껑 그리고 펜 촉을 감싼 몸체 부분이 모두 신식이고 늘 싱그러운 중에 뚜껑의 애로는 문자대로 화살의 문양이라 지금 쓰고 있는 글의 독자에게 적중하는 글을 써야 한다는 어떤 방향 지시기처럼 느껴진다.

파카 21도 빨강 파랑 잿빛 여럿을 썼지만 그중에서 기억에 남는 것은 역시 코발트 블루이다. 그런데 파카 21의 흠은 몸체를 한번 떨구면 곧 금이 가고 깨지는 점이다.

파카 51은 이 점을 개선한 것인데 이것은 견고하기 그지 없고 오래 지닐 수 있으며 그러다 보니 지루한 감을 줄 때가 없지 않다.

파카51, 한 2년쯤 길들이고 정든 잿빛 만년필 하나 어느 날 글을 쓰다 물론 뚜껑을 따로 벗기고 글을 쓰다 책상 위에 놓아둔 채 방바닥에 누웠다. 얼마 후 다시 깨어나 무심코 방바닥에 누운 채로 책상 위 신문을 잡는 순간 그 위에 그냥 놓아둔 만년필이 사정없이 방바닥으로 떨어진다.

떨어져도 전투기가 대지 공격하듯 떨어진다. 펜촉의 끝 부분 반은 위로 반은 아래로 휜다. 이 때의 상심 이 때의 자책을 어디다 견주겠는가. 잊으려 해도 못 잊을 자책이 이에 더하랴.

그 후 내가 입수한 것이 국산 빠이롯드나. 우선 값싼 짐이 마음에 드나 한편 이제껏 경험한 만년필의 흠을 이것은 어느 정도나 개선했을까 하는 의문이 뒤따른다.

어쨌든 저렴한 값으로 하나를 산 것이다. 한 몇 달쯤 썼을까 예상을 뒤엎고 이내 곧 친구가 되었다. 물론 까끌거리는 맛은 일찍 사라지고 이제는 제법 사각사각한 맛이 한결 마음에 든다.

조강지처에나 비유할까? 가볍고 견고하고 감촉도 좋으려니와 잉크가 자연스럽게 흐른다. 거칠 것이 없는데 값도 싸다. 외국산 만년필은 한낱 사치에 불과하게 느껴진다.

초등학교 시절 동창, 동창을 말하는데 초등학교까지 거슬러 올라가면 어딘지 동창 기근에 빠진 사람 같으나 이 경우는 좀 다르다 하자 우선 여성인 점부터 다르다. 거기에 내가 혼자 좋아한 점이 두 번째로 다르다. 초등학교 때 마음에 새긴 그것도 남 몰래 혼자 애태우던 바로 그 사람이니 말이다.

뜻이 있으면 길이 열린다 하지 않는가? 거의 30년 만의 해후가 이루어지고 그에게서 진귀하고 소중한 선물을 받으니 그것이 바로 '파카 65'이다.

이것은 나의 애장품 1호가 된다. 이따금 꺼내 낙서를 한다. 그 사람을 생각한다. 그리고 다시 소중히 간직해 둔다. 그가 이 선물을 내게 주기까지의 경위를 나 나름대로 생각하는 뿌듯한 행복.

다시 먼저 이야기로 돌아가자 손님과 대화하다 파카 51을 떨군 그 이야기다. 케이스에 적힌 S 백화점 만년필부로 전화를 걸었다. 이내 바꾸러 보내란다. 인편에 시켰더니 웃돈을 더 안 받고 새로 바꿔 준다.

돈을 더 안 받은 사연인 즉 대개 바꾸러 오는 손님의 경우 사갈 때는 몰랐는데 집에 가 보니 흠이 있더라는 경우가 예사인데 내 경우는 전화로 미리 내가 잘못 다루다 만년필을 떨어뜨렸는데 웃돈을 더 낼 테니 바꿔줄 수 없느냐는 청이라 그런 사람 가물에 콩나기 같다는 뜻에서 거저 바꿔 준다고 하더란다.

고맙기도 하지만 한편 진실치 못한 세정에 나 혼자 뒤지기라도 한 것은 또 어인 일일까?

경험처럼 좋은 교과서가 없다는 말을 믿는다면 나에게는 만년 필 사용에 따르는 사용 신조가 생겼다.

즉, 만년필을 사용할 때 반드시 뚜껑을 몸체에 끼고 쓴다는 것과 잠깐 만년필을 책상 위에 놓더라도 반드시 뚜껑을 몸체에 원상으로 끼워 놓아야 한다는 것이다.

비싼 고급 만년필보다 싼 국산 만년필의 고마움이 한층 친밀감을 준다.

그러나 파카 65의 의미만은 나의 마음 속 깊이 간직하고 싶다.

금아 피천득 선생의 서정시 3편을 소개한다.

## 생명

억압의 울분을 풀 길이 없거든
드높은 창공을 바라보라던 그대여
나는 보았다
사흘 동안 품겼던 달걀 속에서
티끌 같은 심장이 뛰고 있는 것을

실연을 하였거든
통계학을 공부하라던 그대여
나는 보았다
시계의 초침 같이 움직거리는
또렷한 또렷한 생명을

살기에 싫증이 나거든
남대문 시장을 가보라던 그대여
나는 보았다
사흘 동안 품겼던 달걀 속에서
지구의 윤회와 같이 확실한
생의 생의 약동을 !


## 비 개고

햇빛에 물살이
잉어 같이 뛴다
"날 들었다!" 부르는 소리
멀리 메아리친다

# 단풍

단풍이 지오
단풍이 지오

핏빛 저 산을 보고 살으렸더니
석양에 불 붙는 나뭇잎같이 살으렸더니

단풍이 지오
단풍이 지오

바람에 불려서 떨어지오
흐르는 물 위에 떨어지오


2007년 5월 29일. 금아 피천득 선생이 97세로 타계하자 월간 '샘터' 이사장 김재순 선생이 같은 해 9월 30일 자 천원 오천석 기념회 소식지에 특별 기고문을 게재하였다. 금아 선생의 명복을 빈다.

# 정범모 선생 교육과정

당시(1953~1957) 서울대 사대에 교육학 전공교수가 여러분 있었지만 미국에 유학 시카고 대학에서 박사 학위를 취득하고 귀국한 정범모 교수는 혜성 같은 존재이다.

담당 과목은 '교육 과정'인데 수강 학생들 관심은 선풍적이다.

'커리큘럼'이란 말이나 '코어 커리큘럼'이란 말을 우리는 이 때 처음 들었다.

강의를 수강한 뒤 '국어과 커리큘럼'을 저자도 처음 작성해 보았다. 평가 받은 성적은 보통이지만 새 분야를 학습할 수 있다는 점에서 우리 기쁨은 대단히 컸다.

아마 이 때 외국 유학을 결심한 학생이 한둘이 아니었을 것이다. 교육과정 강의가 우리에게 미친 영향은 이루 다 말할 수 없다.

대학 선배요 교수인 정범모 교수에 대한 흠모의 정은 불과 같았다. 물론 저자를 중심으로 한 느낌이지만 거의 틀림없을 것이다.

진원 중 교수의 '교육 사회학' 강길수 교수의 '교육 행정학' 등도 관심을 끌었다. '문화 인류학'까지 범주를 크게 넓혀간 임석재 교수의 '교육심리학' 역시 학생들의 관심을 크게 끌었다.

이 분이 '문화인류학회'를 처음 창립하였을 때 저자도 이사를 맡았다. 정범모 교수는 1952년 서울대 사범대를 졸업 64년 시카고 대학에서 철학박사 학위를 받았다.

선생은 1958년~1965년 서울대 사대 강사 조교수 부교수 교수 1965년 교육학회장 1968년 행동과학 연구소장 1973년 서울대 사대학장 1978년~1982년 충북대 총장 1982년 한림대 교수 1986년 학술원 회원 1992년~ 1996년 한림대 총장 등을 역임했다.

저서는 '가치관과 교육' '교육 심리 통계적 방법' '교육과정' '교육 평가' '교육과 교육학' '미래의 선택' '자아실현' 등이 있고 상훈은 '국민 훈장 동백장'과 '국민훈장 무궁화장'이 있다.

정범모 교수는 우리나라 교육계에 새 바람을 일으킨 교육학자임은 말할 것도 없거니와 윤리 도덕 분야에도 새로운 기풍을 진작시킨 선구자 임을 알 수 있다.

전 경인교대 총장 정동화 박사가 주재한 '의식 개혁 협의회'에도 적극 참여하여 지원과 후원을 아끼지 않은 것으로 알고 있다.

선생 에세이는 그때마다 겨레와 나라의 앞날을 깊고 넓게 내다

보는 형안이 번득인다. '국격'이란 용어를 우리 사회에 처음 내 놓아 세인의 관심과 반응을 크게 일으킨 것만 보아도 범상한 일은 아니지 않은가 저자가 존경하는 선배요, 스승이다.

# 국어학자 강윤호 선생

국어학 전공자에게 관심의 대상이 된 분은 이화여대 교수 강윤호 박사이다.

미국 구조주의 언어학계 블름필드를 시작으로 촘스키에 이르기까지 현대 언어학 대가들의 언어 이론을 심도 있게 이해 파악하고 그 이론을 우리말 연구에 적용하는 시도를 학계에서 처음 실천했다는 점에서 학계의 찬사를 받았다.

이 뿐 아니라 우리나라 개화기 교과서 총서를 출간하여 학계의 비상한 관심을 모았다.

논문으로 '한국어 방언에 있어서의 모음 음소 배합 유형에 관한 연구(1974)' '개화기 교과용 도서(1973)' '언어 그 본질과 체계(1975)' 등이 있다.

강윤호 선생은 서울대 대학원 삭사 과정 이화여대 대학원 박사 과정 이수 후, 문학박사 학위를 받았다.

평소 과묵한 성품이지만 테니스 코트에서 스포츠맨십을 유감없이 발휘하였다.

학문 연구의 시대 흐름에 민감하고 학문 연구의 아이디어 개발에 남다른 특징을 지닌 분이다.

돈암동 선배님 댁을 저자가 방문했을 때 '스피치' 분야를 새롭게 개척해 보고 싶다는 저자의 희망을 듣고 댁의 거실 책 꽂이에서 크지 않은 부피의 일본 책 시마가케 아끼라, '언어의 활용방법'을 꺼내 주며 내용이 매우 짜임새 있으니 참고하라고 자상하게 일러준다.

저자는 그 후 이 책을 읽고 또 읽어 여기서 많은 아이디어를 얻었고 이 책은 실제 저자의 '스피치'연구에 큰 디딤돌이 되었다.

강윤호 선배는 저자를 천거하여 1970년도 2학기에 이화여자대학교 교육대학원 강사로 위촉케하고 '한국어 화법 지도론'을 담당하게 하였다.

선배의 따뜻한 배려를 어찌 잊을 수 있을까?

당시 강사 위촉장은 김옥길 총장 명의로 되어 있다.

# 국어학자 이희승 선생

일석 이희승 박사는 대표적인 우리나라 어문학자이다.

선생은 1930년 경성제대 조선어문학과를 졸업하고 1961년 서울대에서 명예 문학박사 학위를 받았다

선생은 1932년 이화여전 교수와 조선어학회 간사를 지내고 1942년~1945년 조선어학회 사건으로 일제 치하에서 복역하였다. 선생은 또 1945년~1961년 경성대 및 서울대 교수 1949년~1959년 한글학회 감사 1952년 서울대 대학원 부원장 1954년 학술원 종신 회원

1957년 서울대 문리대 학장 1960년 서울대 명예교수 1963년~1965년 동아일보사 사장 1965년 대구대 대학원장 1966년~1969년 성균관대 교수 대학원장 1968년~1981년 학술원 부회장 1971년 단국대 동양학 연구소장 1981년~1988년 학술원 원로 회원 1989년 학술원 회원 등을 역임했다.

저서에 '국어대사전' '역대 국문학 정화' '국문학 연구 초' '국어학 논고' '한글 맞춤법 통일안 강의' '국어학 개설' 등이 있다.

수필집에 '벙어리 냉가슴' '소경의 잠꼬대' '먹추의 말 참견' '메아리 없는 넋두리' 시집에 '박꽃' '심장의 파편' 등이 있다.

선생은 서울대 사대에 출강해 '국어학 개설'을 교재로 국어문법을 강의했다.

고등학교 교재 '국어문법'을 저자가 고등학교에서 가르칠 때 큰 힘이 되었음은 물론이다.

외솔 선생의 말본과 일석 선생의 문법을 고루 학습해 저자의 문법 수업과 현대문 수업이 날개를 달 수밖에 없었다.

이 자리에서나마 두 분 선생께 고마운 뜻을 드린다.

임기 2년이라는 짧은 기간이지만 동아일보 사장하실 때 동아방송에도 이따금 들르시어 저자 등 직원들을 따뜻하게 격려해 주었다.

선생님 시집 '박 꽃'에 수록된 '추 삼제' '벽공' '낙엽' '남창'을 여기 붙인다.


## 벽공


손톱으로 툭 튀기면
쨍하고 금이 갈 듯

새파랗게 고인 물이
만지면 출렁일 듯

저렇게 청정 무구를
드리우고 있건만


# 낙엽

시간에 매달려
사색에 지친 몸이

정적을 타고 내려
대지에 앉아보니

공간을 바꾼 탓인가
방랑길이 멀구나


# 남창

햇살이 쏟아져서
창에 서려 스며드니

동공이 부시도록
머릿속이 쇠락해라

이렇듯 명창 청복을
분에 겹게 누림은

# 국어학자 이숭녕 선생

또 한 분 심악 이숭녕 박사 수업을 받고 저자는 큰 깨달음을 얻었다. 우선 영어는 물론 독일어 프랑스 말을 어느 정도 익혀야 외국 원서를 읽어 언어학 이론의 기반을 다질 수 있음을 선생이 자주 강조해 영어와 일본어 정도 해득력 가지고 안 되겠구나 하는 생각을 저자도 하게 되었다.

심악 선생은 국어학자다. 선생은 1933년 경성제대 문학부를 졸업하고 1956년 서울대에서 문학박사 학위를 받았다.

선생은 1945년 경성대 법문학부 조교수 1946년 서울대 문리대 부교수 1947년~1973년 동 교수 1951년~1962년 고시위원 1954년 학술원 회원 1954년~ 1972년 진단학회 상임이사 1962년 국어학회 이사장 1971년 서울대 대학원장 1973년 방송윤리위원장 1974년 한양대 문리대 학장 서울대 명예교수 1976년 국어학회장 1980년 정신문화원 부원장, 한국학 대학원장 등을 지냈다.

저서로는 '국어음운론 연구' '국어조어론고' '국어학 논고' '중세

어 문법' '국어학 논총' '국어학 연구' 등이 있다.

상훈으로는 서울시 문화상 학술원상 31 문화상 화랑무공훈장 국민훈장 동백장 모란장 등이 있다.

방송윤리위원장 하실 때 저자에게 1976년 '방송언어 순화에 대한 공로를 기리는 방송윤리위원회 '공로 표창'을 주었다.

선생은 대한산악연맹과 항국산악회 고문을 할 정도로 등산의 베테랑이다.

서울 근교 산은 물론 지방 명산에 오를 때면 이따금씩 전문 등산복 차람의 선생 내외분을 만날 수 있었다.

저자가 수원대 재직시 학교 행사 있을 때면 학교 법인 이사 자격으로 꼭 참석 교직원들을 격려해 주었다.

# 대학원 스승 조윤제 박사

　학교 교육을 장기간 받았다고 해서 반드시 훌륭하다거나 자랑스러울 일은 못된다 해도 저자만큼 학교 교육을 오래 받은 사람도 흔하지 않을 것이다.

　모두 24년간의 학교 생활을 거친 셈이니 말이다.

　저자를 일깨워 주고 채찍을 가해준 스승 또한 그 수를 알 수 없다. 그러나 꼭 한 분 잊을 수 없는 분을 말하라면 서슴지 않고 도남 조윤제 선생을 꼽을 수 있다.

　처음 선생을 안 것은 고등학교 때 이 분이 쓴 '국문하사'를 교재로 배울 때와 고등학교 3학년 국어 교과서 '은근과 끈기'라는 단원을 배울 때이다.

　동국문화사 간행 선생 저서 '국문학사' 서문에 보면,

　"나는 나의 힘을 다 바치어 순탄치 못한 학구 생활을 계속해 왔다. 원래 시작한 것이 황무지라서 처음에 어디부터 손 대야 할지 참말로 아득했다."

　"경술년에 우리 민족이 최대 치욕을 받은 이후 정치가는 마음에 칼을 품고 국내에서 치열한 투쟁을 했으며 문필가는 붓을 들어 우리 문화 앙양에 큰 노력을 할 때 나는 우리 민족 정신을 고취해 보고자 우리 고전문학 연구에 발을 들여놓았다."

선생이 제출한 학위 청구 심사 경과에서 지적하고 있듯,

"연구자는 그 학적 경력으로 보아 20여 년간 꾸준히 국문학 연구에 매진해 왔고 또 많고 귀중한 연구 논문을 세상에 발표해 전혀 산란하고 혼란한 우리 국문학은 저자로부터 차츰 체계가 서게 된 것이다."

민족 문화 계승을 위해 모든 어려움을 이겨내고 끝내 우리 국문학사 체계를 처음 세웠다는데 저자는 이 분에게 존경의 염을 갖지만 보다 이 분의 나라 사랑 마음과 겨레 사랑 마음에 한층 더 경의를 표하게 된다.

일본 통치 하에서 가능하면 그들 비위를 거스르지 않고 약삭빠르게 사는 길이 있었건만 아무도 알아주지 않는 황무지 한국문학 체계 수립을 위해 첫 삽을 뜨셨다는 일이 얼마나 위대한가?

애국하는 길이 많고 애족하는 길이 많지만 이보다 더 뜻있는 일이 어디 있는가?

저자가 선생 문하로 들어간 시기는 대학원 석사 과정 때부터이다. 언제인가 선생에게 배웠으면 하던 소망이 늦게나마 이루어져 큰 다행이다.

# 박붕배 선배의 성균관대
# 대학원 입학 권유

사범대학 졸업할 때 저자는 학사 학위 논문을 '시청각 교구를 통한 중학교 국어과 교육'이라 제목을 붙이고 써 보았으므로 처음 시청각교육에 새로 눈뜨고 '저널리즘'에 이어 '매스 커뮤니케이션'까지 관심의 폭을 넓혔으나 아직 좀처럼 썩 마음에 와 닿는 분야가 없었다.

무엇인가 미래 지향적이며 학구열을 불 붙일 수 있는 새로운 분야가 없을까 탐색을 거듭하고 고심한 끝에 어렴풋하게 저자에게 다가온 것이 바로 '스피치' 학문이다.

미국 국어교육을 살피던 중 그곳 초등 및 중고등학교에서 종전 문장만의 교육은 이미 화법과 작문으로 무게 중심이 옮겨지고 대학은 스피치를 본격적으로 다루고 있음을 알게 되어 머지않아 우리도 이 영향을 받게 될 것이란 전망을 하게 되었다.

우리나라 역시 문장만 가르치는 구태에서 벗어나야 명실 공히 새 시대 국어 교육이 제자리를 잡게 될 것이란 판단이 선 것이다.

저자에게 '국어교육'의 새 분야를 찾는데 망설임이 일자 박붕배 선배를 찾아 조언을 구하기로 했다.

선배는 저자에게 우선 대학원 진학을 종용한다.

그는 우리나라에서 처음 국어국문학을 전공한 도남 조윤제 박사를 사사하라는 충고를 해 주었다.

사실 박 선배 역시 도남을 사사하고 이미 문학석사 학위를 취득했음이다.

저자도 결심을 굳히고 1960년 성균관대 대학원 석사 과정 국어국문학 전공에 시험을 치르는 과정에서 도남 선생 면접시험을 보게 된다.

"그럼 자네는 석사 과정 들어와 어떤 분야를 연구할 예정인가?"

"네! 저는 '스피치' 학문을 연구하고 싶습니다."

"그래? 나는 스피치를 모른다. 어떻게 한담."

"선생님은 모르시겠죠. 우리나라에서 제가 처음 시작하는 분야이니까요. 선생님이 국문학을 처음 개척하셨으니 제가 선생님께 '국문학 정신'과 함께 '학문 개척 방법'을 배워 학사 과정에서 이미 국어과 교육을 전공했으므로 석사 과정에서 스피치를 접목 장차 이 방면 연구를 발전시키고 싶습니다."

"그럼 대학원 들어와 자네 뜻을 한번 관철시켜 봐!"

"선생님! 정말 고맙습니다. 열심히 공부하겠습니다."

당시 성균관대 대학원 국어국문학과에 대학원장 조윤제 박사를 비롯해 월탄 박종화 교수 이명구 교수 최진원 교수 그리고 중문학 전공의 정래동 교수가 계셨다.

외래교수로 한문학 이가원 선생과 이우성 선생이 강좌를 맡아 교수진은 어떤 다른 대학원에 비해 조금도 손색이 없다.

문제는 대학원생 각 자가 자기 목표를 놓고 얼마나 열심히 연구할 수 있는가에 학문 연구의 성패가 달려 있었다.

선생은 스피치를 전혀 모른다고 말씀했는데 어느 날 강의 시간에 당시 대한교육연합회 정태시 사무총장을 만나보고 도움을 청하는 것이 어떻겠느냐고 저자 의중을 떠 보신다.

이 분은 연설 또는 웅변 분야 역서 및 저서를 이미 출판한 바 저자 역시 그 책들을 구입해 읽은 경험이 있는 터여서 그분을 말씀하기에 우선 호기심이 생겼다.

조윤제 박사가 대학 졸업 후 첫 직장이 경성사범 학교인데 이때 가르침을 받은 제자 가운데 한 사람이 바로 정태시 선생이다. 몇 가지 당부 말씀을 듣고 곧 그 분을 사무실로 찾았다.

매우 온건하고 자상한 성품인데 사범학교 출신의 꼼꼼함이 인상적이다.

광복 후 강원도 원주 중학교 교감을 지낸 이력을 알고 저자 처가가 원주라고 말하니 집안 내력을 듣고 크게 반가워한다.

뿐만 아니라 최근 출판한 그의 신간서까지 선물로 내준다. 저자의 처가가 바로 집안 일가라며 크게 반겨준다. 참으로 고맙고 기쁘기 이를 데 없다.

동호 정태시 선생은 1917년 원주 태생으로 1936년 경성사범학교 연습과 졸업 후 경성대 부설 중등교원 양성소를 졸업했다.

이후 원주 농업 중학교와 원주 중학교에서 교감을 지내고 1958년~1972년 대한교련 사무총장 1963년~1972년 세계교련 집행위원 1973년~1981년 공주교대 총장을 지냈다.

저서는 영어 입문, 연설 입문, 세계의 학교, 교직과 교사, 분필로 그리다 만 어느 자화상 등이 있고 상훈은 문화포장 국민훈장 모란장 춘강 교육상 등이 있다.

그리고 그는 '한국스피치학회' 창립 발기인의 한 분이다.

국제적으로 잘 알려진 교육계 인사이므로 학회가 미국으로부터 전문 도서와 함께 물심 양면의 많은 지원을 받는데 큰 역할을 다했다.

1958년 아테네 사가 발간한 정 선생의 '새 시대의 연설'과 이보다 먼저 1957년 희문 출판사가 낸 '20세기 웅변술' 등 그의 두 책을 보면 그것은 당시 유럽 스피치 교육 내용을 발췌 요약하여 간략하게 편찬한 교양 교재의 체재이다.

그리고 그 핵심은 미국 스피치 학계의 선구자 먼로 교수의 학술적 이론이 토대가 되고 있음이다.

저자에게 항로를 밝혀주는 등대 불과 같은 교재이다. 이 교재를 통하여 먼로 교수의 원저를 찾기로 했다.

성균관대 대학원 원생으로 좋은 기회를 포착한 저자는 곧 지도 교수 조윤제 박사에게 이 사실을 보고드리니 더없이 좋아하신다.

서울 시내 고서점을 샅샅이 뒤지고 돌아다니다가 한 곳에서 우연히 정말 우연히 찾던 책을 발견하고 얼마나 기뻤는지 모른다.

먼로 교수 원저는 책 제목을 번역하면 '스피치 원리와 형태'이다. 미국 스카트 포리스맨 출판의 1949년 판이다. 이 책은 제3판이다. 이를 토대로 저자의 스피치 연구가 박차를 가할 수 있게 된다.

박붕배 선생은 서울대 사범대 국어교육과 졸업 후 성대 대학원에서 국어교육 전공으로 석사 및 박사 과정을 모두 마치고 문학석사 및 문학박사 학위를 일찍 받았다.

물론 도남 조윤제 박사의 전공 지도로 이루어진 일이다. 논문 학위인 '구제 박사'가 아니고 대학원 전 과정을 밟고 소정 시험에 합격해 받은 귀하고 소중한 '신제' 학위 이니만큼 자타 공인의 '국어교육' 전공의 신제 박사 학위이다.

서울대 사대부고 교사를 거쳐 서울교대 교수로 정년을 맞이했지만 그 사이 한국교육개발원 국어과 연구교수 한국교원대 대학원 교환교수 문교부 국어과 교육과정 심의위원장 문교부 국정교과서 집필위원장 겸 편찬 심의 위원장 등을 두루 거쳐 명실 공히 우리나라 국어교육계 정점에서 학술적 지도력을 발휘했다고 볼 수 있다.

저자가 존경하는 자랑스러운 학계 선배이다.

후일담이지만 우리 은사 조윤제 박사님은 전공이 국문학인데 국어교육학 전공 교수로 모시게 된 특별한 이유가 있느냐는 저자 질문에 박붕배 교수는 도남 선생 논문의 '국어교육의 당면 문제'가 크게 눈길을 끌었다고 명쾌한 답변을 들려주었다.

후일 본인도 고서점에서 이 책을 구입해 읽었다.

박붕배 박사의 저서로 '국어과 교육 방법론' '국어과 교육 각론' '세계의 자국어 교육론' '한국 국어교육 전사' '국어과 교육 전사' '국어과 교육 총론' 등 다수가 있다. 한글학회 이사.

선생의 우리나라 국어과 교육 저서가 이처럼 질량으로 좋고 많음에 후학들은 모두 놀랄 뿐이다.

우리 스승 도남 조윤제 박사는 국문학자이다. 1929년 경성제국대학 조선어문학과를 졸업하고 1952년 서울대에서 문학박사 학위를 받았다.

선생은 1929년 경성제대 법문학부 조교로 출발 1945년 경성대학 법문학부장 1949년 서울대 문리과대 교수 학장 1954년 성균관대 교수 대학원장 부총장 1960년 한국교수협의회 의장 1965년~1974년 영남대 교수 1969년 학술원 회원 1971년 동 인문과학부장을 지냈다.

　저서로는 '조선시가사강' '한국시가의 연구' '국문학 개설' '국문학사' 등이 있다. 상훈은 학술원 공로상 등이 있다. 우리나라 국문학계의 가장 손꼽는 대표 학자요, 저자가 존경하는 스승이다.

# 국제 스피치 학회 정식 가입

도남 선생 대학원 수업을 듣는 한편 저자는 스피치 관련 세계 학회를 탐색한다.

1962년 미국스피치학회가 인디아나 주 블루밍톤 인디아나 대학 구내에 있음을 확인하고 그 쪽에 편지를 내어 학회 소개서와 함께 가입 원서를 보내주도록 부탁했다.

그러자 곧 회신이 왔고 가입 원서도 동봉 형식으로 왔다.

지체할 겨를 없이 저자는 원서를 보냈다. 물론 가입 회비도 송금했다.

1963년 스피치학회에서 1963년판 '회원명부' '디렉토리'가 우송되어 오자 저자의 기쁨은 이루 말할 수 없었다.

국가별 회원 명부를 보니 '코리아'에 저자 한 사람임을 알고 기쁨과 함께 책임이 막중함을 느꼈다.

곧이어 저널이 정기적으로 도착한다. 세분된 연구 분야와 연구 방향 그리고 연구 방법 등도 자세히 파악할 수 있어 저자의 스피치 연구는 달리는 말에 채찍을 가하는 격이 된다.

연구의 진전 경과를 그때마다 지도교수에게 말씀드리니 선생은 본인 못지 않게 기뻐하신다.

아무래도 학문의 세계적 흐름을 파악하려면 전공의 국제 학회에 가입하여 활동하는 것이 순리이고 자연적 추세라 판단한 것이 저자의 입장이다.

과연 국제학회에 가입한 일은 잘한 일이었다.

이 일을 마치 자신의 일처럼 생각하고 뛰어준 사람이 경복고 동문 신의석 박사이다.

미국 나사 우주 센터 기술 스태프인 신의석 박사는 세계적 공학자이며 바쁜 일정임에도 불구하고 백방으로 저자의 연구를 측면에서 적극 도와준 일에 대하여 지금껏 잊지 못한다. 참으로 고맙다. 친구여!

| 3부 |

# 저서 출판에
# 눈 뜨다

# '화술의 지식' 출판 교섭

나름대로 그동안 준비한 원고가 있어 '스피치 개론'이란 저서를 출판하려는 데 어떨까요? 하고 지도교수에게 물어보니 즉각 반대하신다.

저자가 시무룩해 하는 낯을 보시더니 얼마 있다가 "그럼 스피치가 유럽 학문이니 자네가 저서보다 역서를 내는 것이 어떨까? 그런데 영어 실력이 번역에 용이할까?" 기실 저자에게 그만한 영어 실력이 있을지 적이 염려되는 바 컸다.

착수가 성공이라 즉시 텍스트 선정에 들어갔다. 미국 있는 경복 동문 신의석 박사와 상의 그곳에서 쓰이는 대학 교재 '스피치' 가운데 비교적 쉽고 부피가 덜 나가는 책을 선택해 보내줄 것을 간곡히 부탁한 바 한 달 안에 에어 메일로 소포가 도착했다.

그 책이 바로 펜실베이니어 주립대학 해롤드 젤코 교수가 저술한 '유능한 연사가 되는 방법'이다. 우선 부피도 덜 나가고 내용도 쉽고 간결해 곧바로 번역에 착수하게 된다.

스피치 전공 교수가 집필한 저서이므로 우선 문장이 쉽고 간결해 번역에 별 어려움 없이 작업이 순조롭게 진행되어 나가 번역하는 사람 처지에서 하루하루가 보람으로 다가왔다. 얼마나 다행인가.

해롤드 젤코 교수는 펜 대학 스피치 교수 요, 당해 연도 미국 스피치학회 학회장이기도 해 저자는 일층 친밀감을 느끼며 작업을 수행해 나간다.

뿐만 아니라 그는 국방 총성 및 기업체에서 스피치 훈련 고문직책으로 회의 지도를 하는 스피치 교육계 권위자이다.

우리나라에서도 머지않아 이 방면 교육이 활발하게 전개될 것이 확실시되는 등 번역자인 저자에게 스피치 연구의 앞날은 밝게만 전망될 수밖에 없었다.

번역 진도는 하루가 다르게 진전되어 순풍을 만난 항해와 같았고 이 방면 경쟁자의 출현 역시 은근히 염려되는 바람에 자연 속도가 붙을 수밖에 없다.

이런저런 염려를 물리치고 마침내 번역이 완성되니 출판사 선정과 함께 출판 기회가 쉽게 찾아올까 하는데 문제의 초점이 모아진다.

뜻이 있으면 길이 열린다 하지 않았나?

저자로서 첫 출판인만큼 이왕이면 우리나라 양서 출판의 명문가에서 책을 내고 싶은 생각이 머리에 가득했다.

이때 떠오른 아이디어는 서울신문학원 선배인 안춘근 당시 출판부장을 만나 상의해 보는 일이 최우선이었다.

당시 양서 출판의 명문 을유문화사로 안 선배를 찾았다. 직책상 매우 바쁜 입장임에도 이쪽 이야기를 다 듣고 나서 일단 가져온 원고를 놓고 가면 원고를 읽어 검토해 보고 결과가 나오면 연락을 주겠다는 약속을 한다.

어떻게 보면 여기까지 진전된 상황만 보아도 1단계 고비는 잘 넘긴 것으로 저자는 판단했다.

연구 검토 후에 연락을 주겠다고 해 계속 기다렸다. 그러나 석 달이 다가와도 출판사의 검토 결과는 소식이 없다.

이따금 동료와 담화할 때면 출판 화제를 꺼내고 석 달이 지나도 검토 결과가 오지 않는다고 푸념하면 저자를 주위에서 답답하게 본다.

그리고 연구 검토라는 말도 사실은 거절한다는 말과 같은 뜻이라고 저자를 나무라기까지 한다.

하루는 방송국에 출근하자 아나운서 실 칠판에 을유문화사에서 전화 왔으니 곧 연락하라는 메시지가 있어 전화하니 스피치 번역서를 출판하기로 결정한 바 곧 출판사로 들르라는 내용이다.

연구 검토는 점잖게 거절하는 뜻이 아니고 말 그대로 연구 검

토의 뜻이었다.

이튿날 바로 출판사로 나가니 반갑게 저자를 맞이하며 출판 절차를 밟게 해 준다.

먼저 책 제목 '화법의 지식'을 탐탁지 않다며 바꾸자고 한다. 저자의 즉석 발상으로 '화술의 지식'이 어떻겠냐고 제안하니 좋다는 반응이다.

덧붙이기를 아이디어와 콘텐츠가 중요하지만 책 제목도 이에 못지않게 중요하다는 비즈니스 문제를 꺼낸다. 이 문제에 저자도 수긍의 뜻을 표시했다.

이어 출판사와 출판 계약을 맺고 형식상 절차를 끝냈는데 이왕 들른 김에 원저의 머리말을 번역하고 가라 한다.

영한사전을 한 권 빌려놓고 저자가 원저 머리말을 번역해 넘기니 안 부장이 읽어보고 나에게 "전형은 직역 대신 의역을 잘하네요." 한다. 그러자 저자가 "저도 처음 직역을 위주로 했으나 결과적으로 뜻이 잘 통하지 않아 현재 의역을 위주로 합니다."라고 대답했다.

# '화술의 지식' 처녀 출판

마침내 저자의 처녀 출판이 빛을 보았다. 1962년 2월 10일, 구미 신서 42집 '화술의 지식'이 명문 을유문화사 출판으로 세상에 나왔다.

이때의 감격을 저자는 필설로 다 표현하지 못한다. 제목과 다르게 내용의 차례는 모두 화법으로 기재되어 있어 기쁘다. 그리고 권말 부록으로 붙여진 '국어 발음 소고'가 그렇게 자랑스러울 수가 없다. 국어 학계에서 처음 국어 발음을 논의하는 전기가 되기 때문이다.

가장 먼저 조윤제 박사에게 책을 증정하니 크게 기뻐하고 분에 넘치는 칭찬을 하신다.

이보다 조금 뒤인 1962년 8월 말 성균관대학교 대학원에서 '스피치 교육의 사적 진전 소고'라는 제목의 논문이 심사위원회 심사를 통과해 저자는 후기 졸업식 때 영광의 문학석사 학위를 받았다.

이때 지도교수는 조윤제 이명구, 심사위원은 한교석(경성제대 언어학 전공). 이명구 최진원 등 세 분이다. 비록 석사 학위이지만 아직 남이 손 대지 않은 새 분야를 개척한다는 기쁨을 저자는 잘 가누지 못했다.

새 분야를 개척해 들어갈 때 그 길은 마치 아직 아무도 밟지 않은 눈 길을 걷는 것과 같다. 경험한 사람이면 알 수 있을 것이다.

저자의 1962년은 3가지 경사가 겹친 한 해다. 국제 스피치학회 회원 가입, 성대 대학원 문학석사, 을유문화사 '화술의 지식' 출판 등이 손 꼽힌다. 또 하나 직장에서 일반 아나운서가 고등 전형을 받고 사무관 직급인 방송관보에 임명된 사실이다.

당시 방송국은 정부 기관의 하나요, 직원은 모두 공무원 신분이었다.

저자는 KBS-TV 교양 프로그램을 맡게 되어 처음 제작에 직접 관여할 수 있었다. 그동안 수행한 아나운서 현업도 겸임으로 담당하니 그야말로 눈코 뜰 새 없이 바쁜 나날이다.

을유문화사 구미 신서 42집 해롤드 젤코가 쓰고 전영우가 번역한 '화술의 지식' 역서를 붙인다.


## '화술의 지식' 역서

오늘을 토킹 에이지라 말하는 이도 있지만 기실 의사를 전달함에 있어 어떤 서식을 통하기보다 차라리 구술로 직접 의사를 전달하는 것이 우리 각자의 몸과 마음에 배어 있는 작금이다.

이 방면에 여러분의 지대한 관심이 집중되어 있기는 하면서도 아직껏 이에 관한 출판물이 빛을 보지 못하고 있음을 아는 사람으로 더욱 라디오 아나운서를 겸하며 '국어 화법'을 연구하는 한 학도로 여러 자료를 수집하는 도중 미국 스피치 학회 회장이며 펜실베이니아 주립대학 교수 해롤드 젤코 박사가 집필한 '유능한 연사가 되는 방법'을 우연한 기회에 접하게 되었다.

그 후 이 책을 읽어 나가면서 하나하나 외우기는 어렵고 하여 일일이 노트한 것을 나 자신만 그 내용을 알고 있기 안타까운 바 있어 감히 번역으로 그것을 알기 쉽게 초역해 보았다.

한낱 송구스러운 마음 금치 못하는 동시에 강호 제현의 기탄 없는 질정을 갈구하며 역서에 대신한다.

1962년 4월 10일 전영우 씀.

그 후 이 책은 2년 뒤 1964년 5월 10일 재판을 발매하여 어느 정도 소기의 목적을 이룬 셈이 된다. 참으로 기쁘고 고마운 일이다. 이때부터 '화술'이란 용어가 날개 돋친 듯 시중 많은 사람 사이에 회자되었다.

# '스피치 개론' 출판

1964년 6월 5일 저자의 두 번째 책 '스피치 개론'이 문학사(사장 최응표) 출판으로 세상에 모습을 보였다.

저서로 첫 번째 책이다. '스피치' 타이틀을 붙이고 나오기는 이 책이 물론 우리나라에서 처음이다. 대학원 석사 과정 마치고 2년 만에 내 놓은 저서이다.

시내 태평로 프레스 센터에서 출판 기념회를 가졌다. 우리나라 국어국문학계 중진 학자들이 참석 분에 넘치는 축사를 했다.

이숭녕 박사, 전광용 교수 정한모 교수 등 여러분이 잠석했다.

조윤제 박사는 '문화겸전'이라 휘호한 글씨를 사모님 편에 보내 주시어 선생의 고마운 뜻에 저자는 감격한 나머지 여기서 두 글자를 뽑아 저자의 호를 문겸이라 지었다.

## 머리말
인간의 언어 생활을 백분율로 나눈다면 그 75퍼센트가 말하기 듣기 기능이라는 뉴욕 대학 도로디 멀그레이브 교수의 지적은 오늘 우리 음성 언어 생활에 대한 인식을 새롭게 해 주고 있다.

한편 매스 커뮤니케이션에서 배가되는 음성언어의 영향을 고려할 때 스피치 연구의 긴요성은 명약관화한 사실이다.

이집트 파피루스에 기원을 두는 '스피치'는 고대 그리스와 로마를 거쳐 근세에 들어와 영국에서 발전적 학문의 추세를 시현해 주었고 일층 고도한 학문적 체계는 20세기 미국에서 종합적으로 구체화 되었다.

우리나라도 근자에 와 각 대학이 '스피치' 강좌의 효용성을 인정하고 있다.

먼저 연극 영화과부터 국어국문학 및 영어영문학까지 새 강좌 '스피치'가 차츰 빛을 보이고 있다.

지금까지 스피치라면 화술 화법 구현법으로 또는 대화 연설 토의 토론 회의 법 등으로 각각 나뉘어 다루어져 왔으나 이를 종합한 학문적 체계 수립 시도가 우리에게 없었다.

필자는 이에 뜻한 바 있어 이 '스피치 개론' 저술을 착수하게 된 것이다. 모름지기 사회생활의 인간 발달은 우리 사회 활동이 좌우하고 사회 활동은 스피치가 그 방편이 되는 터요 나아가 지도적 인격 형성의 바탕에 꼭 갖추어야 할 자질이 스피치 능력이라 할 때 누구도 스피치 연구는 불가결한 분야라 하겠다.

그저 의식 무의식 간에 발언한다 해서 그것이 곧 말이 될 수 있다 하면 차라리 침묵이 금이 될 수 있다. 그러나 우리는 침묵만으로 현실적 사회생활을 도저히 지탱할 수 없다.

보다 효과적 의사소통이 우리에게 절실하기 때문이다.

'스피치' 효용성 은 이 점에도 있고 가일층 발음법 낭독법 화법 등 '스피치'를 반드시 필수 과목으로 학습해야 할 연극 영화배우 방송 아나운서 리포터 기자 탤런트 성우 각 분야 캐스터들에게 더 없이 중요한 효용성을 갖는다.

이 책은 이런 뜻에서 엮어진 저서로 일반 교양에 기초를 두되 '스피치' 대학 교재로 쓸 수 있게 꾸몄다. 다만 스피치 연구 여명기에 서서 내놓는 책인 만큼 적이 걱정되고 송구스럽기 짝이 없다.

그러나 밀물 같은 '스피치' 연구에 대한 저자 열의가 한 개 작은 결정을 이루어 낸 소산이라 자위한다.

이 방면의 정진을 더욱 보람 있게 해줄 여러분의 알뜰한 가르침이 크게 기다려질 뿐이다.


'동아일보' 문화면 독서 란은 비교적 무게 있는 서평 란이다. 먼저 독서 란의 주지를 그대로 옮겨 본다.


이 서평 란은 신간서 중에서 각 부문 별로 선정 각각 사계에 조예가 깊은 인사에게 서평을 의뢰해 만들었다. 평자 이름은 그때그때 밝히지 않고 수시로 일괄해서 발표한다. 오늘자 서평을 제외한 금년 1월 이후 7월까지의 필자는 다음과 같다.

김동리, 김준엽, 김진만, 김형규, 박권상, 박영준, 박종화, 백철, 안병욱, 여석기, 이원수, 이홍직, 최문환, 피천득.

1964년 8월 12일 자 동아일보 서평 란에서 이 날 다루어진 신간은 김태길 윤리학 박화성 눈보라의 운하 박연희 방황 전영우 스피치 개론 등이다.

그리고 담당 평자는 나와 있지 않다. 저자의 저서가 포함된 사실은 감동이다.'사계의 한 입문서'라고 표제가 달린 서평을 원문 그대로 옮긴다.

"매스 커뮤니케이션이 극도로 발달되어 가는 오늘날에 있어 음성 언어의 전달과 이해는 날로 그 범위가 확대되어 가고 있으며 모든 시민이 자기 생각을 정확하게 그리고 효과적으로 발표할 줄 아는 능력을 갖춘다는 것은 민주주의 발달을 보다 빨리 이룩할 수 있는 길이기도 하다.

이러한 세계적 추세가 우리나라에도 미침에 따라 우리나라에도 수 년 전부터 미국식 스피치가 소개되기 시작했다. 이번에 나온 전영우 저 '스피치 개론'도 그러한 입문서의 하나다.

전부 9장으로 나누어진 이 책에서 장점을 들자면 필자가 국어과 교사였고 또 현직 아나운서라는 경험을 살린 제4장 국어 발음과 또 곳곳에서 예를 인용한 우리나라 말에 대한 구체적인 설명이다.

필자는 이 책을 일반교양을 위한 것뿐이 아니라 스피치 대학 교재로도 쓸 수 있게 꾸몄다고 했는데 그 점에서는 다소 불만이 없지 않다.

제6장 스피치 타입을 좀 더 구체적으로 자세히 설명하고 이 장을 중심으로 해 여타 부분을 쌓아 올려야 할 것인데 그 점 기간서와 다를 바 없이 화법 요체를 평판으로 나열한 점이 없지 않고 따라서 책 전체의 짜임새가 약하다.

미국 대학 스피치 및 연극은 학문적 인정을 받고 독립되어 있는 만큼 보다 더 깊고 전문적이다. 그 점 대학 교재로서 이 책은 좀 더 아카데믹해야 하겠다.

내용뿐만 아니라 서술 체제에서도 전후 통일을 가져야 하겠으며 가령 주요 인명에 생몰 연대를 표시하는 일 장말이나 권말에 참고 서 목을 드는 일 인덱스를 붙이는 일 등을 말한다.

제9장 스피치 연습은 하나의 앤솔로지처럼 따로 독립시킬 것이 아니라 필요한 대목에 적절한 설명과 함께 삽입되었으면 좋겠다. 또 개론서인 이상 연극에 대해서도 따로 언급이 있어야 할 것

이다.

그러나 한국인을 위해 한국인에 의해 한국 스피치 교육이 발전되어야 하는 이 마당에서 진일보한 역저이며 현재로는 스피치를 알고자 하는 분들에게 이 책을 권할만하다."

평자 미상 문학사 발행

후에 확인 한 바, 이 글은 여석기 교수의 평이었다.

# '화법 원리' 출판

저자가 1967년 교육출판사에서 '화법원리'를 출간하고 첫 번째로 책을 증정하기 위해 찾아 뵌 교수는 바로 서울대 문리대 언어학과 허웅 교수다.

학부 과정에서 이 분에게 배운 적은 없지만 그의 저서 '음운론'을 일찍 읽고 문교부 주관 국어조사회 때 자주 만났기 때문이다.

책을 받고 축하한다고 말하고 목차를 살피더니 "이 화법 분야는 전 선생이 국어학계에서 처음이죠?" 하고 묻기에 그렇다고 말씀드렸다.

은근히 저자는 박사 과정에서 허 웅 박사의 '국어 음운론'을 배울 수 있어 다행이다.

당시만 해도 '통사론'이라 일컫던 분야를 '통어 론'이라 가리키며 그 이유도 명쾌하게 밝혀준다.

하나는 말 사 요 또 하나는 말씀 어 이지만 '말사'를 통제하는 것이 아니고 '말씀어'를 통제하는 것이라 분명하게 그 이유를 밝힌다.

허 박사 강의를 들을 때면 첫째 이처럼 학술 용어 정리부터 확실하게 하고 나서 둘째, 학술 개념 설명도 이론의 여지 없게 비교와 대조를 체계 있게 말씀 해서 듣기가 쉽고 이해하기도 빨랐다.

좀처럼 국어학 논문 심사를 안 하신다는 소문이 있어 걱정했는데 다행히 저자 논문 심사를 기꺼이 맡아 주어 더 없는 영광이다. 얼마나 감사한 일인지 후에 안 일이지만 선생 자제를 경기고교에서 저자가 가르친 적이 있다.

허웅 박사는 1939년 연희 전문 문과를 중퇴하고 1968년 서울대에서 문학박사 학위를 1984년 세종대에서 명예 교육학 박사 학위를 각각 받았다.

경력은 1947~1955년 부산대 및 성균관대 조교수 1954년~1958년 연세대 부교수 1957년~1975년 서울대 문리대 교수 1970년 한글학회 이사장 1975년~1984년 서울대 인문대 언어학과 교수 1984년 서울대 명예교수 1984년~1989년 동아대 대학원 교수 등을 지냈다.

저서로는 '국어 음운론' '언어학' '국어학' '우리 옛 말본' '중세 국어 연구' '16세기 우리 옛 말본' '20세기 우리말 형태론' 등이 있다.

수상은 외솔상, 노산문학상, 성곡학술문화상, 세종문화상, 국민훈장 모란장 등이 있다.

# '화법원리' 머리말

인간의 바람직한 언어 표현은 돌자갈밭 속의 에메랄드 빛보다 더 귀하다는 고대 이집트 프타호텝 교훈이나 동양의 인격 척도인 신언서판은 각각 인간 사회 활동상 언어생활이 차지하는 비중을 극명하게 표현하고 있다.

인간관계는 상호 의사소통으로 현실화되고 보다 효과적인 의사 표현력과 토의 토론 능력 그리고 적극적 회의 참가는 현대 우리 생활에서 놓칠 수 없는 사회 참여의 기본자세가 아닌가 한다.

상대를 납득시키는 설득력 상대에게 희열을 안겨주는 흰담의 전개 그리고 오해와 왜곡의 배제는 지도적 인격 연마 및 시민 교양으로 필수 요건임은 말할 것도 없다.

스피치는 실제 경험을 쌓아 나가는 시행착오의 부단한 과정 속에 획득되는 능력이지만 기본적 원리 이해가 수반되어야 일층 금상첨화라 하겠다.

일반교양인에게 효과적 화법이 모든 지도층 인사에게 설득력 있는 의사 표현력이 그리고 전문 방송인과 연극 영화인에게 전문적 화법이 또 각 비즈니스맨에게 성공적 상담 요령이 절실히 필요하다.

스피치를 개관하면 스피치는 예술 분야와 과학 세계에 걸쳐 있으며 크게 언어 생활 범주에 속한다. 한편 발전적 스피치 연구를 위해 뒷받침되는 보조학은 수사학 논리학 철학 심리학 윤리학 사회학 언어학 음성학 국어학 물리학 생리학 등이다.

우리나라도 국어학과 및 영어학과 신문방송학과 및 연극영화학과 그리고 일반 교양과목 및 교직과목의 확실한 한 분과로 교과 과정에 스피치가 편성되고 있음은 스피치 연구 앞날을 위해 매우 고무적 현상이고 다행한 일이다.

방송과 연극도 스피치 연구 대상이지만 본 저서는 그 방면 기술을 피하고 일반 화법으로 국한한 점 여기 분명히 밝힌다.

1967년 2월

저자 전영우 씀


지도교수 배윤덕 박사는 연세대 국어국문학과에서 학사 석사 박사 학위를 받았다. 논문으로는 '토의 연구, 구문상에 있어서의 토 배합에 관하여' '신경준의 운해 연구' '최석정의 경세 정운 연구' 등이 있다.

자상하고 꼼꼼한 분으로 덕망을 갖춘 분이다. 어떻든 저자가 학위를 받을 수 있게 백방으로 이끌고 밀어준 교수다.

성신여대 국어국문학과 문학박사 첫 자리를 저자가 차지하게 해 준 잊을 수 없는 은인이다.

연세대 국어국문학과 문효근 박사와 김석득 연세대 대학원장의 가르침을 잊을 수 없다.

마침내 1989년 8월 대학원장 이주용 박사 대학교 총장 최국선 박사 명의로 저자는 늦게나마 영예의 문학박사 학위를 성신여대에서 정식으로 취득했다.

이때의 기쁨을 뭐라 표현할 수 있을까?

# 한국근대토론의 사적 연구 출판

　박사논문 '근대 구어토론에 관한 사적 연구'를 '한국 근대토론의 사적 연구'로 타이틀을 바꿔 일지사에서 출판 허웅 박사의 권유를 받아들였다.

　일지사 김성재 사장을 만날 때 창조사 최덕교 사장과 함께 갔다.

　학원사 편집장 선후 관계가 되는 두 분은 사이가 좋아 보였다.

　먼저 저자가 학위 논문을 일지사에서 출판하고 싶다는 뜻을 말하니 일언이폐지하고 수락해 준다. 그리고 우리를 점심에 초대해 주었다.

　김 사장님은 저자의 경복고 선배이고 대학 역시 사범대 중등교원 양성소 졸업이니 대학도 거의 같다. 집안 형님 같은 인상을 받았다.

　오찬 자리에서 저자가 겪은 이야기 한 토막을 소개했다.

　청계 상가 고본 서점에 들러 저자가 일지사 발행 중고 책을 구매하려고 값을 물으니 신간서와 별 차이가 없다.

그래서 헌 책을 왜 새 책과 거의 같은 값을 받느냐고 가볍게 항의하자 서점 주인이 "비록 헌 책일 망정 일지사와 일조각 책은 양서가 많아 그렇게 받아요." 하더라고 경험담을 말하니 별다른 반응은 없다.

을유문화사에서 출발했지만 저자는 출판사 운이 비교적 좋은 편이다. 아무래도 박사 논문이므로 편집과 교열에 보다 세심한 배려가 필요함을 요청한 후 헤어졌다.

1971년 8월 드디어 일지사에서 저자의 책 '한국근대토론의 사적 연구'가 아담한 양장으로 세상에 나왔다.

학위 논문 가운데 '문제 제기'와 '차례' 그리고 '결론'을 여기 붙인다.

## 문제 제기

저자는 국어교육을 전공하며 두 문제를 의식했다.

각급 학교 국어과 시간에 문장은 가르치면서 왜 화법을 가르치지 않느냐는 점 또 외국어를 배울 때 발음을 중시하면서 국어를 배울 때 왜 발음을 도외시하느냐는 점이다.

이 같은 문제 의식에 자극되어 관심 갖기 시작한 분야가 바로 스피치이다. 1955년경이다.

공사 간 대화 연설 회의 등 장면을 통해 직면하는 발표 토의 토론 협의 과정에 우리는 언어를 매개로 상호 의사를 소통한다.

국어 생활에서 화법이 차지하는 비중은 그만큼 크다.

능변이 반드시 교언영색 미사여구 음성과장 등으로 형상화 될 수 없다. 오히려 사실에 입각 진실을 바탕으로 자기 주의 주장을 남에게 펼 수 있고 가치 있는 정보를 수집하고 수시로 인용할 수 있으며 경험과 식견을 통해 창의성을 발휘할 수 있고 겸허와 성실의 인간미로 호의 어린 대인 관계를 유지한다면 우리는 의사소통과 대인관계 그리고 각계각층의 사회 적응에 일층 보람 있는 성과를 거둘 것이다.

국어국문학 연구에 현대문학 고전문학 한문학 음운론 형태론 통어론 계통론 의미론 못지 않게 화법론이 마땅히 거론되어야 한다.

데모스데네스 키케로 처칠 케네디는 스피치 교육사상 능변으로 손 꼽는 인물들이나 시대적 배경에 따라 평가 기준에 차이가 난다.

데모스데네스는 웅변 처칠은 정치 연설 케네디는 정치 토론으로 각기 그들의 목적 달성에 기여했다.

이미 학적 체계가 잡혀진 미국은 예일 대학을 위시해 펜실베이니아 주립대학 노드 웨스턴 대학 미시건 대학 일리노이 대학 보스톤 대학 등 유수한 대학에서 이미 학위 과정을 설치하고 오래 전부터 스피치 논문으로 학위를 수여해 오고 있다.

크게 사이언스와 아트에 걸쳐 있으면서 언어생활의 범주를 망라하는 것이 스피치 필드이다. 인간의 언어가 개재되는 분야이면 스피치 연구 영역이 된다.

언어생활에서 문장 생활은 문자 언어에 의존하는 까닭에 기록과 보존이 가능하나 스피치는 다만 음성 언어에 의존하는 관계로 다분히 과거의 연구가 불가능하고 현재보다 미래를 위한 연구가 가능할 뿐이다.

음성 부호인 문자의 발명이 실은 음성언어의 이 같은 결함을 메우기 위함이 아닌가? 그러나 학문 연구가 새로운 미래 창조의 가치를 인정한다면 스피치 연구의 필요성은 명약관화하다.

스피치 행위는 다음 활동에서 핵심이 된다.

대화 담화 연설 식사 성명 패널 포럼 심포지엄 상담 업무 대담 토의 토론 낭독 방송.

뉴욕대학 도로시 멀그레이브 교수는 스피치를 아트 사이언스 패돌로지로 분류하고 있다.

요컨대, 화법 연극 영화 라디오 텔레비전 그리고 스피치 크리닉 이 넓은 뜻에 포함되고 좁은 뜻은 스피치가 화법 일반으로 한정된다.

스피치는 의사 표현과 의사 전달 그리고 의사소통의 실재적인 언어 기능을 연구 대상으로 한다.

화자가 신체적 동작과 함께 내용을 표현하면 청자 및 청중은 이에 반응한다. 화자와 청자 사이에 자극 반응의 관계가 반복되는 것이 말하기와 듣기의 과정이다.

이 과정에서 화자의 언어 기능 장애나 정황 또는 스피치 부조화 그리고 청자의 바람직하지 모한 이해 등으로 스피치 커뮤니케이션에 지장이 생긴다.

이 같은 여러 현상을 파헤치고 가능한 대로 효과적인 커뮤니케이션 원리를 뽑아내기 위해 현재 스피치가 국내외에서 널리 연구 중이다.

이집트 파피루스에 기원을 두는 스피치 교육사는 고대 그리스와 로마를 거쳐 근세 영국에서 학문의 발전적 추세를 시현했고 20세기 미국에서 구현되었다.

도로디 교수는 "오늘을 토킹 에이지라 지칭함에 누구도 부정할 사람은 없을 것이다. 라디오 TV 그리고 녹음 녹화기 컴퓨터 등 기술 분야의 발달로 우리는 문장 표현어보다 구두 표현어에 의존하는 빈도가 하루가 다르게 증가하고 있다.

라디오 TV 출연 인사의 방송이나 혹은 각계 각층 인사의 좌담에 의존하지 않으면 현대 생활의 효과적인 적응 방법을 제시받을 수 없다."고 해 스피치에 대한 새 인식 고취와 스피치 연구의 가치를 한층 더 강조하고 있다.

앞에서 언급한 대로 한국은 오늘의 '국어과 교육'에서 문장 편중의 경향이 매우 현저하다. 따라서 화법교육의 인식이 국어과 교육의 측면에서 크게 새로워져야 한다.

이에 대화 연설 토의 토론 회의 등이 포함되는 유럽 스피치 교육을 개관한 이론을 토대로 근대 한국에 스피치 실연 방법을 이입 접목한 중심 인물이 누구인지 구명하고 근대 국어 토론의 실연 상황을 형식과 내용 양 면으로 고찰함과 동시에 그 영향을 분석해 한국어 스피치 생성의 여명기를 조명 역사적 의의를 찾는데 본 논문의 목적을 둔다.

## 차례

민회 토론의 연사(이상재의 유머 평전 이상재의 집회 사회 이승만의 연설 활동 연사 안창호의 에토스)

결론

부록(협성회 토론 주제 일람표 독립협회 토론 주제 일람표)

## 결론

한국에 스피치 실연 방법을 이입 수용케 한 인물이 누구인가를 구명하고 토론을 중심한 근대 공중 집회의 스피치 실연 상황과 그 영향을 분석하며 국어 스피치 실연의 여명 생성 발전기를 조명해 그 역사적 의의를 찾는 일이 본 논문의 목적이다.

1. 유럽 스피치 실연 방법이 한국에 이입 수용된 시기는 근대에 속할 것이다.
2. 주로 서재필 윤치호 등에 의해 이입된 바 그들은 이미 미국 대학 수학 시에 스피치 실연 분야에 큰 관심을 가지고 강의를 수강하고 혹은 또 대학 과외 특별 활동에 참여했을 것이다.
3. 그들은 배재학당 협성회 독립협회 등 학교 또는 단체에서 연설 토론 회의법을 가르치고 스피치 실연을 회원 및 학생들에게 직접 지도했을 것이다.

4. 스피치 실연의 당시 활동이 다방면으로 반응 효과를 가져왔고 이와 함께 그 후 영향이 매우 컸을 것이다.
5. 윤치호가 번역한 로버트의 '의회 통용 규칙'과 '협성회 회칙'은 당시 토론 및 회의법에서 귀중한 지침서요 동시에 훌륭한 교재였을 것이다.

앞의 가설을 입증하기 위해 협성회 회칙 의회 통용 규칙 만국회의 통상 규칙 윤치호 일기 독립신문 황성신문 협성회 회보 매일신문 대조선독립협회 회보 대한계년사 민회실기 개화기 교과서 총서 한국논저 해제 한말 근대 법령자료집 독립협회 토론회 규칙 등과 함께 서재필 윤치호 관련 연구 논문 그리고 협성회 독립협회 관련 연구 논문 등을 집중적으로 탐구하게 되었다.

그 결과 본론에서 가설 대부분이 거의 확실하게 입증되었을 뿐 아니라 그 밖의 새로운 역사적 사실이 속속 드러나 본 논문의 연구 결과를 한층 가치 있게 만들어 주었다. 항목 별로 연구 결과를 보이면 다음과 같다.

배재 학당은 매주 토요일 연설회 토론회 사상 발표 변론 시간 등을 특별 과외 시간으로 정해 일찍 한국에서 시도하지 못한 전인 교육을 실시하고 교육의 새로운 뜻을 일반에게 인식시켰다.

서재필은 최초로 미국의 민주 정치와 독립 정신을 배우고 또 그들의 학술 및 생활 양식까지 체득할 수 있던 선각자 임이 분명하다. 그의 귀국을 계기로 비로소 우리 사회는 자유 독립 권리 의무가 무엇인지 배우고 깨닫게 되었다.

1896년 협성회 발기를 지도했고 여기서 서재필이 '회의 진행법'을 가르쳤다. 동의 재청 개의 등 '회의용어'가 협성회 당시 우리말로 번역되었으며 오늘 사용되는 회의 용어의 기원이 되었다.

토론회에서 서재필은 '박수'를 처음 가르쳤다.

'연설'이란 용어가 윤치호에 의해 한국에서 처음 쓰이기 시작한 것으로 알려졌다.

독립관에서 서재필은 독립협회원을 대상으로 근대 정치 활동에 필요한 기초 훈련을 실시했다. 토론회를 자주 개최하고 이론 전개와 함께 화법과 연설법을 가르치고 각종 집회 절차와 회의 규칙을 습득하게 했다.

토론회 및 연설회 목적은 일반에게 자유 사상과 민주주의 이념을 넣어 주자는 것이다. 초기 토론 논제는 일상생활에 관계되는 것인데 불필요한 문제를 가지고 토론하기보다 차라리 국가 정치에 대한 비판 연설을 하자는 데 의견이 모아졌다.

독립협회 창립 당시 성격이 토론 단체이던 것이 정치 단체로 전환된 이유 중 하나는 토론이 정치 이슈를 다루면서 격렬한 토론 분위기를 연출한 까닭이다.

독립협회는 연설회 토론회 민회 등이 언론의 자유를 실현하고 창달하는 방법이라 보고 집회 자유를 주창했다.

독립협회 토론회에서 실제 체험한 연설법 토론법 회의법이 만민 공동회 조직의 귀중한 수단이 되었다.

개화사상이 비로소 일반에게 삼투하고 뿐만 아니라 이 사상이 1898년 만민 공동회의 대중적 기반과 그 지도적 중핵을 형성하기에 이른다.

1898년은 독립협회가 가두로 진출 한국의 개화 운동이 비로소 대중과 결합하는 획기적 1년이 되었다.

1898년 2월 27일 독립협회 집회가 절영도 석탄고 기지 조차 문제를 조사하도록 결의해 외부대신에게 공한을 발송하고 이를 행동으로 비판한 사실을 한국에 민주주의 물결이 일기 시작하는 것으로 간주한 사람이 바로 윤치호이다.

1898년 10월 29일 관민 공동회 제2일 청중 수 만명이 모인 집회 개막 연설을 종전 가장 천대 받던 천민 백정 박성춘이 했다는 사실은 매우 큰 역사적 의미를 갖는다.

1898년 11월 5일 만민공동회 첫날 당시 소학교 학도 11세 소년 장용남이 집회에 나와 연설했고 동년 12월 8일 만민공동회 재개 제3일 소년 결사체 자동 의사회 소속 14세 소년 서형만이 충군애국 목적의 연설을 했다. 소년 연사의 출현이 이채롭다.

1898년 11월 2일 정부의 '중추원 관제' 반포가 우리나라 최초의 '의회규칙' 이다.


'근대 토론의 가능성'에서 서당 언어 교육은 화법 교육 내용이 적지 않으나 거의 교훈적인 교재로 국한된 것이고 학교 국어과 교육은 독법 낭독 담화에 머물러 서당 교육과 함께 단편적이고 교훈적인 성격에서 벗어나지 못했다.

토론의 정의는 "맡겨진 문제의 해결 방안을 놓고 정해진 규칙에 따라 의견 대립을 보이는 두 팀 사이에 행해지는 주장과 반 주장 또는 긍정과 부정 찬성과 반대의 논전이다.

'서재필의 토론 지도'에서 서재필이 미국 힐맨 아카데미에서 수학할 때 스피치가 전 학년 공통 과목이었던 점과 그 학교에 토론 과외 서클이 있었다는 점등을 주목하지 않을 수 없다.

서재필 지도로 협성회가 처음 시도한 가두 연설 그리고 회의를 통한 의사결정을 종다수 표결 원칙에 따라 처리하기 시작한 점이 새롭다.

귀국 초기 배재학당에서 서재필이 '미국 민주주의와 의회 제도'의 강연을 행한 일은 그의 포부를 짐작하는데 도움이 된다. '독립

신문' 발행 역시 목적이 민주 정치 민권 사상의 이식 한국의 자주 독립 쟁취에 있음을 알게 된다.

그의 지도로 창립된 독립협회의 토론에서 한국 최초의 포럼식 토의 형태를 찾아볼 수 있다.

'윤치호의 토론 지도'에서

윤치호는 독립협회가 주도한 민중 운동이 민권을 고취해 정부의 권력 남용을 견제하고 일반 민중의 지적 수준 향상에 기여했으며 독립협회 대중 집회는 민중 특히 젊은 세대에게 큰 교육적 효과를 준 것으로 확신한다.

그는 회원 간 토론에 의한 합의를 존중하고 상향식 민주주의 지도 노선을 지켰다. 또 그는 합리적 대화로 상대를 설득해 적대 관계를 협력 관계로 전환하는 온건 노선을 지향했다 그리고 그는 점진적 개량주의 또는 상소와 건의 및 평화적 시위에 비폭력수의를 기본 지도 노선으로 삼았다.

일정한 한계가 있음에도 불구하고 독립협회 운동이 한국의 민족주의와 민주주의 그리고 근대화 운동에 새 이정표를 세웠다면 지도자 윤치호가 이의 추진자이다.

그는 미국 유학시절 서재필과 함께 스피치 교육을 받은 우리나라 최초의 인사이며 '의회통용규칙'을 처음으로 번역 배포해 '회의 진행법'을 널리 보급했다. 독립협회 토론에 그는 연설 토의 토론 회의 진행 등 스피치 활동의 기초 형식을 제공한 지도자이다.

'협성회의 토론'에서 협성회의 큰 업적은 토론회와 가두연설을 통해 민중을 계몽하고 여론을 형성함으로써 민족의식과 사회의식을 고취한 점이다.

연설과 토론 또는 신문 논설을 통해 협성회의 일관된 주장은 전통적 봉건 사회 제도를 개혁해 근대 민주 사회를 건설하자는 사회 개혁을 위한 계몽사상이 주류를 이룬다.

'독립협회의 토론'에서 토론 방식은 주제와 지명 토론자 4인 즉, 우의 부우의와 반대 측 좌의 부좌의를 토론하기 한 주 전에 미리 발표 준비케 하고 회원은 누구든 당일 토론에 참가할 수 있고 시간은 5분으로 제한했다.

주제는 방청인의 지식에 유조하고 반드시 논쟁이 가능한 것에 국한했다. 그리고 토론 종결시에 참가자 전원의 다수 의견에 따라 토론 승부를 결정했다.

'만민 공동회의 집회'에서 회의를 통한 결의와 연설을 통한 의사 통일 그리고 10차에 걸친 상소와 고종의 비지 형식을 통한 부단한 대화 노력이 주효해 만민 공동회 성과가 컸던 사실을 기억해야 한다.

헌의 6조와 조칙 5조가 그 성과이고 협회 지도자 17인의 석방 역시 운동의 성과이다.

'토론 형식과 내용의 영향'에서 일반 시민은 새 사상을 접하게 되었다. 자주 독립사상 자유 민권 사상 자강 개혁 사상 등이 그것이다.

이 부분은 형식과 내용 양면으로 관찰할 수 있다. 이념과 사상이 내용이면 '의회통용규칙'은 형식이 될 것이다. 문학 작품인 토론체 소설은 음양으로 조명된 민회 토론의 영향이라 본다.

'민회 토론의 연사'에서 이상재 이승만 안창호를 거론한 것은 연사의 인품과 자질로 보아 당시 민회 토론에서 주도적 역할을 수행하였기에 그들의 생애를 통한 지도자 역할이 스피치 시각에서 어떻게 가능했는가를 각 연사를 본보기로 다루어 본 것이다.

출판사 일지사에서 저자의 '한국 근대토론의 사적 연구'가 나오자 1991년 9월 10일 자 동아일보 문화면은 이 책을 화제의 책이라 하고 다음과 같이 소개했다.


## 토론 생성, 화법 교육의 발전 과정 탐구

좁은 뜻으로는 '연설' 넓은 뜻으로는 화법이라 옮길 수 있는 유럽의 스피치가 언제 어떻게 유입 수용되었을까? 아나운서 출신

인 수원대 전영우 교수는 그의 저서 "한국 근대 토론의 사적 연구"에서 한국 토론의 생성 발전에 대해,

"근대에 이르러 유럽 스피치를 체득한 당시 선각자들이 국어 스피치를 통해 민중들에게 민족자강 민족자주의 독립정신과 개화 정신을 계몽했다"고 밝히고 있다.

전영우 교수에 따르면 국어의 화법 교육이 실시된 것은 1890년대 협성회 독립협회에서의 일로 중심 지도자는 서재필 윤치호 등이었고 교재는 '의회통용규칙' 교육 내용은 실연 위주의 연설 토론 회의법이었다고 밝혔다.

# 4부

## 1950년대
## 6.25 전란

# 여객 수송열차 '포카혼타스'

취직을 위해 희범 아저씨와 저자는 둘이 경부선 철길을 따라 걷기 시작 고모 역을 거쳐 경산역에 당도한다. 역의 RTO에 가니 인사 담당 미군 중사가 저자부터 면접을 본다.

"왓 쭈 네임?' 리스닝은 '왓'도 알고 '네임'도 알겠는데 다만 '쭈'를 모르겠다. 지체할 시간이 없으므로 '마이 네임 이즈 전영우 써"라고 하자 이어서 '하우 올드 아 유?"하고 묻기에 "아이 엠 세븐틴 이어스 올드 써"하니까 곧 '오케이 유 패스"하고 채용이 결정 되었다.

저자를 미군 8069 수송부대 리플 대대 C중대로 배속시키고 주급 고용직이지만 신분증 직위를 '열차 승무원'이라 했다. 포카혼타스로 이름 붙여진 수송열차 근무를 하게 되었다.

나중에 알았지만 이 이름은 미국 인디언 부족 이름 중의 하나였다.

우리나라 객차를 개조해 만든 열차인데 8량 1열차로 편성한 군 수송 열차이다. 좌석 열차가 아니고 침대 열차이다.

부산역에서 승차한 미군 병력을 태우고 대개 강원도 원주 또는 경기도 양평 지평리까지 수송하는 일이 부대 임무이다.

저자는 중앙선 RTO가 없는 철도역에 예정 없이 열차가 정차하면 즉시 역장을 찾아 정차된 이유 재출발 예정시각 역의 조치 사항 등을 정확히 파악해서 열차 책임자 중위에게 보고하는 임무가 첫째요 또 하나는 인원수가 극히 제한된 장군 칸에 승차한 장군들에게 식사 시간마다 식사 서빙을 하는 임무가 맡겨졌다.

이 때 대개 씨 레이션이 담긴 통조림 통을 뜨거운 물에 데워 제공한다. 각자 기호가 달라 희망하는 통조림을 고르는데 영어를 모르면 임무 수행이 불가능해 이 일을 저자에게 맡긴 것이다.

한번은 부산역에 도착해서 알티오로 씨 레이션을 보급 받으러 갔는데 그 곳에 근무하는 경복 동기 김웅권을 반갑게 만난다. 군복 차림이지만 모자 만은 경복 교모를 쓰고 있었다.

학교에 매일 출석하지 못해도 이따금 나간다고 말하고 부산 경복 임시 교사에 동기들이 많이 나온다는 소식을 전해 들을 때 저자만 뒤떨어진 느낌으로 비애를 느꼈다.

또 한 번은 부산역 플랫폼에서 다른 동기 김용주를 만나보니 그도 학교에 나가지만 경제 사정 때문에 미군부대에 취직할 생각을 가지고 있다기에 오히려 나는 다행이란 생각도 들었다.

경북 경산역 구내 정차 중인 포카혼타스 열차 내에서 쉬고 있을 즈음 같은 수송열차 화이어 볼이 역 구내로 들어와 정차한다. 그런데 거기 동창 김용주가 보인다. 경제 형편상 어쩔 수 없이 수송 열차를 타게 되었다고 잠깐 사정을 들려주고 경산을 떠나간다.

1주일씩 타는 주급이지만 한달 수입을 합하면 그런대로 가족 생계는 걱정할 필요가 없었다. 다행이었다. 어머니가 한 달에 한 번 들러 한 달 모은 저자의 주급을 받아 가셨다.

열차가 부산에서 미군 병력을 태우고 경부선을 달리다 천안역에 도착 잠깐 쉬고 있을 때이다.

저자가 보니 철로 저 편에서 교복 입은 한 남학생이 선로를 몇 차례 건너 이쪽으로 다가온다. 여름 교복을 입고 교모를 썼는데 가까이 보니 임진강 나루에서 만나 참외를 주던 바로 박시우가 아닌가?

지난해 9월에 보고 올 8월에 보니 거의 1년 만의 만남이다. 인사가 끝나기도 전 다급하게 C 레이션을 줄 수 없느냐기에 주겠다 하고는 열차 안으로 들어가 C 레이션을 가지고 나와 막 열차가 출발할 즈음 객차 출입구 난간 층계에서 넘겨주었다.

그리고 열차는 임무를 마친 뒤 남쪽으로 달려 부대 본거지 경산을 향했다.

이렇게 기분 좋은 일이 있을까?

열차가 임무 수행을 마치고 잠시 경산역 구내에 멈춰 있을 무렵 저자는 플랫폼에서 친구 장태순을 만났다. 이게 얼마만의 일인가?

경산 있는 고모 댁에 내려와 쉬고 있는 중이란다. 여유가 있어 보인다.

김광식은 어디로 피란 갔을까? 하고 이구 동성으로 입을 열었다. 중학교 2학년부터 친하게 지낸 친구들이다.

그 해 여름이 지날 무렵 모인 돈을 어머니에게 넘기며 장차 계획을 말하니 지금 다니는 부대를 그만두면 식구가 어떻게 살림을 꾸려갈 수 있겠느냐며 부대 그만둘 생각은 당분간 접으라는 만류의 뜻을 말씀한다.

작정한 대로 부대를 그만두고 짐을 쌌다. 대구 임시 거처로 돌아온 저자는 우선 서울서 온 양정 고교 편입을 신청하고 학교에 들어간다. 몇 달 밀린 공부를 열심히 하고 동급 학우들을 따라가느라 남보다 노력을 배가했다.

대구 달성공원에 가보니 70대 할아버지들이 촘촘히 앉아 오가는 사람들에게 사주를 풀어주고 있어 저자도 호기심이 생겨 그쪽으로 다가가 한 번 보는 값이 얼마인가 알아보니 생각보다 비싸다.

그 가운데 가장 나이 들어 보이는 영감님에게 다가가서

"학생이 돈이 없어 그러니 찐 고구마 좀 사다 드릴 테니 저 좀 봐 주세요."

하자 그러라고 곧 응답하고 사주를 대라 한다. 말해주니 "이 다음 자네는 큰 사람이 될 터인데 구변생재의 운수이므로 되도록 장차 구변으로 생업을 삼는 직업이 찾아지면 좋을 것이라" 귀띔해 주어 지금까지 살아오며 곰곰이 따져보니 딴에 그때 그 할아버지 말이 맞는 것으로 생각되기도 한다.

이 무렵 전시임에도 불구하고 대구에서 전국 마라톤 대회가 열렸는데 달성 공원 앞을 출발하는 경기 실황을 당시 서명석 아나운서가 부산에서 올라와 동시 생중계 방송을 하는 모습을 실감나게 보고 언제인가 나도 저이처럼 아나운서가 될 수 있었으면 하는 꿈을 조용히 키우게 되었다.

남은 문제는 다소라도 어머니 걱정을 더는 일이다. 신문 팔이도 해보고 노점도 해보고 하다가 아버지 친구의 아우 김상문 사장이 운영하는 동아출판사 일을 이삼 일 본 적도 있다.

생활에 보탬이 되는 일에 종사하다 보면 학교 공부가 소홀해져이도 저도 안될 것이라 판단 학교 공부에만 전념하다가 그 해 늦가을에 바라고 바라던 서울행을 결정한다.

# 경복고교 복학 서울대 합격

서울 도착 즉시 모교를 찾아 고3 2학기 복학 수속을 밟고 3학년으로 복귀했다. 이 때 우리가 찾던 김광식을 만났다. 이 얼마나 반가운가?

고교 졸업 시 문과 이과 합해 백명가량 되는데 김광식이 수석을 차지하고 당당히 그가 목표한 서울대학교 공과대학 건축공학과에 합격했다. 장태순도 부산서 졸업하고 그가 희망한 서울대 공대 채광 학과에 합격했다.

당시만 해도 영수학원이 서울에 한 군데밖에 없어 저자는 국도영수학원에 등록하고 낮엔 학교 저녁엔 학원 하는 식으로 공부에만 전념한다.

아무래도 영어와 수학이 뒤질 것이라 생각하고 여기에 집중했다.

졸업 후 만일의 경우를 대비해 특차에 해당하는 서울사범학교 연수과 1년 과정 입학시험을 보아 합격했지만 저자도 입시 전기에 목표한 서울대학교 사범대학 국어교육과에 합격하는 기쁨을 맛본다.

서울대 교복을 입고 교모인 베레모를 쓰고 거리에 나서면 그야말로 만감이 교차한다.

여전히 경제 사정이 저자를 압박해 가정교사 일을 마다하지 않고 기꺼이 맡았다.

사실 국립대 사범대이므로 수업료가 면제되고 등록금도 저렴해 학비 문제는 그다지 염려되지 않으나 당장의 가족 생계를 꾸리기에 부모님만으로 역부족인 형편이었다.

어머니 아이디어로 집의 담을 일부 허물어 구멍가게를 내기로 하고 온 힘을 모아 부모님을 돕기로 결정한다.

저자를 포함 자식들이 할 수 있는 일은 도매시장에 가서 물건을 도매로 사와 소매하는 일을 맡는 것이다. 그러다보니 자연 대학 수업이 은근히 염려되었다.

# 5부

본격적인
저서 집필

# 창조사 최덕교 사장과의 만남

　동아방송 조동화 선생 소개로 처음 최덕교 사장을 만났다. '꽃말 사전'과 '이솝 우화' 등 저서를 낸 조 선생이 출판계 인사를 잘 알 것이라 생각했지만 과연 두 분은 잘 아는 사이라 곧 최 사장과 저자가 자연스럽게 가까워졌다.

　이때 저자가 삼중당 출판 관계로 신문 광고를 타자 최사장도 출판인 입장에서 새 아이템을 찾던 중이라 만나고 싶었던 모양이다.

　예상대로 '교양인의 대화술' 집필을 제의해 와 저자도 이에 곧 응했다. 평소 준비된 원고 및 자료가 더러 있기에 원고 작성 역시 순조로웠다.

　아무래도 책은 알려져야 팔리기 때문에 당연 광고 문제가 자연스럽게 대두된다. 출판 이력이 많은 최사장도 광고는 그때마다 필요하다고 저자 의견과 일치하였다.

　첫 번째 책이 나왔다. 아담한 사이즈로 표지도 산뜻한 인상이다. 저자 책이지만 목차와 내용도 매우 짜임새가 있다.

책은 아무래도 많이 만들어본 경험이 중요하다고 생각한다. 저자와 발행자의 호흡도 맞는 느낌이다.

'교양인의 대화술' 첫 책을 발행자가 캐치 프렐이즈로 독자를 향해 호소했다.

"말은 그 사람의 지식과 교양을 그대로 드러낸다. 초면의 인사에서 재치 있는 사교 화술까지."

두 번째 책 '비즈니스의 화술'이 새로 선보였다. 이번 책의 캐치 프레이즈는 "현대 기업의 성패는 판매 기술 그 판매 기술의 첫 스타트는 화술이다. 사장 및 임원에서 세일즈맨까지의 실용 화술" 곧이어 세 번째 책 '오늘을 사는 화술'이 또 나오자 발행인의 캐치 프레이즈는 "오늘을 사는 능력 중에서 슬기로운 언어생활만큼 중요한 부분도 없을 것이다. 능숙한 스피치 세련된 매너 다양하고 풍부한 예화." 그리고, 네 번째 책 '현대 연설의 화술'이 뒤를 잇자 새 캐치프레이즈는 "현대 연설은 레토릭에 치우친 과거 시대 연설과 다르다. 새 시대에 맞는 새로운 연설의 길을 찾는다." 로 일단 매듭짓고 저자 소개를 새 방식으로 표현했다.

"아름다운 우리 말 화법의 지성 전영우 그 역저! 71년 '서울시 문화상'에 이어 1977년 "우리말 화법의 체계화와 그 보급의 공로"로 '외솔상' 수상! 젊은이여! 새 시대에 맞는 화법을 배워라!"

삼중당 '유쾌한 응접실' 이후 신문 지상을 통해 이처럼 본격적이고 적극적인 책 광고는 저자 역시 놀라운 일이 아닌가?

사실 광고 자체가 설명이고 설득인 것만은 틀림없는 사실이다.

시간이 지나자 '젊은 여성의 화술'도 후속타로 이어졌다.

화술의 대가 일본의 도꾸가와 무세이도 이 같은 광고 피알 효과를 누리지 못한 것으로 안다. 고마울 뿐이다.

발행인 최덕교 사장이 1993년 가을 출판계 동료 두 분과 함께 가까운 강화도를 찾아 하루 낚시를 즐긴 일이 있다. 이 일을 한 편 시로 남겼기에 저자가 여기에 붙여 본다.


## 망월 수로


강도 서녘 망월리
아늑한 수로
꾼은 하나 둘 셋이 앉았네

달이야 있든 없든
늘 보름달
붕어도 달붕어 나올 법하이

마음 턱 풀어놓고
한 대를 펴니
어느 태고처럼 넉넉하구나

이쪽은 바다인데
저 멀리는 마니산
시절은 풍년이라 고기도 살쪘으리

짙은 가을날
세상일 다 버리고
오랜만에 안아보는 푸른 하늘

장자가 나비 되고
나비 또한 장자 되듯
나도 붕어 되어 수궁에 들어가네


최덕교 선생이 시 끝에 몇 줄 글을 단 것이 있어 이를 붙인다.

"낚시는 혼자서 하면 삼매는 되지만 무료하기 마련이고 둘이 가면 심심은 없지만 놓이 빠져 재미없다. 그래서 3인 행이라야 장단이 맞는다고 한다.

팔순 옹 현암 선생을 모시고 낚시의 법사인 우당백과 셋이서 그야말로 하늘과 땅 사이에서 하루를 청유했다. 때는 1992년 늦 가을 상강이 지났는데도 따삽고 맑은 날이었다."

# 하연 최덕교 선생을 그리며

고 하연 최덕교 선생 1주기에 부쳐 2009년 '출판문화'에 "출판계에 남긴 큰 발 자취"라는 제목으로 기고한 글을 소개한다.

## 출판계에 남긴 큰 발자취

하연 최덕교 선생이 작년 8월 작고 하셨으니 벌써 한 해가 지나 갔습니다.

그동안 출판계 여러 어른이 타계할 때마다 꼭 선생이 조사를 쓰시곤 했습니다.

현암사 조상원 님 통문관 이겸로 님 을유문화사 정진숙 님 등이 돌아가셨을 때 그렇게 하였습니다.

선생은 누구보다 출판계 원로 및 선배에 대하여 예의를 갖추고 그분들을 극진하게 모신 분이었습니다.

잡지와의 인연은 1952년 대구에서 '학원' 잡지가 시작될 무렵부터입니다. 한 평생 잡지와 출판으로 올곧게 살아오신 선생이

'한국잡지 백 년' 전 3권을 집필 완성하셨습니다.

2004년 현암사 발행입니다.

우리나라 잡지계의 빛나는 금자탑이 우뚝 세워진 것입니다. 그 것은 1997~2004년까지 7년이란 세월 동안 이어진 작업이었습니다. 그것도 고희의 연세에 시작한 일입니다.

아무도 안 하는 일을 이루어 냈습니다. 원고지 8천 매 분량입니다.

잡지 수집가 김근수 님과 백순재 님의 자료를 찾고 또 찾아 마침내 강태영의 '아단 문고'에서 실마리를 풀었습니다.

1896년에 나온 '대조선독립협회보'를 비롯하여 1954년까지 나온 7백 종의 잡지 가운데 반 이상을 찾아 384종을 분석 정리한 내용입니다.

선생이 낮엔 주로 자료 수집과 원본 복사에 시간을 쪼개고 새벽 시간 집필에 몰두한 끝에 이루어 낸 결실입니다.

과연 하연 선생은 우리나라 잡지의 거장답게 새 생명을 불어넣어 잡지가 대중문화 매체로서 자라를 확고하게 차지할 수 있게 부각시켰고 서지학적 가치까지 창출해 냈습니다.

이 작업이 선생 혼자만의 힘으로 된 것은 아니고 평생의 반려 부인 백금순님의 적극적이고 정성 어린 내조로 빛을 보았습니다.

1924년에 창간된 종합잡지로 72호까지 속간된 '개벽'은 천도
교의 재정적 배경 밑에 있었으나 그 종교적 배후에 상관없이 근
세 민족 사상가 이돈화의 지혜로 편집이 이루어진 사실을 선생이
밝히셨습니다.

　종합잡지이지만 문학 작품이 상당수 게재되었는데 당시 개벽
지를 통해 작품 활동을 활발히 한 작가는 박영희 김기진 현진건
김동인 이상화 염상섭 최서해 김동환 나도향 박종화 등을 손꼽을
수 있다고 하였습니다.

　72호를 끝으로 일제에 의해 강제 폐간된 '개벽'을 대충 100호
이상 출간한 것으로 어림짐작한 종전 학계의 주장을 뒤집고 72
호라고 확실한 근거를 제시한 것을 비롯해 '한글' '성서 조선' 등
수많은 잡지에서 종래 밝혀지지 않았던 새 사실을 찾고 또 잘못
을 수정하여 잡지의 가치를 하연 선생이 한층 격상시켰습니다.

　이 일로 선생이 '한국출판학회 상'을 수상한 일은 너무나 당연
한 일입니다. 이보다 앞서 선생은 정부로부터 '옥관 문화훈장'도
수여 받았습니다.

　학원사 '대백과사전'은 김익달 사장의 주도로 이루어졌지만 이
때 주간으로 막중한 역할을 담당한 분이 바로 하연 최덕교 선생
임을 새삼 상기하지 않을 수 없습니다.

　1955년 착수하여 천 여일 동안 4백여 명의 쟁쟁한 권위자의

집필과 50여 명 능숙한 편집진의 집중적인 노력으로 10만 장의 원고와 만 오천 장의 사진 도판을 완성하여 전 7권으로 제작해 내니 이 사전의 사회적 평가와 문화적 의의는 자못 큰 것으로 압니다.

창조사를 설립하여 출판 사업에 본격적으로 역량을 기울여 나갈 때 거두어들인 수확이 우리나라 258 성씨를 망라해 만든 '한국성씨 대관'의 출판입니다.

원고지 만 매 분량인데 7천 매는 하연 선생이 맡아 집필한 것이고 3천 매는 이승우 선생이 힘을 보탠 것입니다.

1971년 8월 15일 초판이 나오고 이어 1973년 8월 15일 재판이 발행된 간기를 보면 이 책 또한 세인의 관심과 주목을 받은 문화재적 문헌으로 간주됩니다.

"독자가 읽고 싶은 책 필자가 쓰고 싶은 책"이란 캐치 프레이즈를 내걸고 기획된 '백과신서' 시리즈 간행은 교양 신서로 당시 베스트셀러 이기보다 스테디셀러로 각광을 받은 것으로 압니다.

'로버트 박'의 영어회화 독본은 이 방면 학습서의 효시이자 베스트셀러의 입지를 한 단계 높이는 계기가 되었습니다.

잡지와 출판계에서 지도적인 발자취를 남기고 훌훌히 떠나신 하연 최덕교 선생의 서거 1주기를 맞으니 만감이 교차하는 심정을 억누르지 못합니다.

저자는 1973년 창조사에서 '교양인의 대화술'을 출간하게 됨으로써 선생과는 저자와 발행자의 관계로 첫 상면이 이루어져 35년간 친교를 유지해 오던 터입니다.

잡지와 출판의 해박한 지식과 군자적인 인품과 식견에 저자는 늘 압도되는 느낌을 가졌습니다.

저자가 최선생에게 종교를 가지고 있으신가 물으니 이름 글자대로 '덕교'가 종교라 하였습니다.

자주 만나지 않았어도 틈이 나면 저자에게 전화를 걸어 형편을 알아본 다음 좋은 날을 잡아 점심 초대를 해 주셨습니다.

장소는 대개 세종로 문화화관 옆 일식 '부산'일 때가 많았습니다 청주를 반주하며 시간 가는 줄 모르고 선생과 환담을 나누던 일이 어제인 듯 합니다.

부인의 도움말에 따라 큰따님 최서래 교수가 자매를 대포하여 '밀알 학원' 장학 재단에 서울 신문로 창조사 사옥을 쾌척하니 시가가 20억에 달합니다.

생전에 선생은 장서 기증의 뜻을 세우고 저자와 상의하여 2005~2007년간 5차에 나누어 '백과사전' 및 '특수 전문 사전' 중심으로 총 1688권의 장서를 수원대학교 중앙도서관에 정식으로 기증하였습니다.

후에 선생의 아호를 따서 이 장서를 '하연문고'라고 이름을 붙였습니다.

선생은 학원사 편집장으로 시작하여 대백과 사전 제작 주간을 거쳐 동사 부사장에 오르고 뒤에 도서 출판 창조사를 설립하고 회장을 지내셨습니다.

저자 개인으로 못내 아쉬운 점은 와병중이다가 별세하셨다는 소식을 뒤늦게 알아 제가 사람의 도리를 다하지 못한 점입니다.

하연 최덕교 선생 1주기에 즈음하여 나름대로 추념문을 적어 영전에 올립니다.

부디 영면하소서.

# 6부

추모의 글

# '오직 한 가지 일을 위하여'

(큰 걸음 국어의 보고)

난정 남광우 박사 추모 문집 가운데서

조간을 펴 들고 기사의 헤드라인을 읽다가 문득 부음을 보니 뜻밖에 난정 선생의 타계를 알려준다. 놀라운 일이다. 바로 그날 오후 삼성 의료원을 찾아 선생의 영정 앞에 서서 잠시 묵념한 후 향을 피워 향로에 꽂고 머리 숙여 재배하며 선생의 명복을 빌었다.

각계에서 보내온 조화가 방안 가득하다. 향년 78세를 일기로 타계하신 것이다.

조객을 맞아 음료를 대접하는 조객 맞이 공간이 매우 넓다. 그리고 정갈하다.

윤홍로 전 단국대 총장이 그의 손위 동서와 함께 조문객을 맞이하고 있다.

그동안 병원에 오래 입원해 계시면서도 중국 베이징에서 개최된 한중일 삼국 대표가 참가한 동방문학 학술회의에 계속 관심을 보이며 한자문화 관련 논문을 집필 중이셨다고 선생의 최근 동정을 들려준다.

수원대 대학원 교수로 재직하실 때(1988~1995), 한번은 잠실 현대 중앙 의료원 또 한 번은 서울대 부속병원에 입원 치료를 받으신 적이 있어 그때마다 기별을 듣고 병환 문안을 드린 경우가 있는데 이번에는 전혀 근황을 모르다가 부음을 접하게 되니 자못 송구한 마음을 감출 길 없다. 난정 선생 생전에 환후 문안드리지 못한 점이 못내 아쉽기만 하다.

수원대에 계실 때 학기가 끝날 무렵이면 으레 한 차례 선생을 좌장으로 모시고 국어국문학과 교수 일동이 회식의 자리를 마련하곤 하였다.

신사동 강릉 집 을지로 3가 안동장 안국동 이모집 등을 자주 들렀다. 그때마다 맥주를 선호하시는 편이나 이따금 술의 청탁을 가리지 않으셨다.

화제는 대체로 한자 교육 문제가 주종을 이루는데 설령 좌중의 한 참석자가 새로 화제를 바꿔 놓아도 난정 선생에 의해 화제는 다시 오뚝이처럼 원상으로 되돌려진다.

한자 교육은 초등학교 때부터 실시해야 한다는 평소 선생의 지론이 마침내 실현되어 초등학교 국어 교과서를 선생이 직접 국한혼용으로 편찬 간행한 사실이 머리에 새삼 떠오른다.

한다고 하시면 하시고 보인다고 하시면 보이시는 언행일치의 면목이 약여하다.

한국어문회 이사장 한국어문 교육 연구회장 한국 한자능력검정회장 등의 직함이 선생의 굳은 의지를 실감 나게 표현해 준다.

수원대에 한자교육원이 설치된 배경도 실은 선생의 영향이요 국어구문학과 학생이면 누구나 한자능력 검정 시험을 꼭 보도록 하는 관례가 생긴 것도 선생의 영향이다.

대학원 국어학 전공 학생들이 선생의 엄격한 논문 심사를 받아야 비로소 학위를 받을 수 있었는데 사은의 자리에 앉으시면 꼭 격려와 위로의 말을 따뜻하게 해 주시며 저간의 엄격한 심사가 장차 좋은 평가를 학계에서 받게 하는 결과가 될 것이라고 원생들을 자상하게 타이르시는 정경을 자주 목격하였다.

호쾌한 웃음 호쾌한 음성 호쾌한 입담 호쾌한 노래 아마 이 같은 인상을 받지 않은 측근은 아무도 없을 것이다. 주흥이 쌓이면 애창곡이 메들리로 이어진다.

어깨 동작과 함께 어울려지는 팔 놀림이 어쩌면 춤사위를 방불케 한다. 인기 있는 유행가요를 신명 나게 부르시는 데 창법은 마치 가곡을 부르는 클래식 가수와 같다.

선생을 뵐 적마다 신바람 건강법을 떠올리게 된다. 어느 교수가 주장하기를 잘 웃고 기분 좋게 사는 방법이 바로 장수의 비법이라 하였는데 난정 선생 이야말로 웃음으로 특징지을 만큼 호쾌하게 웃으며 사셨다.

그렇다면 신바람 건강법에 선뜻 수긍이 가지 않는다. 난정 선생은 너끈히 팔순을 넘기시리 라고 예상하였기 때문이다.

선생의 웃음 소리가 터지면 좌중은 덩달아 웃음보를 터뜨리고 화기가 방안 가득 감돈다.

선생의 의견에 반대하거나 혹 비판하는 소리가 나오면 선생은 한층 더 크게 웃음을 터뜨리신다. 재삼 한 옥타브를 높여 평소 주장을 반복의 수사법으로 강조하시고 당연히 "누구라도 좋으니 덤빌 테면 덤벼 봐!" 하고 대갈 일성이시다. 그만큼 당신의 주장이 확고 부동한 것임을 안팎으로 천명함에 아무 거리낌이 없으셨다.

"제목을 '내가 걸어온 길' 이렇게 붙이고 '국어 연구와 어문 성책'이렇게 부제를 붙였습니다. 걸어온 길인지 기어 온 길인지 뛰어온 길인지 잘 모르겠습니다만 어떻든 정년을 맞이하게 되었습니다."

"어떡하다가 까딱 잘못하면 퇴학을 당할 뻔도 했어요 내가 뭐 별것도 아닌데 원래 내 입이 고약해요. 그래서 생각나는 대로 막 떠들어 대니까 이게 좀 마음에 안 들었던지 하여간 요시찰인이 되었어요. 뭐 그런 일이 있었어요. 뭐 지나간 일이지요."

"또 하나는 아직 완전히 돌아가지는 않았지만 한글 전용 쪽으로 치닫는 것은 아니라고 봐요. 결국은 틀림없이 국한 혼용 쪽으로 갑니다. 예언한다고 해 두세요. 또 가야 옳고 그런 방향으로 될 조짐이 지금 좀 있습니다. 그래서 나는 이 5공화국을 절대 지지합니다. 이의가 있으면 해 보세요. 뭐 농담 겸 진담 겸 그렇습니다."

"어문 정책에 대한 얘기는 아까 어느 분이 미리 침을 놔요. 너무 그 얘기를 하면 재미가 없어 할 테니 그 얘기는 좀 웬만큼 하라 하셨는데 제 버릇 개 주나요. 조금은 해야죠"

"왜 그러냐? 우리 말의 70 퍼센트가 한자 말이니까, 더군다나 그 한자 말이란 게 우리 말의 뼈대와 같은 거예요. 무슨 얘기 냐?

'밥'이라 든지 '떡'이라 든지 '먹는다'라 든지 '간다'라 든지 '잔다'라 든지 하는 게 순 우리말인데 이게 전부 생활 주변의 용어 거든요.

좀 논리적인 것, 좀 문화적인 것, 좀 학술적인 것, 이런 것 전부 한자말의 모태가 한자거든요 그러니까 한자를 많이 알아야 말을 풍부하게 알고 말을 풍부하게 알아야 될 것 아닙니까?"


1985년 6월 12일 인하대 정년 퇴임 고별 강연 때 "내가 걸어온 길"이란 표제에 '국어 연구와 어문 정책'이란 부제를 달고 난정 선생이 한 말씀 중에서 몇 대목을 추려 기록함으로써 선생의 육성을 재현해 본 것이다.

1960년 '고어사전'을 발간하였는데 이 사전에 채택된 어휘가 11.315 어 대상이 된 문헌이 200 여종 권장 수까지 밝히고 성조 표시인 방점까지 표기한 것이며 권말에 문헌 해제와 어미 일람표 제시 등 국어학계에서 처음 보는 일이며 국어학 전공자에게 많은 노고를 크게 덜어준 찬연한 저술이다.

1962년 '국어학 논문집'은 고어 사전을 편찬할 때 찾은 자료와 후에 찾아진 고어 자료가 이들 논문의 뒷받침이 되었다.

필자가 1964년 중앙 대에서 국어학 박사 과정을 이수 중일 때 이 논문집이 교재이었던만큼 이 책에 대한 기억은 남 못지 않은 바가 있다.

여기에 수록된 24편의 논문 가운데 필자의 관심이 집중된 섯은 '음운 변천에 대하여'와 '장단음고'이다.

1967년 박사 과정을 수료하기까지 정인섭 선생에게 '영어 음성론 '미국어 방언론' 등을 함께 수강하던 때이라 국어의 발음 문제에 자못 관심이 집중될 수밖에 없었다.

서울대 사범대 재학중에 이미 '국어문법론'을 수강한 바가 있으나 다시 중앙대 대학원에서 이숭녕 박사의 심도 있고 밀도 있는 문법론을 동시에 수강하던 기억이 새롭게 떠오른다.

1966년 '동국정운식 한자음 연구' 이 논문은 세종 29년 9월에 편찬된 동국정운 전 6권 중 현재 남아있는 1권과 6권을 토대로 하여 결본이 되어 있는 2~5권의 재구적 정리 연구로 구성한 것이다.

난정 선생은 동국정운식 한자음 체계의 어느 한 면을 밝혀 주었고 여기서 한 걸음 나아가 동국정운의 체계와 현실음과의 상관 홍무정운과의 관계 그 후의 운서와의 관계 등 많은 문제 점을 던지고 있다.

1969년 '조선한자음 연구', 이 논문으로 난정 선생은 1969년 중앙대에서 문학박사 학위를 취득하였다.

내용은 조선시대 현실 한자음의 변천 양상을 초성과 중성에 걸쳐 분석하고 성조 변천에까지 다루었다.

1970년 '현대 국어 국자의 제 문제' 이 책은 한글 전용과 한자교육 한글맞춤법 문제 한글 애용론 학교문법 통일문제 한자의 제한 사용과 약자 제정 문제 표준어 외래어 표기 국어 정화 국어교육 문제 우리말 개발 문제 등을 중점적으로 다루고 있다.

한글 전용에 반대하는 분명하고도 확고한 견해와 함께 '한자교육은 초등학교에서부터' '우리 한자어는 엄연히 우리말이다'고 하는 일관된 주장을 토로하였다.

1982년 '국어국자논집' 국자 문제는 중학교 국어 교과서를 보면 광복 후에 한자 부기와 부분적인 노출 1960년대 전기의 한글 전용 1975년부터의 한자 병기 등 과정을 거쳐 오늘에 이르른다.

광복 이후 40년간 계획적인 어문 정책을 시행하지 못한 탓으로 오늘에 부딪히는 어문 관련 문제는 매우 복잡하다.

이에 난정 선생은 한자의 결함을 덜기 위해 1800자 정도의 상용한자와 그 약자의 제정을 제안하며 동시에 중국의 한자 로마자 혼용이나 일본의 한자 가나 혼용과 같이 이상적인 표음 및 표의 문자 혼용체제인 국한 혼용을 확립하여 한자문화권의 동질성을 유지하도록 주장하였다.

1984년 '한국어의 발음연구 1' 이 책은 한국어의 발음을 통시적 및 공시적인 양 면에서 연구한 것으로 표준 발음의 정립을 위한 노력으로 평가받고 있다. 현대 국어의 발음 양상과 표준 국어 발음 통시적 발음 연구로 구분하였다.

1984년 '한국어의 발음 연구 2' 한자로는 기초 한자 1800자에 970자를 더한 모두 2770 자의 한자와 그 한자로 된 어휘 즉 한자어의 성조가 역사적으로 어떻게 변해 왔는지 여러 문헌을 가지고 고찰하여 서울말 즉 현대 표준어와 비교한 것이므로 종래의 많은 의문을 확실하게 풀어준 것이다.

1984년 '한국어 표준 발음사전' 한국정신문화원이 지난 1979년에 남광우, 이철수, 유만근 교수에게 위탁한 표준 발음사전 편찬 작업이 4년 만에 마무리되고 일부나마 학계 의견을 모은 한국어표준발음사전이 나왔다.

그러나 엄밀한 의미에서 이 사전은 표준 발음 사전이 아니다. 전 국민이 표준 발음을 따를 수 있도록 하기 위한 학계 전체의 검토와 어문 정책 당국의 연구 뒷받침이 없기 때문이다. 어떻든 이 사전을 근거로 정부 제정 표준 발음 사전이 나와야 할 것이다.

1990년 '국어학 관계 박사 학위 논문 요약 집' 이 책은 남정 남광우 박사의 고희를 기념하여 한국어문교육연구회와 수 많은 동학 문인들에 의해 계획 편집된 것이다.

음운론 12편 문법론 13편 의미 어휘론 13편 한자 음훈론 10편 표기 문자론 7편 국어사 8편 국어학사 5편 응용국어학 4편 등 모두 72편의 학위 논문 요약을 수록하였다.

1995년 '고금 한한자전, 난정 선생이 펴낸 '조선 한자음 연구'에 '사성 언해'를 비롯한 각종 언해 문헌이나 훈몽자회 신증유합 천자문 등 자학서에서 추려 내어 연구 대상으로 한 한자는 총 5949자이다.

일찍이 '고어사전'을 펴낸 난정 선생이 곧이어 한자의 음 연구를 시작하여 '동국정운식 한자음연구' '조선한자음연구'를 끝낸 것이다. 이 자전의 편찬은 그 후속 작업으로 한자의 훈 연구를 진행 중 그 필요에 의해 구상해 온 것이다.

종래의 자전류와 다른 특색은 이 자전의 편찬 의도에서 찾아볼 수 있다.

1. 한자의 표준 음훈을 설정한다.

2. 한자의 음훈 성조가 훈몽자회 신증유합 천자문 자류주석 아학편 자전석요 신자전 왜어유해와 경서언해나 그 밖의 언해 문헌에 어떻게 나타났느냐를 통시적으로 한 눈에 볼 수 있도록 한다.

난정 남광우 박사의 연구 업적으로 살펴보면 저서 단행본이 15권, 교재가 12권, 연구 논문이 80여 편에 달한다. 초인적인 기록을 남긴 것으로 평가한다.

과연 한 가지 일을 위해 태어나 한 가지 일을 위해 살아오신 생애를 단번에 알 수 있다. 그리고 건강으로 젊고 기개로 젊고 박력으로 젊다고 난정 선생의 면모를 말씀한 일석 이희승 선생의 표현에 공감 점두하지 않을 수 없다.

선생은 1960년 '고어사전'으로써 한국일보사가 제정한 한국출판문화상을 수상하고 1972년 '조선한자음 연구'로써 31문화재단이 제정한 31문화상 학술 부문 본상을 수상하였으며 1983년 교육공로로써 정부가 수여한 국민훈장 모란장을 수훈하였다.

언제인가 때가 오면 반드시 금관 문화훈장을 받으실 것으로 확신한다.

# 부급종사의 길

　저자는 1962년 KBS -TV에서 교양 프로그램 제작 책임을 맡았다. 이 해 봄 해암 선생이 서울대에서 문학박사 학위를 취득하자 나는 담당 프로듀서에게 인터뷰 코너 제작을 지시했다.

　사모님과 자제들이 동행하여 당시 남산 텔레비전 스튜디오는 축하 일색의 분위기로 바뀌었다. 잔잔한 미소에 환한 해암 선생 얼굴이 퍽이나 인상적이었다.

　사범대학 국어교육과 재학 시절 저자는 '국어학 개설' '국어학사' '고가 주석' 등을 배웠다.

　처음 성적은 좋지 않았으나 점차 학업에 전념하여 학년이 올라갈수록 저자 성적이 나아지자 저자는 선생님 사랑도 받게 되었다.

　특히 2학년부터 서울중앙방송국 아나운서로 근무하게 되어 사랑이 각별하게 된 것 같다. 대학 재학 중 방송을 겸직한 탓에 조금이라도 학교 수업에 소홀할까 봐 저자는 매우 애가 탔다.

　다행히 졸업과 동시에 서울특별시 교육감이 지정하는 바에 따라 복무하라는 문교부 발령이 났다. 이 때 선생님이 저자를 불러 방송국 직장이 있으니 교사직을 안 할 생각이 있으면 지금이라도 괜찮으니 양보하는 것이 어떠냐 하고 저자의 의사를 타진했다.

한 사람 제자라도 더 교직을 가지게 하려는 배려가 담긴 종용이었으나 끝내 그 뜻에 응하지 못해 아쉬움이 남는다.

하기사 이 때 양보하지 않아 후에 경기고 교사로 부임할 수 있었다.

1981년 해암 선생 고희 기념 논문집에 '스피치 음성 표현의 유형 분류'라는 저자 논문이 게재될 수 있어 다소나마 위안이 된다.

방송에 종사하는 한편 저자는 계속 국어학 연구의 미련을 버리지 못하다가 '스피치'분야에 눈이 번쩍 띄어 학문의 길에 들어섰다.

석사 과정에 들어가 도남 조윤제 박사를 스승으로 모시고 '국어교육의 당면 문제' '국문학 개설' '국문학사' 등을 연찬하고 '스피치 교육의 역사적 진전 소고'로 성균관대에서 석사 학위를 받았다.

이 때 심사위원 세 분이 앞으로 박사 논문을 쓸 때 우리나라 자료를 섭렵하고 써 보는 것이 어떠냐는 조언을 들려주었다. 하여 박사 과정을 '국어학'으로 결정하고 중앙대에서 정인섭 박사 지도를 받아 음성학의 소양을 쌓게 된 것이 이 무렵이다.

30년 아나운서 직을 수행하며 그때마다 당면하는 문제가 '국어 발음'인데 이 방면의 기준서가 거의 전무한 실정이었다. 그러나 부분적으로 음운 관련 논문은 더러 나와 있었다.

관형격 조사 의를 '에'라고 발음해야 한다는 사실을 방송에서 처음 알았다. 국어과 전공 학생이 어째서 현대 표준 발음을 모른 채 역사적 음운 변화만 배웠느냐는 신랄한 비판의 소리를 들었어도 나는 일단 유구 무언일 수밖에 딴 도리가 없었다.

하기는 국어 어문의 새 규정이 제정 공표된 것이 1988년 이후의 일이요 더욱이 표준 발음법은 이 때 처음 선을 보인 것이 아닌가.

왜 의를 에로 발음하는가 하고 의문을 제기할 당시 분위기가 아니어서 저자는 다만 이 때 '표준 한국어 발음사전'을 단독으로 편찬해 보리라 속으로 굳게 다짐할 뿐이었다.

그러다가 국어발음사전 1판 1962년 정부에서 출간하고 수록 표제어 수가 5천, 2판 1984년 KBS에서 출간하고 수록 표제어 수가 8천 5백, 3판 1992년 집문당에서 출간하고 수록 표제어 수가 만, 4판 대폭적인 개정 증보로 2001년 민지사에서 신판을 출간하고 수록 표제어 수가 6만 5천에 이른다.

5판 외래어 표기와 실제 발음에 괴리 현상이 보여 이를 현실에 맞게 바로잡고 일부 방송인이 표기와 발음의 차이를 인식하지 못하고 표기대로 발음하는 극히 자연스럽지 못한 현상이 발견되어 이를 정확히 반영하는 한편 신어 천여 개를 보충하여 최신 증보판을 냈다.

방일영 문화재단이 재정 지원을 하고 문화부가 우수 학술 도서로 결정해 주니 기쁘기 그지없다.

'고등학교 화법' '방송통신대 국어화법' '신국어화법론' '화법개설' 등 화법 관련 저서를 쉬지 않고 출판한 끝에 1998년 '한국화법학회'를 창립 발기하였다.

잠시 뒤를 돌아보니, 그 근원이 해암 김형규 박사의 지도 때문임을 깨닫고 새삼 선생님에게 머리를 조아리게 된다.

# 무애 양주동 박사님

　나는 평소 선생님 국문학 강의를 들어보지 못해 선생을 흠모하는 국문학도로 머물러 있다.

　때 마침 동아방송 '유쾌한 응접실' 프로그램 사회를 맡으며 거의 10년간 선생을 단골 손님으로 모셔온다. 물론 방송에서 하시는 말씀과 대학 강단 강의를 견줄 수 없으나 어느 정도 짐작은 할 수 있다. 방송에서 하는 말씀을 미루어 보면 말이다.

　선생은 유달리 준비에 만전을 기하시는 인상이다. 언제든 공개 방송이 있으면 자리에 앉자마자 곧 준비한 메모지를 테이블 위에 꺼내 놓으신다. 어느 때 어떤 질문이 가더라도 화제 빈곤으로 주저하는 모습을 전혀 보인 적이 없다.

　화제는 양의 동서 시의 고금을 가릴 것 없고 이야기 구성에 항상 선생이 의도하는 무엇이 꼭 있다. 그것은 방청객 및 청취자 반응을 미리 염두에 두는 까닭일 것이다. 화순을 드리면 현하구변이 곧 시원스럽게 샘솟는다.

　이때 흥에 흥을 더하면 말씀이 빨라지고 말씀이 빨라지면 때로 어느 부분은 조음이 불분명해 말씀 내용을 미처 소화하지 못할 때가 있다. 그러나 그것은 감히 내가 어찌 선생 말씀을 하나도 놓치지 않을 수 있으랴 하고 자책으로 돌린다.

언제나 검소하고 질박한 인상 인자한 할아버지 학자 무애 양주동 박사 스스로 말씀하기를 황해도 평안도 방언 쓰는 사람은 당신을 냥두돈 선생으로 또 어떤 이는 양주둥 박사로 그리고 다른 이는 당신을 양주장이라 하기까지 호칭하는 것을 들은 적이 있다고 하신다. 이것이 선생 해학이다.

유머 세계를 종횡무진으로 누빈다. 우리나라에 골계가도 있고 해학가도 많으나 무애 선생 같이 깊이와 무게를 간직한 유머리스트가 또 있는가?

선생 말씀 중 혹 내가 잘못 아는 유머도 있을 것이다. 그러나 몇 가지 실례를 들어 유머리스트 무애 선생을 말하고자 한나.

선생이 황해도 어느 시골로 장가갔는데 그곳 동네 청년들에게 시달림을 받을 때 이야기다. 무애 선생이 머리 영특하다는 소문은 이미 황해도 일원에 널리 퍼져 잘 알려진 바다.

새로 장가들러 오는 신랑 매다는 일은 신부 집 동네 청년들 몫이다.

신랑에게 힘이 세면 힘을 겨루어 보고 돈이 많으면 돈을 쓰게 하지만 신랑에게 이 시달림이 결코 쉬운 일은 아니다. 이때 무애는 인근에서 수재로 알려진 터이라 영특한 머리를 시험받게 되었다.

동네 청년 하나가 신랑에게 '월출고!' 하더란다. 이에 대해 조금도 지체함 없이 '일입어?'하고 신랑이 대꾸했다.

이 문답을 한 문장으로 해석하려는 잘못을 범하면 안 된다. 이 문답 형식은 이두 식 이기 때문이다.

이 문답의 의미를 풀어보면 '월'은 음훈이 '달월'이니 여기는 훈의 달, '출'은 '날출'이니 여기는 훈의 '날'을 그리고 '고'는 '높을고'이니 음만 따서 '고' 이렇게 추리면 '달날고'가 된다. 무엇인지 줄 것이 있으면 줘야 한다는 뜻이다.

이 같은 요구에 '일입어?' 하니 이 '일입어'도 이두 식 이므로 '날 들어?'하는 뜻이 된다.

실제 그러셨는지 여부는 알 길이 없다. 모르면 몰라도 선생의 해박한 연구 분야 향가에서 소재와 힌트를 얻어 지은 독창의 유머가 아닐까?

I don't want to meet this class. (학급 또는 반)

하도 수업 태도가 좋지 않아 수업시간을 끝내며 교수가 판서한 영문 구이다. 다음 주 강의실 칠판에 학생 판서가 교수 시선을 끈다.

I don't want to meet this lass. (소녀 또는 애인)

그러자 교수가 다시 고쳤다.

I don't want to meet this ass. (고집통이 또는 바보)

선생 유머에는 항상 교양적이고 교육적인 의미가 포함된다. 상대를 담백하게 웃기는 것으로 끝내는 부류가 아니라 웃기며 동시에 상대가 무엇인가 터득하는 바 있게 배려하신다. 선생 유머는 선생 특유의 것이며 여유가 있고 지혜가 있으며 여운이 남는다.

자가용 승용차로 왕래하지만 사치가 없다. 그러나 때로 빨강 넥타이와 빨강 양말을 선호하기도 한다. 머리는 짧게 깎아 시원한 용모 넓고 큰 이마와 한일자로 굳게 담은 입 그리고 부처를 닮은 큰 귓밥 때로 추상 같으나 여느 때는 서글서글한 눈 처음 뵈면 굳건한 학문의 의지 두 번 뵈면 진실한 솔직 성 세 번 뵈면 겸허한 성품을 알게 된다.

그럼에도 불구하고 선생을 근시안으로 보는 이가 없지 않음을 아는 저자로서 부득이 '국보론'을 펴지 않을 수 없다.

14 후퇴 때 다급해진 상황에서 선생은 우연하게 동아일보사 사장실에서 어떤 낯 모를 손님과 마주 앉는다. 손님이 먼저 인사를 청한다. 인사를 나누고 보니 바로 그가 저 유명한 베를린 올림픽 마라톤 왕 손기정이 아닌가.

그가 말하기를,

"다른 사람은 모두 피란을 했는데 우리나라 국보 둘만 이렇게 여기 남아 있다니 이거 어떻게 된 겁니까?”

“……………”

이래서 선생께 자타 공인 ‘국보’ 별칭이 붙게 된 것이다.

공부자 말씀이 인용되는가 하면 이백이나 두보의 시구가 또 성서 말씀이 나오는가 하면 찰스 램의 수필이 그렇다면 선생은 우리나라 지혜의 보고가 아니겠는가? 물론 당신이 스스로 과장하는 때도 없지 않다. 그러나 곧 방청객 폭소가 터진 후 으레 유머 효과를 확인하면 곧,

“그것이 어찌 내가 잘나서 하는 말이겠소? 이 얘기는 명말 청초 대 문장가 김성탄의 일화지요.”하고 겸양하신다.

10년 넘도록 선생을 방송에 모시지만 무소부지 무소불능은 아니고 음악 미술 공작은 재주가 없다고 스스로 인정한 적이 있다. 그러나 화제에 열기가 더해지면 한시는 물론 영시 몇 편 줄줄 암송하신다.

영문학 전공에서 다시 방향을 새로 잡아 국문학 연구 특히 고가 연구와 여요 전주로 고전 문학을 집대성한 학술원 회원 무애 양주동 박사 또 다른 한편으로 동서 문화에 대한 해박한 식견을 토대로 무게를 더한 유머 그리고 바위 같은 관용과 군자의 위의를 고루 갖춘 인자한 성품 누가 선생에게 머리 숙이지 않겠는가?

1929년 5월 문예공론 창간호에 게재된 선생의 시 '조선의 맥박'을 여기 붙인다.

## 조선의 맥박

한밤에 불 꺼진 재와 같이
나의 정열이 두 눈을 감고 잠잠할 때에
나는 조선의 힘 없는 맥박을 짚어 보노라
나는 임의 모세관 그의 맥박이로다

이윽고 새벽이 되어 훤한 동녘 하늘 밑에서
나의 희망과 용기가 두 팔을 뽐낼 때면
나는 조선의 소생된 긴 한숨을 듣노라
나는 임의 기관이요 그의 숨결이로다

그러나 보라 이른 아침 길가에 오가는
튼튼한 젊은이들 어린 학생들 그들의 공 던지는
날랜 손발 책보 낀 여생도의 힘 있는 두 팔
그들의 빛나는 얼굴 활기 있는 걸음걸이
아아! 이야말로 참으로 조선의 맥박이 아닌가?

무럭무럭 자라나는 갓난 아이의 귀여운 두 볼
젖 달라 외치는 그들의 우렁찬 울음 작으나마

힘찬 무엇을 잡으려는 그들의 손아귀
해죽해죽 웃는 입술 기쁨에 넘치는 또렷한 눈동자
아아 조선의 대동맥 조선의 폐는 아기야 너에게만 있도다


자라나는 새 세대를 소재로 그들에 대한 기대를 노래한 시이며
주제는 젊은 세대들에 대한 기대감일 것이다. 또 하나 선생의 시
'어머니 회상'을 1937년 이흥렬이 곡을 붙여 '어머니 은혜'로 곡목
을 달아 세상에 내놓았다.


## 어머니 은혜


나실 제 괴로움 다 잊으시고 기를 제 밤낮으로 애쓰는 마음
진 자리 마른 자리 갈아 뉘시며 손발이 다 닳도록 고생하시네
하늘 아래 그 무엇이 넓다 하리오 어머님의 희생은 가 없어라


어려선 안고 업고 얼려 주시고 자라선 문 기대어 기다리는 맘
앓을 사 그릇될 사 자식 생각에 고우시던 이마 위에 주름이 가득
땅 위에 그 무엇이 높다 하리오 어머님의 정성은 그지없어라


사람의 마음 속엔 온 가지 소원 어머님의 마음 속엔 오직 한가지
아낌없이 일생을 자식 위하여 살과 뼈를 깎아서 바치는 마음
하늘 아래 그 무엇이 넓다 하리오 어머님의 희생은 가 없어라

저자의 초등학교 및 중학교 시절 여름 방학이든 겨울 방학이든 방학만 되면 집에서 용돈 받아 동대문 위쪽에 있던 기동차 정거장에서 기동차 타고 뚝섬 또는 광나루에서 하차 똑딱선 타고 한강 건너 송파 큰집 가던 일이 어제인 듯하다.

통신부 가지고 가서 큰 아버지 큰 어머니 보여드리면 공부 잘했다고 칭찬을 들었다. 농장에서 거둔 참외며 수박 그리고 겨울이면 새로 만든 흰떡을 조청에 찍어 먹던 일이 좀처럼 기억에서 지워지지 않는다.

그리고 저녁이면 모든 가족이 넓은 대청에 둘러앉아 돌림 노래들을 불렀다. 으레 그때 노래로는 양주동 선생이 지은 '어머니 은혜'를 부르고 시간 가는 줄 몰랐다.

이 노래를 나에게 자주 시킨 까닭은 아마 누구 말마따나 음정 좋고 박자 좋고 목소리 좋아 저자를 시키는 것 같았다.

그때 할머니는 연세가 많으셨는데 왠지 자주 눈에 눈물이 그렁그렁 고였다. 그래도 손자가 노래로 마음을 조금 위로해 드린 것으로 안다.


2003년 2월 12일 우리나라 국어국문학회 및 동국대 국어국문학과 공동 주관 문화관광부 서울특별시 동국대학교 공동 후원으로 '양주동 선생의 학문과 인간'을 주제로 하는 2003년 2월 문화

인물 기념 학술대회가 서울 동국대 대강당에서 거행되었는데 국어국문학회 대표이사 서대석의 인사와 동대 총장 송석구의 축사에 이어 동대 대학원장 임기중의 '무애 양주동 선생의 생애와 한국 고시가 연구' 기조 발제에 이어 3사람 발표가 있었다.

'양주동 선생의 문학 활동과 그 업적' 김시태 (한양대 교수)
'양주동 선생의 국어학 연구' 고영근 (서울대 명예교수)
'양주동 선생의 인간적 면모' 〈유쾌한 응접실〉 단골 손님, 전영우 (수원대 명예교수)

1903년 출생해서 1977년 작고했으니 2003년은 무애 양주동 박사 탄생 백주년 되는 해이다. 이때를 당해 선생 생애 업적을 기리는 학술 대회가 개최된 것은 매우 뜻깊은 일이 아닐 수 없다.

한편 저자까지 한 부분 주제 발표를 맡았으니 큰 영광이 아니던가?

이서구 선생 양주동 박사 김두희 교수 등 세 분 단골 손님이 아니었다면 동아방송 유쾌한 응접실 프로그램은 반석 위에 놓일 수 없었다는 사실을 먼저 밝힌다.

파리 세느 강 다리 위에서 어느 남성이 미모의 여성에게 던진 유머 있는 청탁의 말은 참 걸작이다.

"사랑에 불타는 당신 눈동자에 내 담뱃불 좀 붙였으면 합니다."

국보 1호면 남대문이지만 '국보' 대명사는 양주동 박사로 통한다. 외국 문학 작품 인용에서 보듯 국보는 양의 동서 시의 고금을 종횡무진으로 누비며 해학을 터트린다.

양 선생 유머가 작품 또는 학문을 배경으로 한 것이면 작가 이서구 선생 유머는 서민 체취가 물씬 나는 삶의 지혜가 배경이라 할 수 있다.

서울 옛 풍속을 회상하는 대목에서 겨울만 오면 능청스런 군밤 장수의 군밤 파는 소리가 아직도 귓전에 남아 있다며   이렇게 되뇐다.

"갓 시집온 색시 시어머니 몰래 먹기 좋은 군밤이요!"

이렇게 주워 대면 젊은 신랑들은 따끈한 군밤을 사 들고 총총 걸음으로 귀가한다고 한다.

항상 기지에 찬 말씀으로 청중을 매료시킨 김두희 교수 '여행'을 화제로 나누던 때 사회가 양주동 박사에게 신혼 여행이면 무엇을 가지고 가야 할까요? 하고 물어보니 타월과 비누가 있어야 한다고 말한 반면 화순을 받은 김교수는,

"타월이나 비누는 안 가지고 가도 여관이나 호텔에 다 있으니까 걱정이 없는데요 한 가지 빠트리면 안 될 것이 꼭 하나 있습니다. 그것은 바로 신부입니다. 신부는 꼭 데리고 가야죠"

연세대학교 공개방송 화제가 '미련'이던 때이다. 미련을 남기지 말자며 젊은 남녀가 절교하는 장면에서,

　　"여자가 남자에게 절연장을 썼습니다. 즉, 이제는 헤어집시다. 미련을 남기지 말고 헤어집시다. 앞으로는 다시 편지도 안 쓰겠습니다. 물론 전화도 걸지 않겠습니다. 왜냐고요? 그 까닭이 무엇이냐구요? 물론 궁금하시겠지요. 그것은 다음에 다시 만나 얘기합시다."

# 7부

## 국정교과서
## '고등학교 화법' 출판

# 고등학교 '화법' 출판

1994년경 당시 교육부 공고가 나왔다. 앞으로 2년 뒤부터 고등학교 국어과에 선택으로 화법이 포함된다는 내용이다. 마침내 저자가 기다리던 공고이므로 우선 기쁘다. 그런데 아직 문제가 남아있다.

선택이 아닌 필수과목으로 넣어야 마땅하다는 생각이다. 하지만 나타난 상황에서 여유를 가지고 문제를 풀어가자는 입장 정리를 했다.

허용된 시간이 많지 않으므로 단독 집필보다 공동 집필 쪽으로 의견을 정하고 필자 물색에 나섰다.

먼저 국어교육 분야에서 이론 면이나 교육 경력 면으로 보아 무게 있는 인사를 찾던 중 당시 서울여자대학교 교무처장과 인문대학장을 거친 이인섭 교수를 섭외 대상에 놓고 접촉을 시도한 바 흔쾌하게 이 쪽 뜻을 받아줘 다음 인선에 나섰다.

아무리 화법이라 해도 문학을 소홀히 다룰 수 없을 것이란 생각으로 문학 분야 인사를 찾던 중 수원대 국문과 교수 홍신선 박사를 만나 협의하니 곧 긍정해 줘 저자는 천군만마를 얻은 느낌이 들었다.

나머지 한 분은 고등학교 교사 가운데 대학원 재학 중 주인 분을 찾기로 하였다. 마침 김영인 선생이 이 조건에 부합되므로 만나 상의하니 선뜻 응해주어 일단 인선을 끝내고 저자까지 넷이 모여 집필에 앞서 기획 방침과 편찬 내용 집필 분담 그리고 교육부 교과서 심사 기준 등 문제를 광범위하게 토의하고 집필과 동시에 정기 모임을 갖기로 하고 1차 모임을 마쳤다.

백지장도 맞들면 낫다 하지 않는가? 예정대로 순풍에 돛 단 듯이 잘 진행되어 가는 중 이따금 집필자 대우 문제가 튀어나와 저자 자신도 몹시 피곤함을 느꼈다. 그럴 때마다 저자는 출판사와 계약할 때 모든 사항을 상식선에서 해결하기로 약정되어 있다고 해명해도 그 중 한 분은 계속 저자에게 다짐을 받으려 해 신경전을 벌일 때도 없지 않았다.

저자나 그 분이나 다 일리 있는 주장이지만 결국 불신 풍조에서 빚어진 결과라고 이해하고 저자를 믿어 달라고 해도 여전히 한 분은 고개를 가로저었다.

그래도 설득해 이 일은 저자를 믿어달라고 수 없이 양해를 구해 마침내 교육부 최종 심사에 고등학교 화법 교과서 안을 제출하고 얼마 동안 심사 결과를 기다린 끝에 드디어 심사 통과의 기뻠을 맛보았다.

물론 보충 지시도 적지 않게 나오고 우리 고민도 만만치 않은 것이지만 출판사도 집필진들이 겪는 문제를 모르는 형편은 아니다. 일단 수정 지시 등 세부 지적 사항을 거의 모두 완벽하게 보완하고 OK를 받았다. 이때의 기쁨은 아무도 모른다.

집필자 대우 문제도 저자를 뺀 나머지 3분에게 골고루 합리적으로 혜택이 돌아가도록 세심하게 배려하고 저자는 아예 마음을 비웠다. 그 후 한 분이 저자에게 마음을 나누어 주어 그 따뜻한 정을 못내 그리워할 뿐이다.

1995년 9월 30일자 교육부 검정을 거쳐 이듬해 3월 1일 공동 집필 4인의 저자 이름으로 고등학교 '화법'교과서가 ㈜교학사에서 발행되었다. 그리고 희망 신청을 받아 전국 고등학교로 교재가 배송되니 저자 및 공동 집필자 기쁨은 더 말할 나위가 없다.

기획 단계에서 교학사 양철우 사장을 만나게 주선해준 분은 바로 저자와 오래도록 친분 관계를 유지해 오는 출판계 원로 창조사 최덕교 사장이다.

이 분과 의논하니 직접 둘이 함께 가자 해서 함께 양 사장을 교학사로 찾아가 만날 수 있었다.

우선 저자가 자기소개를 간단히 하고 교학사에서 화법 교과서를 내고 싶다고 하니 기꺼이 뜻을 받아준다.

우리 사회가 이따금 '막말' 논쟁으로 시끄러운 장면이 연출되는 불행한 사태를 목격할 때마다 왜 교육 당국은 국어화법 교육을 등한시 또는 도외시하느냐고 묻지 않을 수 없다. 그 원인은 국어교육이 문장교육으로만 편중되고 말하기 듣기의 화법 교육을 강화하지 않는 데서 오는 결과다. 그것은 또 인성 교육과도 무관하지 않다.

그러나 언제인가 교육 당국에 현명한 관료가 등장 국어교육이 반드시 화법교육 중시의 방향으로 전환될 날이 꼭 오리라 확신한다.

화법이 새 교과로 인정되자 다른데 몰두하던 사람들이 갑자기 화법을 전공으로 전환하다가 또 자기 자리로 돌아가는 사람도 없지 않다.

무엇이든 소신을 가지고 꾸준히 연구하고 정진해야시 절새처럼 이리 갔다 저리 갔다 하면 공연히 교육 풍토만 어지럽힐 뿐 그것은 누구에게도 도움 되지 않을 것이다.

# 8부

산문집

# '님'자의 교훈

1956년 2학기 저자는 서울대 사대 국어교육과 졸업반 학생으로 사대 부고로 교생 실습을 나간 적이 있다. 40여 년 전의 일이다.

이때 마침 성봉 김성배 선생은 부고 교사로 재직한 터이라 저자는 그 분에게 교생 실습 지도를 받게 되었는데 이 일이 나와 성봉 선생의 깊은 인연이 된다.

찬찬하게 수업하시는 교실 현장을 참관하고 국어교사의 범례가 어떤 것이라는 사실을 마음속 깊이 새길 수 있었다.

폭 넓은 탐색과 물 샐 틈 없는 수업 준비 그리고 호감 어린 웃음 띤 얼굴에 차분히 펼쳐지는 성봉 선생 국어시간의 수업 현장을 참관한 것이다.

어린 양을 인도하는 목자와 같고 달리 뵈면 시골 서당의 훈장님의 인상도 없지 않다. 텁텁한 서민 체취가 물씬한 성봉 선생이다. 현대와 고대가 잘 조화된 면모가 약여하다.

그러기에 남들은 대학원 학위과정을 거치지 않고 학위를 취득한 이가 없지 않으나 성봉 선생은 비록 만학이나 이미 모교 대학원에서 박사 과정까지 마쳤다. 앞을 내다보는 형안을 가진 것이다.

매사에 사려가 깊을 뿐 아니라 때로 불의나 온당치 않은 현실에 직면하면 형안으로 날카롭게 기능하는 것이다.

저자는 성봉 선생의 지도로 교생 실습 과정을 밟는 중 그것을 경험하였다.

우리 교생은 당시 교육 실습 보고서를 매일 작성 지도교사에게 보고하기로 되어있다.

그것도 첫날 첫 보고에서 경험한 것이다. 저자는 별다른 생각 없이 보고서 허두에 '국어과 지도교사 김성배 선생'이라 쓰고 당일 보고서를 작성 제출한 것인데 이튿날 돌려받고 보니 보고서 한 귀퉁이에 빨간 글자 하나가 유난히 눈길을 끈다. 그것은 님 자이다. '국어과 지도교사 김성배 선생' 바로 다음에 명확히 씌어 있다.

이때 비로소 저자는 아차 하는 실수를 느꼈다. 그 일이 지금껏 뇌리를 벗어나지 않는다. 강렬한 지극으로 받아졌기 때문이다. 별것 아니라면 별것 아니겠지만 신경 써야 할 대목을 소홀히 지나친 저자의 잘못 너무나 엄연한 잘못이 아닐 수 없다.

저자는 이후 이 대목을 못내 잊을 수 없게 된 것이다.

님 자의 교훈은 글자 한 자에 머물지 않는다. 저자의 방심에 대한 꾸짖음 이요 저자의 겸손하지 못한 무례에 대한 질타이다. 뿐이랴 저자의 인생 노정에 겸손과 성실을 일깨워 주신 훈도이다.

이후 성봉 선생은 그 점에 관한 한 두 번 다시 말씀한 적이 없다. 다만 글자 한 자로 일깨워 주신 것이다. 여기서 저자는 다시 성봉 선생의 훈훈한 마음을 느낀다. 영국 시인 포프는 이렇게 말한 적이 있다.

"사람에게 무엇을 가르칠 때는 가르치는 듯한 인상을 남겨서는 안 된다. 그가 모르는 것이라도 잊은 것이라 말해 주어야 한다." 고 하였다.

가볍게 일깨워 주셨지만 함축성 있는 깊고 은은한 교훈 그것이 님자의 교훈인 것이다.

'국어교육론', '한국수수께끼 사전' 등 수 많은 저서 중에서도 이 두 저서는 우리나라에서 본격적으로 탐구된 특이한 논저로 안다. 저자의 서가에도 이 두 책이 나란히 꽂혀 있다.

물론 이 두 책 말고도 또 여러 책을 내게 주신 성봉 선생의 따뜻한 마음에 항상 머리 수그린다. 언제인가 도산 안창호 선생이,

"우리 동포 누구나가 훈훈한 마음 빙그레 웃는 낯을 짓는다면 얼마나 좋겠는가?"

말한 것을 알지만 이에 가장 적중한 본보기로 성봉 선생을 이

말로 비유해 말씀한다면 그것이 저자의 과장된 표현일까?

성봉 선생은 외유내강하다는 저자의 종내 인상에 '아니다!' 때로 외강내유 인 때가 있다는 새로운 면모를 본 적이 있다.

저자의 불찰로 일자 미상 사안 미상이나 대충 기억을 더듬으면 1975년 가을 우리나라를 방문한 일인 학자가 우리나라 국어국문학 분야에 관계되는 발언을 한 중에 우리 국문학계를 무시 모독하는 발언을 남기고 돌아간 적이 있다.

간단히 말하면 우리를 깔본 듯한 허튼 수작이다. 이때 성봉 선생은 크게 분개하여 일본 대사관에 즉시 항의 반박하고 동분서주 언론인들에게 저간의 경위가 인쇄된 유인물을 배포 직접 설명 납득시켰다.

그때 성봉 선생은 서릿발 바로 그것이고 마침내 일부 언론에 그 뜻이 알려져 크게 보도됐으며 그들은 조사도 변변히 놋한 채 그대로 돌아간 결과를 초래했다.

불의를 참지 못하는 추상같은 대목, 저자는 그 점을 목도한 것이다.

만인이 우러를 우뚝한 봉우리 성봉 선생의 아호를 어쩌면 이렇게 새겨볼 수도 있지 않을까?

선비들이 갖는다는 평범한 옹고집이 아니라 불의에 못 견디는 분연한 행동에서 저자는 성봉 선생의 새로운 면모를 찾아본 셈이다.

당뇨의 지병이 없지 않으나 가까운 동학이나 후학을 만나시면 주석을 마련 환담을 들려주시는 선생의 훈훈한 마음 그리고 호수에 이는 잔물결 같은 빙그레 웃는 얼굴 여기 성봉 선생의 참 모습이 있지 않을까?

아차 성봉 선생 다음에 '님'자를 잊었구나.

# 아카시아 향기 맡으며

아카시아 꽃잎이 향기를 풍기며 흩날린다. 눈길 같은 산길을 호젓하게 걷는다. 코에 와 닿는 향긋한 내음이 처음엔 강하다가 점차 약해진다. 향기가 나를 취하게 하는가 보다. 한동안 향기에 취하여 본다. 온 산이 아카시아 향기로 뒤덮인 채 5월이 간다.

아마 이 무렵 꿀벌들의 활동이 시작되고 양봉 가의 손놀림도 매우 바빠질 것이다.

아카시아는 별로 쓸모없는 나무로 인식되기도 하나 '남 몰래 바치는 사랑'의 꽃말이 특이하지 않은가.

북아메리카가 원산지이고 높이가 15 미터 안팎에 가시가 있으며 잎은 깃 모양으로 겹쳐 돋아난다.

작은 잎은 알 모양 또는 긴 타원형이며 끝이 둥글고 잎 가장자리는 톱니가 없다. 꽃은 총상 꽃차례이며 잎겨드랑이에서 나오고 백색으로 여름에 밑으로 향하여 핀다. 열매는 10월에 익는다.

용도는 침목 기구 재 사료 화목이 고작이다. 벋어가는 칡도 한이 있는 법인데 아카시아 나무뿌리는 사방팔방으로 한없이 벋는다.

사방 공사 때 사태를 방지하는 가장 효과적인 수종으로 손꼽히는 나무가 바로 아카시아 이기도 하다.

이 땅에서 생산되는 천연 꿀 가운데 아카시아 꿀이 상당한 분량을 차지하는 것은 아카시아 숲이 전국에 고루 퍼져 있기 때문일 것이다.

아카시아 꽃 향기가 유난히 후각을 자극하는 요즈음이다.

블론디에 풍만한 가슴 윙크하는 듯한 눈매와 수밀도 같은 입술 탐스러운 몸매로 할리우드 글래머 스타 1호로 불리우던 마릴린 먼로 분명 그녀는 당시 영화 팬이 열광하며 환호를 보낸 아카시아 향기 같은 풍염한 여인이다.

'돌아오지 않는 강'에서 보인 연기와 노래 솜씨는 관객을 흠뻑 매료시킨다.

본명이 노마 진 그녀는 로스앤젤리스의 한 가난한 가정에서 태어나 한때 어머니의 정신병으로 본의 아니게 어린이 복지 시설에서 시간을 보낸다.

16세에 결혼하고 파국 후에 모델로 입신하여 '나이아가라'에서 주연 육체미에 의하여 섹스의 상징으로 불리웠으나 절묘한 연기력과 함께 전 세계 인기의 각광을 받아오더니 끝내 수면제 과용이란 의문의 죽음으로 세상을 등진다. 34세의 꽃다운 나이다.

몬로와 존 케네디의 정사에 대하여 여러 증언이 뒤따르나 두 사람 다 의문사 한 내용은 정확히 알려져 있지 않다.

확실한 것은 1962년 5월 18일 심신 공히 황폐한 형편에 놓인 마릴린이 할리우드에서 뉴욕으로 날아가 매디슨 스퀘어 가든 존 케네디 생일 축하 모임에 출석하여 만 칠천 명의 관중 앞에서 정성껏 '해피 버스데이 투유'를 불러 박수갈채를 받는다.

마돈나는 확실히 데뷔 이래 섹스의 상징으로 자신을 상품 화 해 왔다는 게 중론이다. 가령 히트 곡 '마테리아 걸'이 마릴린 먼로 실화의 어중간한 패러디적 리메이크의 선을 목표로 한 것이란 중평이 따른다.

그러나 마돈나의 섹스 그녀는 먼로의 신화와 결별한다.

자신의 육체를 내어주는 대신 남자에게 경제적으로 의존하는 가련한 창부의 아양 섞인 모습을 불식하고 어디까지나 강한 여인 독립한 자유의 여인으로 자리를 굳히고 이미지를 강화한다.

'마돈나의 섹스'는 말하자면 변신을 위한 전략의 일환으로 만들어 낸 사진 모음이다.

일부 창부 인상의 영상도 눈에 띠나 그것은 연희로 연출한 것에 지나지 않는다. 그녀는 결코 수동적인 객체가 아니다. 그녀는 성의 주체로서 언제나 사태의 주도권을 장악한다는 메시지를 떠올려 준다.

그리고 일종의 페미니즘 주장도 엿보인다.

'마돈나의 성'은 또 정치적 성 론의 문맥마저 읽어내게 한다. 한마디로 사진 모음은 독자에게 새로운 발견의 동기를 제공한다.

도쿄대학 교양 학부 기초 연습 교재를 펼쳐 보며 순간 나는 당혹감을 떨쳐버리지 못한다. 바로 '마돈나의 성'에서 발췌 게재한 일곱장의 누드 사진 때문이다.

'인식의 기술'에서 '레토릭 마돈나의 발견 그리고 저쪽'이란 마쓰우라 히사기가 쓴 글에 그가 마돈나의 누드 사진을 7장이나 소재로 사용한 것이다.

앞으로 그는 '햄릿'의 TV 극화 자작 시편의 시극화 등을 계기로 21세기를 맞이하기 위한 원근법의 모색에 몰두할 계획이라 한다. 당찬 포부를 밝힌 1954년 도쿄 출생 '표상 문화론' 전공의 필자이다. 그가 쓴 글에 저자는 눈길을 빼앗긴 것이다. 분석을 통하여 영상을 읽는다는 것은 무엇일까 분명한 의미로 추출할 수 없는 신화적 레토릭의 분석을 통하여 그는 동시에 욕망의 레토릭을 말하고 또다시 이 같은 조작이 무로 돌아가는 사태마저 전망한다.

몬로에 따른 가장 유명한 일화는 침대에서 무엇을 몸에 붙이느냐는 연예 담당 기자의 짓궂은 질문을 받고 '샤넬 넘버 화이브'라 응답한 내용이다.

생일 축하의 노래를 부르러 단상에 모습을 드러낸 때 사회자는 예정보다 조금 늦게 먼로가 도착하여 "더 레이트 마릴린 먼로!" 라 소개한 바 '레이트'는 '지각한'의 의미인 동시에 또 '별세한'의 의미를 포함한다.

3개 월 후에 있은 그녀의 죽음을 떠올리면 어떤 운명적 소개와 같다는 생각이 든다.

발견의 몸짓에 대하여 노스탤지어와 무관한 앎의 존재가 오늘 우리에게 의문을 제기한다. 진리와 진리를 응시하는 시선의 관계를 새 공간에서 새롭게 조명할 수는 없는 것일까.

# 화제는 아름다움에서

아름다움은 인간이 추구하고 사랑하는 대상이다. 아름다움을 말할 때 사람의 마음은 반드시 여유를 느낀다. 일상의 좌담이나 연설에서 아름다움을 화제로 삼으면 권태가 긴장으로 침체가 청신으로 뒤바뀐다.

영국 신사는 영어 발음이 아름답고 화제 선택이 세련되어 있으나 교육받은 부인과 자주 대화하는 경험을 토대로 이 같은 능력이 몸에 배인다. 또 부인은 교양 있는 신사와 대화하는 것으로 대화의 교양미가 연마되어 간다.

이성과 갖는 대화는 누구나 주의하고 관심을 갖는 것이지만 부인은 특히 아름다움을 갈망하는 정열이 강하므로 부인과의 대화에서는 아름다움이 연마되기 마련이다. 뜻깊은 좌담에는 부인의 영향을 받지 않는 경우가 없다. 그것은 부인의 말 속에 아름다움이 배양되고 세련된 무엇이 있기 때문이다.

일찍 우리나라에서 상영된 적이 있는 영화 '마이 훼어 레이디'는 이렇게 시작된다.

때는 1900년대 초기 영국의 런던 궂은 비가 계속 내리는 날 어느 상류 사회의 연회가 막 끝났다.

파티에 참석한 모든 신사 숙녀가 각기 흩어져 집으로 돌아가는데 거리에는 마차가 이따금 지나갈 뿐이다. 마차 잡기가 수월하지 않다.

신사 한 사람이 마차를 잡으려고 비 오는 거리를 이리 뛰고 저리 뛴다. 그러다가 그만 꽃 파는 소녀와 부딪친다. 꽃 바구니 속에 소담하게 담겨 있던 예쁜 꽃 송이들이 길가 흙탕물에 아무렇게나 뒹굴어 흩어진다. 꽃 파는 소녀는 신사를 향해 차마 입에 담지 못할 욕설을 함부로 내뱉는다.

여기까지 관람하던 관객이 일시에 폭소를 터뜨린다. 꽃 파는 소녀는 바로 미모의 여주인공 오드리 헵번 신사가 가볍게 놀란다. 그 아름다운 얼굴에서 욕설이 마구 튀어나오니 어이가 없던 것이다. 신사는 바로 스피치 선생이다.

신사는 소녀에게 관심을 보낸다. 아름다운 용모를 지녔으니 앞으로 스피치를 공부하여 상류 사회로 나가지 않겠느냐고 충고하지만 소녀는 막무가내다. 아깝게 생각한 신사는 그의 이름과 주소가 적힌 명함을 소녀에게 건네주고 헤어진다.

화면은 다시 바뀌고 신사의 집 정문 꽃 파는 예쁜 소녀가 초인종을 누른다. 신사에게 스피치를 배우겠다는 결심을 말한다.

선생은 응락한다. 수업이 시작된다.

화법을 익히는데 먼저 날씨를 화제로 하는 인사말이다.

"오늘 날씨는 매우 쾌청합니다. 스페인 평야의 맑은 날씨와 같고 ⋯." 이 무렵 신사 어머니가 주최하는 상류 사회 파티가 열린다.

신사는 소녀를 데리고 모임에 참석하고 어머니에게 소녀를 소개한다. 신사는 어머니에게 귀엣말로 이 소녀가 날씨 화제 이외에는 아직 배운 것이 없으니 다른 사람과의 대화에는 각별한 주의가 따라야 한다고 부탁드리고 자리를 떠난다.

소녀 역 오드리 헵번은 테이블에 자리를 잡는다. 청순하고 요염한 자태이다.

이때 저만치서 약삭빠른 인상의 한 젊은 신사가 이쪽으로 다가온다. 인사를 건네고 소녀 앞에 앉는다.

신사가 화제를 꺼낸다.

"오늘 날씨는 매우 좋은데요."

"네 오늘 날씨는 매우 쾌청합니다. 스페인 평야의 맑은 날씨와 같고⋯.."

일순간 신사는 놀라는 표정이다.

그 아름다운 용모에서 구슬 구르는 듯한 목소리 그리고 금상첨화 격인 교양미 넘치는 인사말 소녀에게 매료된 느낌의 신사이다.

이때 신사는 화제를 돌린다. "그런데 또 환절기가 되면….",
"네, 환절기가 되면 감기가 유행하죠 그렇잖아도 지난번 환절기
때 내 작은 엄마가 돼졌어요….."

순간 젊은 신사는 두 번째 놀란다.

이 때는 어안이 벙벙한 눈치다.

이 파티의 호스테스 인 스피치 선생 어머니가 때마침 자리를
지키지 못한 때문이다. 이 정경을 본 극장 객석에서는 물론 폭소
가 터졌다.

화제는 아름다움에서 찾아야 한다. 화제 선택은 매우 중요한
의미를 갖는다. 화제는 공통의 화제가 대화에 활기를 불어넣게
한다. 그리고 화제는 흥미 있고 친숙하고 명확하고 적절한 것이
어야 하며 또 구체적이고 인상적인 것일수록 상대방에게 호소력
을 갖는다.

# 9부

# '내가 걷는 길'
# 방송 언론인 전영우

# '내가 걷는 길'
# 방송 언론인 전영우

'허공에도 길이 있다'

이웃 나라 일본 어느 방송국 이야기이다.

어린이 시간은 되었는데 어린이 뉴스를 방송할 아나운서가 보이지 않는다. 방송 시간은 거의 정시에 가까워지고 담당 아나운서는 안보인다.

할 수 없이 아나운서 책임자가 뉴스 원고를 사전 체크도 못한 채 스튜디오로 들어갔다. 온 에어의 큐가 들어오고 어린이 뉴스를 방송하기 시작했다. 미리 봐 두지 못한 것이 후회스럽다. 그러나 차근차근히 아이템들을 소화해 나갔다. 어린이 시간이므로 어린이 청취자를 상대로 매우 상냥한 어조로 알기 쉽게 뉴스를 방송해 나갔다.

그런데 어쩌랴 뉴스 원고를 차례대로 방송하는데 글쎄 원고지 순서가 바뀌어 나오니 지금껏 방송한 뉴스에 줄기가 서지 않고 중간이 끊기고 만다. 제아무리 노련한 아나운서라도 이때는 도리 없이 당황할 밖에 소리를 죽여가며 원고 뒤를 뒤져봐도 뒤를 잇는 기사의 일련 번호가 찾아지지 않는다. 사고다.

이를 어떻게 임기응변 위기를 모면할 것인가?

매우 난처한 일이 아닐 수 없다. 분초를 다투는 방송 5초 10초에 가까운 때 드디어 말 문을 연 아나운서는 "어린이 여러분 뉴스를 방송하는 도중인데 아나운서 아저씨가 미숙해서 다음 기사를 잇지 못하고 잠시 주저했습니다. 매우 유감스럽게 생각합니다. 아저씨는 어린이 여러분에게 실수를 사과합니다.

어린이 여러분 아나운서 아저씨도 실수하는 때가 있지만 어린이 여러분은 어떤 공부에서도 실수하는 일이 없도록 더욱 더 열심히 공부해야 하겠죠. 그럼 다음 뉴스를 전해 드리겠습니다."

이 일은 후에 전화위복이 되어 방송국에서는 핀치 히터로 방송을 담당한 아나운서 책임자를 오히려 격려하고 임기응변의 기지를 칭찬한 일이 있다. 이 일화는 강습 기간 중 몇몇 선배를 통하여 몇 번인가 중복하여 들은 적이 있다.

그런데 어린이 시간 프로를 본인이 맡은 때 뜻밖의 상황이 일어났다. 아마 서울 시내 남산 초등학교 어린이들의 합창과 독창 순서를 소개한 때일 것이다. 지금처럼 녹음 장치가 보편화 하지 못한 때라 녹음을 재생하여 방송하는 일은 거의 없고 순전히 생방송으로 방송을 내던 시절이다.

말하자면 공개 방송이요 생방송이다. 합창곡이 처음 순서라 합창을 소개했고 남산초등학교 어린이 합창단은 지휘 선생님의 지휘를 받아 평소에 잘 연습해 둔 곡을 무난하게 노래했다. 이어 나의 곡목 소개가 있었고 다음 순서를 알려줬다.

다음은 어떤 어린이의 독창 순서이다. 소개를 마치자 마자 지휘 선생이 내게 가까이 다가선다. 독창할 어린이는 안 나오고 5초… 10초… 그런데 지휘 선생은 내게 귀엣말로,

"전 선생님 지금 소개받은 어린이가 화장실에 가서 아직 안 왔습니다. 어떡하면 좋죠?"

난처하고 당황해하는 건 나지 누구인가?

"지금 소개한 어린이는 화장실에 가서 안 왔으므로 그 대신 합창을 또 보내겠어요. 합창곡은 무엇이에요."이렇게 소개하는 상상만 해도 얼굴이 화끈 달아오른다.

이때 아나운서는 어떻게 임기응변해야 한단 말인가? 시간은 사정 없이 지나고 한 순간도 멈춰주지 않는다. 지금은 지나간 이야기 삼아 말할 수 있어도 당시에는 참으로 난처한 곤경이 아닐 수 없다.

기왕 사고는 저질러졌으나 진행 아나운싱을 해야 한다. 주위를 살핀 다음 침착한 어조로,

"진행상 순서를 바꾸겠습니다. 독창은 뒤로 미루고 다시 합창

한 곡을 더 보내드리겠습니다. 합창곡은 …… 에요."

겨우 안도의 숨을 내쉴 수 있었다. 생 방송인데 그것이 공개방송일 경우 이런 의외의 상황은 어린이 프로에서만 일어나는 게 아니다. 일반 연예 오락 프로도 예외는 아니다.

1954년 경 당시 KBS에는 전속 악단이 미처 조직되지 않고 있을 무렵 노명석 씨 지휘의 은성 경음악단이 전속 악단 구실을 맡아 했다.

노래와 경음악이 그때처럼 인기 정상을 차지한 때도 드물다. 그러므로 노래와 경음악 시간이라면 방송에 연고 있는 외부 인사가 부조정실을 꽉 메우곤 하였다.

콜 사인에서 겨우 벗어나 지방 소식과 일기 예보 방송에 주력하던 나에게 어느 날 돌연 노래와 경음악 프로의 진행을 맡으라는 선배의 지시가 내렸다. 우선 막중한 임무에 두려움이 없지 않으나 두려움보다는 호기심의 비중이 더 크다. 물론 공개방송이요 생방송이다.

악단 멤버 가수 스튜디오 안에만 30명 안팎의 인원, 스튜디오 밖 부조정실에는 엔지니어 진행자 그리고 구경온 외부 인사로 꽉 차고 사회를 맡은 본인은 스튜디오 붐 마이크 앞에 섰다.

모든 사람의 시선이 내게 집중되는 가운데 악단의 팡파르와 함께 드디어 노래와 경음악 시간이 시작된 것이다.

지금 와서 생각하면 별일도 아닌데 당시 스튜디오 속의 진행을 맡은 나는 신경은 과민한 상태요 얼굴 빛은 상기된 형편이었을 것이다. 그런대로 한두 차례 악단 연주를 소개 프로를 진행한다.

"다음은 이해연 씨의 노래 순서입니다. 이해연씨가 부를 노래는……입니다." 이해연은 마이크 앞에 다가서고 악단 연주에 맞춰 노래하기 시작한다. 1절이 끝나자 무대 위에서 노래하던 습관대로 마이크에서 약간 뒤로 물러선다. 나는 엉겁결에 노래가 모두 끝난 것으로 알고 마이크 앞으로 다가서는데 순간 이해연은 내 손을 가볍게 친다. 아직 자기 노래 순서가 미처 다 끝나지 않았다는 표정이다. 자기 잘못은 고사하고 무안 무색한 나의 심정은 마치 바늘 방석에 앉은 기분 얼굴은 달아오르고 몸둘 바를 모르겠다.

다시 평정을 되찾은 때 2절의 노래를 끝낸 이해연이 마이크에서 물러서자 나는 "이해연 씨의 노래 ….였습니다. 다음은 백일희씨의 노래를 보내드리겠습니다. 백일희 씨가 부를 노래는 …입니다."

소개가 끝나자 마자 악단 반주가 시작되고 백일희는 노래를 부른다. 1절이 끝나고 다시 마이크 뒤로 약간 물러선다. 또 2절이 있다. 2절을 부르고 물러선다 기다린 나는 마이크 앞으로 다가선다.

이때다. 이번엔 백일희가 나의 팔을 가볍게 친다. 이 노래는 3절까지란다. 정신적 여유 없는 초긴장의 신인 시절 나는 이러한 류의 경험을 수없이 반복한다.

역시 신인 시절 물가 시세를 방송하는데 금 값이 싸고 대조적으로 은 값은 비싸다. 평소 늘 하던 대로 상공회의소에서 보내주는 물가 시세표를 미리 검토도 하지 않은 채 의당 잘 정리된 것으로 짐작 시간이 되자 물가 시세표만 들고 방송 스튜디오로 들어가 줄줄 시세를 대는데 금값은 싸고 은값은 비싸다. 상식 이하다. 그때만 해도 내게는 정정할 수 있는 마음의 여유가 채 확립되지 못한 때라 그대로 슬그머니 넘기고 말았다. 참으로 무책임한 일이 아닐 수 없다.

방송 후에 대뜸 방송과장의 호출을 받은 것은 물론이다. 과장실로 가면서 연신 변명구실만을 찾고 또 찾는다. 약간 상기된 과장은

"이 사람아 어떻게 된 거야? 그래 금값이 은값보다 싸다니?"

"상공회의소에서 기록한 대로 했을 뿐입니다."

"그럼 자네는 기계야?"

"……………"

"상공회의소 물가 시세 좀 보여줘"

"여기 있습니다."

"잘못 적어 놓았군. 그렇더라도 평소 방송하기 전 충분히 검토해서 미심쩍은 점이 있으면 상공회의소에 다시 확인해 보고 확실한 것을 방송해야 하지 그래 적어놓은 대로 방송했다는 게 말이 되나 이걸 미리 방송 전에 검토해 보지 않았지?"

"네, 미리 못 봤습니다."

"앞으로는 미리 검토하도록 해!" "네! 알겠습니다."

사람이 하는 일이라 어찌 실수가 없겠는가 방송의 책무가 중차대하다는 것을 통감한다면 방송인인 나의 책임은 너무나 막중한 것이다. 이 같이 적어 나가면 나는 방송에서 사고 연발의 장본인 같은 인상을 받기 쉽다. 그러나 우선 그 동안 방송생활에서 양지의 밝은 면은 뒤로 미루고 음지의 어두운 면만 이야기하는 것이 순서일 것 같아 실수를 엮는 시리즈로 하다 보니 자연 실수가 들춰지는 것이다.

잠에서 아직 덜 깬 몽롱한 어느 날 아침 방송 스튜디오 안을 깨끗이 정리하고 마이크 앞에 조용히 앉았다. 물론 방송 도중에 짧은 틈을 타서였다. 먼저 소개한 음악 곡목이 거의 끝나갈 무렵 그때 비로소 그 시간 음악 곡목 적어놓은 아나운스먼트가 없어진 것을 알았다. 스튜디오 문을 열고 부조정실로 황급히 달린 것은 지금도 순간으로 기억한다.

레코드 자켓을 보니까 다음 방송할 곡목은 '나는 당신의 것'이었다.

몇 번인가 이 곡목을 되새기면서 스튜디오 문을 열고 부조정실로 황급히 달린 것은 지금도 순간으로 기억한다.

레코드 자켓을 보니까 다음 방송할 곡목은 '나는 당신의 것'이었다. 몇 번인가 이 곡목을 되새기면서 스튜디오 문을 쿵 닫고 나서 스튜디오 마이크 앞에 앉아 이렇게 소개했다. "다음 보내드릴 곡목은 당신은 나의 것" 곡목 소개에서 당신과 나의 위치를 바꿔 말해버리는 실수를 저지른 것이다.

사소한 실수는 그 회수를 헤아릴 수 없을 만큼 많다. 신인 시절 통신 읽기에 얼마나 열중하면 다음 같은 일이 생겼을까?

서울지방 로컬 뉴스를 방송하는데 마침 일본 아오야마 학원 동창회 개최 통지의 아이템이 있다. 나는 분명 아오야마 학원을 잘 안다. 우리 말로 말하면 청산학원이다.

이 정도 모를 리가 없는데 방송 중에 나는 아오야마 학원을 하도야마 학원으로 방송하는 실수를 범하였다. 당시 일본 수상의 성이 하도야마 이고 일본 발신 외신에는 하도야마 수상의 이름이 거의 매일 빠지는 일이 없다.

얼마나 통신 읽기를 자주 했으면 하도야마가 입에 배었겠는가 하다 못해 일본 아오야마학원까지 하도야마 학원으로 방송을 했으니 말이다. 방송과장의 호출은 이때도 예외는 아니다.

"당신 일본 말 몰라?"

"좀 압니다."

"그런데 아오야마가 어떻게 하도야마냐 말이야?"

"통신 읽기에 주력하다 보니 야마만 봐도 자동적으로 하도야마라 하게 된 것입니다. 앞으로 주의하겠습니다.""앞으로는 그런일 없도록 하시오!"

"네 잘 알겠습니다."

초년생 아나운서 시절 실수가 꼬리를 잇고 또 잇는다. 어떻게 보면 실수의 연속이다. 실수를 저지르며 반성을 하고 반성을 하며 새롭게 방송 자세를 가다듬어 나간 것이 아나운서로서의 나의 성장 과정이라 말할 수 있을 것이다.

## '아나운서의 길'

야당 지도자이던 고 유석 조병옥 박사의 국민장 장례식 실황 중계방송 때는 방송 고위층이 안절부절 못해 하는 불안을 느끼면서 중계에 임했던 일이라든가 남산 마루터기에 세웠던 우남 이승만 박사의 동상 건립 준공식 실황 중계 국립묘지에서의 현충일 의식 중계 수 많은 인터뷰 가정오락회 비밀의 문 만능 스테이지의 사회 홈런 퀴즈의 사회 그리고 KBS-TV에서 교양프로그램의 제작 책임을 맡던 일 인천을 출발점으로 서울로 골인해 들어오는 제1회 국제 마라톤 대회 때 부평 원통이 고개 마루에서 망원경과 트랜지스터 라디오를 목에 걸고 한 손에 마이크 또 한 손에 기록을 쥐고 흥분했던 방송 아이젠하워 방한 때는 그의 카 퍼레이드 실황을 종로 덕흥서림 옥상에서 중계하다 자칫 잘못하여 실족할 뻔 했던 일 그러나 무엇보다 충격적인 경우는 4.19와 5.16이었을 것이다.

4.19의 충격은 아나운서 일동이 선언한 방송의 중립화로 표현되었고 5.16의 충격도 4.19 못지 않았다.

1970년에는 대한체육회 창립 50주년 기념식에서 감사패를 받았다. 20여 년 오직 축구만을 담당해 오는 터이지만 스포츠 캐스터로서 우리나라 체육 발전에 기여했다는 뜻이 그 팻말에 기록되어 있다.

방송 관계로 감사패를 받기는 이것이 처음이다.

그러나 수상의 경우는 한국연극연구소가 준 동랑 연극상이 첫 수상이 된다.

스피치 개론, 화법원리 등을 저술하여 신 연극 기본 미디어인 화법 연구에 공헌했다는 것이 상을 준 상장에 적힌 기록이다.

연극인이 아니면서 연극상을 탄 것이다. 아마 방송인이 연극상을 타기는 드문 일일 것이다. 여러 연극인 및 연극 동호인의 선망이던 드라마 센터 제정 제6회 동랑 연극 상을 탔으니 아나운서 생활에서 더 없는 기쁨이요 영광이 아니겠는가?

저자가 처음 스피치를 연구하게 된 것은 1955년경의 일이다. 대학 재학 중 전공이 국어국문학인데 직업이 아나운서라 전공과 직업이 일치되는 학문의 길이 어떤 것일까 하는 평소의 탐색에서 우연히 찾아낸 것이 바로 '스피치 학'이다.

고대 이집트와 고대 그리스 및 고대 로마에서 학문의 기원을 찾을 수 있다. 그리고 현대는 영국과 미국에서 스피치가 크게 연구되고 활발히 교육되고 있다.

가령 미국의 노스웨스턴 대학의 경우만 보더라도 스피치 대학이 엄존하고 스피치 학과는 어느 대학을 막론하고 대개의 경우 설치되어 있다.

그런데 우리나라의 경우 대학과 학과는 물론 없고 대학 강좌도 그리 흔하지 않은 현상이다. 필요한 강좌임에도 불구하고 아직이 방면의 관심이 덜 미치고 있음을 곧 알 수 있다.

"인간의 바람직한 언어 표현은 돌 자갈 밭 속의 에메랄드 빛보다 더 귀하다."는 고대 이집트의 프타호텝의 교훈이나 동양에서의 인격 척도인 신언서판은 각각 인간의 사회 활동에서 언어 생활이 차지하는 비중을 잘 표현하고 있다.

인간 관계는 의사 소통으로 명백해지고 보다 효과적인 의사 표현력과 토의 및 토론에서의 탁월한 능력 발휘 그리고 능동적인 회의 참가는 현대 생활에서 결여될 수 없는 사회 참여의 기본자세가 아닌가 한다.

청중을 납득시키는 설득력 청중에 희열을 안겨주는 환담의 전개와 의사소통에서 저쪽의 오해와 왜곡의 배제는 지도적 인격 연마에 또는 현대 시민의 교양으로서 필수의 것임은 췌언을 요하지 않는다.

협의의 스피치는 실제의 경험을 쌓아 나가는 시행착오의 부단한 과정 속에서 터득하는 것이지만 학술적인 기본 원리의 이해는 더 없이 중요한 것이다.

교양인에게는 효과적인 화법이 모든 지도층에는 설득력 있는 의사전달이 그리고 연극 및 방송인에게는 전문적인 화법이 또 비즈니스 맨에게는 성공적인 상담이 그때마다 절실히 필요하나.

이 같은 필요에 따라 어디까지나 언어생활에 입각 화법의 일반 원리를 추출하고자 그 논리적인 체계를 시도해 본 것이 바로 '스피치 개론'과 '화법원리'이다. 이른바 화술 연설 토의 및 토론 법 회의 진행법 의사 전달 법 구현법이라 불리는 일련의 명칭을 저자는 모두 화법으로 일컫고 있다.

어떻든 스피치를 개관하면 스피치는 아트의 분야와 사이언스의 세계에 걸쳐 있으면서 언어생활의 범주에 속하는 것이다.

그리고 발전적인 스피치 연구를 위해 뒷받침 되는 보조학은 수사학 논리학 철학 심리학 윤리학 사회학 언어학 음성학 국어학 물리학 생리학 등이다.

데모스테네스 키케로 윈스톤 처칠 존 케네디는 스피치 교육 사상의 능변으로 손꼽히는 인물들이지만 그 시대적 배경에 따라 평가 기준에는 차이가 있다.

데모스테네스는 웅변 키케로는 화법론 처칠은 정치 연설 케네디는 정치 토론으로 스피치 교육에 기여했다.

우리나라에서도 국어국문학과 영어영문학과 연극영화학과 신문 방송학과 교육대학 사범대학 교육대학원의 교과목의 하나로 점차 스피치가 채택되고 있음은 스피치 연구의 앞날을 위해 고무적인 현상이고 매우 다행한 일이다.

그리고 꼭 한 가지 특기할 사실은 연극과 방송도 스피치 분야에서 연구 대상이 되고 있다는 엄연한 사실이다. 우리나라에도 여러 대학에 방송을 저널리즘의 범주 속에서만 방송이 연구되고 있음은 실로 안타까운 바라고 하겠다.

오클라호마 대학의 방송 교수 셔맨 러턴도 "스피치는 스피치 학과에서 연기는 연극학과에서 그리고 저널리즘은 신문학과에서 가장 잘 배울 수 있으나 이 같은 스킬은 모두 방송에 직접적인 연관을 갖는다. 그러나 방송은 방송의 독자적인 과제와 방송의 독특한 경지를 갖는다"고 지적한 바가 있다.

이 점 우리 방송 관계자나 방송 학도에게 무엇인가 시사해 주는 바가 있을 것이다. 그리고 본인이 입수한 방송 분야의 적어도 권위 있는 두 책은 모두 스피치 교수가 저술한 것이다.

대체로 본인이 전공으로 파고드는 스피치 학의 성격이 대강 윤곽이나마 자연스럽게 드러난 것으로 생각한다.

앞에 소개한 바와 같이 '스피치 개론' '화법원리'를 저자가 저술했지만 최초의 책은 저술이 아닌 번역이다.

을유문화사에서 간행한 '화술의 지식'이 그렇다. 저술에 앞서 착수해야 할 것이 번역이라 판단한 때문이다. 말하자면 우리나라에 스피치를 도입하는 중차대한 사명을 본인이 맡은 이상에는 겸허하게 번역 작업을 앞세워야 하겠다는 의도에서였다.

그러나 생각과 말이 쉽지 번역이란 그렇게 간단한 작업이 아니었다. 더욱이 어학 능력이 모자라는 터라 번역은 매우 힘들어 과연 제2의 창작이란 뜻을 알 것도 같았다.

나에게는 처녀 출판이 된 책이 바로 이 '화술의 지식'이다. 한 권의 책을 상재하기까지의 어려움 그 산고를 겪어야만 비로소 출판의 보람을 만끽하게 되는가 보다. 이때 주위 동료의 주선으로 당시 동명 그릴에서 출판기념회의 조촐한 모임을 가질 수 있었다.

‘화술의 지식’의 번역 출판 그리고 이어서 낸 ‘스피치 개론’과 ‘화법원리’ 그러다 보니 방송에 오래 몸담고 있으면서 정작 방송에 대한 저술은 미처 손을 대지 못했다. 그래서 착수한 것이 ‘방송개설’이다. 주디스 월러가 저술한 ‘제5부 라디오 방송’을 중심으로 번역한 것이다.

NBC에서 실제 방송 실무에 종사하면서 방송을 연구하는 대학생을 위한 계절 학기에도 관계한 저자가 이 책을 썼다는데 호감이 갔다. 학문의 세계에서 현장으로 간 것이 아니고 현장에서 학문의 세계로 들어간 점이 어쩌면 역자 본인의 공감을 샀는지 모른다.

따라서 내용도 어디까지나 실무 위주의 체제로 짜여 있어 방송에 입문하는 사람이나 방송을 연구하려는 초보자에게 더없이 훌륭한 반려가 될 것으로 믿었다.

1950년에 초판이 나오고 1970년에 개정판이 나왔다. 역자가 입수한 것은 바로 이 개정판이다.

미국 시스템 아래서 라디오가 거의 전성기에 이른 때에 착수되어 나온 책인 만큼 우리 방송인에게도 적지 않은 관심을 불러일으킬 것으로 판단된 것이다.

다만 원저자도 그의 책 서문에서 지적했듯이 방송 관계의 기술 발전이 괄목하여 방송 조작면의 구태의연한 점은 간혹 이 책의 허점으로 꼬집힐 수 있다.

그러나 방송에는 청취자 또는 시청자 등에게 언제 무엇을 왜 어떻게 주느냐는 것이 언제나 당면 과제로 드러나기 때문에 방송 프로그램에 관한 점이 오히려 더 큰 비중을 차지할 듯하다. 그렇다면 이 책의 가치는 더욱 분명해진다.

방송 프로그램에 직접 관계되는 분야만 취급하고 있기 때문이다. 저자의 오랜 경험과 광범위하게 수집된 연구 자료를 토대로 이 책이 엮어졌다는 것은 이 책의 강점이 될 수 있으며 특히 미국 방송 초기의 많은 방송 자료가 예시되고 있음은 주목할 사실이다.

역자 본인은 원저의 결함을 보완하는 뜻과 우리나라 방송 현실에 적응하는 뜻으로 원저에서 몇 부분을 삭제하고 그 대신 새로네 부분을 보완했다.

이렇게 하여 완성된 번역이 '방송개설'이란 이름의 책으로 한국교육공사에서 발간된 것이 1970년 6월 10일의 일이다.

스피치에서와 동일하게 방송에서도 일단 번역 사업을 먼저 착수 실천한 것이다.

그러자 1971년 서울특별시가 주는 서울특별시 문화상 언론부문을 수상하기에 이른 것이다. '화법원리'의 저서와 '방송개설' 번역서의 뒷받침으로 그리고 또 아나운서로서 국어 순화와 방송 문

화 향상에 일익을 담당했다는 점을 심사위원회가 인정 수상의 영
광을 차지하게 된 것이다.

한편 부끄럽고 한편 매우 자랑스럽다. 아마 아나운서 생활의
애환 기록에서 환으로 크게 부각할 수 있는 것 중의 하나가 바로
이 시문화상 수상의 영광일 것이다.

# 10부

## 이석주 교수님의
## 정년을 축하함

# 이석주 교수님의 정년을 축하함

이석주 교수님의 정년을 축하합니다.

이석주 교수님은 서울대학교 사범대학을 졸업한 후 공군에 입대 임관과 동시에 교관을 시작으로 교육에 종사 올해 한성대학교 대학원장으로 정년하기까지 무려 43년간 오로지 교육 및 연구 생활로 일관해 옴으로써 빛나는 생애를 살아오셨습니다.

이석주 교수님과 저는 몇 가지 공통점을 가지고 있습니다.

첫째 출신 고등학교와 출신 대학 및 전공학과가 동일하고 둘째 대학원 박사과정이 같습니다. 뿐만 아니라 공군 교관으로 복무한 점까지 똑같습니다.

국어교육을 전공하면서 말하기 듣기 분야인 화법 연구에 관심을 가진 것조차도 일맥 상통합니다. 다만 나이에서 조금 차이가 납니다.

제가 저서를 내어 직접 전달하려고 그를 대학으로 찾아간 적이 있습니다. 그는 저를 그의 승용차에 태워 동숭동 소재 민속 식당으로 안내하여 맛있는 점심을 사준 일이 있습니다.

이때 역시 그와 저와의 공통점이 많아 화제에 별로 어려움을 느끼지 않고 스무드 하게 대화 분위기를 이어갔습니다. 인상이 매우 부드러워 착한 성품임을 직감하였습니다.

그러나 이따금 화제가 학문으로 옮겨질 때마다 그의 주장이 강하고 확실함을 알았습니다.

전통적인 선비 상인 외유내강을 읽은 셈입니다.

이때 영국의 발음사전 정보를 들었는데 그쪽에서는 올림말 곧 표제어의 발음이 복수 현상을 보이면 현실 발음을 조사한 뒤 한 가지 발음이 몇 퍼센트 또 다른 발음이 몇 퍼센트 하는 식으로 사전에 표시한다는 새로운 정보를 알려주어 우리말 발음 사전에도 적용해 볼 가치가 충분히 있을 것이라 생각했습니다.

이석주 교수님의 학위논문은 '복합어와 파생어의 의미 구조를 중심으로 한 국어 어 구성 연구'입니다. 그러나 어휘론은 불본 음운론 형태론 통어론 의미론에 이르기까지 국어학의 전 분야를 고루 천착하고 최근에는 화법론에 이르기까지 무게 있는 논문을 계속해 학계에 발표하고 있습니다. 그의 학문은 도저합니다.

이석주 교수님은 국어학에 바탕을 두고 있으나 언어 교육 및 기타 응용 국어학에 걸쳐 미시적이고 거시적인 연구 활동을 동시에 추진해 오고 있습니다.

이 같은 면모는 그의 학회 활동을 통해 잘 파악해 볼 수 있습니다. 우리는 그가 장기간에 걸쳐 한국어교육학회에서 활동한 사실을 주목하게 됩니다.

이 단체는 '국어교육'을 연구 목적으로 하는 가장 오래된 학회일 뿐 아니라 학술적인 업적도 타의 추종을 불허하는 학술 단체입니다. 집행부에서 이사와 부회장을 거쳐 회장의 막중한 책임을 완수하는 과정에서 명실상부 굴지의 학회로 성장 발전시켜온 공로를 아는 이는 다 알고 있습니다.

현재는 후배에게 자리를 인계하고 평의원으로 자문 역할을 충실히 수행하는 중입니다. 이와 유사한 행적을 이중언어학회에서도 보여 왔습니다.

종래의 연구 영역에 안주하지 않고 미래 지향적인 관점에서 학문하는 자세를 여실하게 짚어볼 수 있습니다.

국어국문학회 한국언어학회 한국응용언어학회 한성어문학회 등 많은 학회에서 활동하고 있습니다. 한국화법학회는 저와 함께 평의원으로 간여해 옵니다.

중고등학교 국어과 교사를 거쳐 한성대학교에 교수로 부임한 때가 1979년이므로 한 대학에서만 30년 가까이 봉직하면서 학보사 주간 국어국문학과 학과장 교수협의회장 학생처장 출판부장 등의 보직을 두루 거치다가 1998년 대학원장으로 보임된 뒤 2005년 재차 대학원장으로 보임되고 올들어 정년을 맞이하셨습니다.

대학 동문인 가정교육과 출신 부인 김경애 여사와의 사이에 1
남 1녀를 두었습니다. 큰 자제 용곤 씨는 연세대를 거쳐 도미 유
학하여 미시건 대에서 석사 퍼듀 대에서 전기 전자공학으로 박사
학위를 취득한 후 현재 미국 해군사관학교에서 연구교수로 재직
하고 있습니다. 자부 조윤정 씨와의 사이에 손자 대연과 손녀 서
연을 두고 있습니다.

따님 은아 씨는 이화여대 법대를 졸업한 뒤 건설화성주 이사인
오근성 씨와 결혼하여 외손으로 민욱과 승욱 형제를 두었습니
다. 오늘 이 자리의 축하 주인공은 분명 이석주 교수님이지만 여
기서 누구보다 부인 김경애 여사의 헌신적인 내조의 공을 기리지
않을 수 없을 것입니다. 두 분께서 부디 학처럼 거북이처럼 오래
도록 금실지락을 누리시기 바랍니다.

40여 년 교육계 및 학계에서 쌓아 오신 크나큰 공로를 높이 치
하 드리고 앞으로도 틈 나시면 지금처럼 학문 연구에 꾸준히 정
진하시되 심신의 건강을 생활의 금과옥조로 삼으시라고 조언합
니다.

이석주 교수님의 명예로운 정년을 다시 한번 축하드립니다.

고맙습니다.

2007년 8월

# 11부

## 에세이 류

# 에세이 비행기 착륙장

당연한 말로 하면 멋이 없으나 예의를 결하든가 입장이 난처한 경우 그것을 다른 말로 비유해 말하면 위트가 된다.

한 여성이 있다. 생각을 가다듬고 그녀에게 사랑을 호소해 보지만 좀처럼 받아줄 기색이 안 보인다. 그렇다고 노골적이지 않는 간접 화법으로 "당신의 가슴은 눈처럼 희다."라고 말하면 어떤 의중도 안 비춰진다. 계속해서 "그래서 차가워" 하고 말하면 처음으로 그 것이 위트 있는 말로 들린다.

하얀 피부를 눈에 비유하면 곧 찬사가 된다. 찬사로 들리게 하다가 냉랭한 눈의 성질로 갑자기 원망의 말을 던질 때 위트가 번득인다.

인색하기로 유명한 스코틀랜드 사람 이야기가 있다.

야구 경기를 관전하는 목사님 곁에서 스코틀랜드 사람이 한 손에 술병을 잡고 조금씩 마시고 있다. 보다 못하여 목사님이 그 사람을 꾸짖으려고 "나는 69세가 되지만 지금까지 한 방울도 알코올을 입에 댄 적이 없소!"라고 말했다.

이에 대한 스코틀랜드 사람 말이 걸작이다.

"걱정하지 않으셔도 좋습니다. 새삼스럽게 술을 권하지 않겠습니다."

이쯤 되면 아연하여 두 번 다시 말 상대를 하지 않게 된다.

그러나 위트는 말하기에 따라 사교나 처세에 유효한 방편이 되기도 하고 다른 한편 대화를 활기 있게 하는 자극제가 되기도 한다.

"건강은 좋으십니까?" 하고 물어보자 풍자를 잘하는 버나드 쇼가 대답했다.

"나 정도 나이가 되면 건강하든가 아니면 죽었든가 둘 중의 하나지!"

건강하지 않으면 죽었을 것이고 살고 있는 것은 건강하기 때문이라고 말한 것이다.

"보는 바와 같이 건강하지" 또는 "지금까지 살고 있으니까 건강한 편이지" 하고 말하면 너무나 당연한 응답이 된다.

과연 쇼는 상대에게 반격한 듯한 말로 대답한 것이다. 반드시 쇼가 아니라도 이렇게 위트 넘치는 말이 대화 중에 끼는 것은 매우 바람직하다.

아름다운 여인이 금으로 세공된 비행기 모형을 단 목걸이를 하고 있다. 한 남성이 그것을 유심히 눈여겨 본다. 여인이 장식품을 자랑스럽게 생각하고 "제 목걸이가 신기한 모양이죠?" 하고 물었다.

"아뇨 비행기 착륙장을 눈여겨 본 거죠."

# 에세이 '도산 공원의 아침'

'현대 수필' 통권 81호 2012 봄호에 실린 에세이 '도산공원의 아침'을 소개한다.

## 도산공원의 아침

아직 가로등이 켜진 시간이라 바로 등불 밑이 아니면 서로 얼굴 식별이 어렵다. 그래도 대충 복장과 걸음걸이로 상대를 알아보고 인사를 건네면 즉시 응답이 온다.

산책로가 4백 미터 트랙인데 열 바퀴쯤 돌아야 십리 턱이 된다.

70대 초반까지는 이 목표를 이루어 내지만 벌써 80대쯤 되면 대여섯 바퀴로 마감하고 운동틀 코너로 들어가 2부 운동을 시작한다.

큰 선박의 키를 잡은 선장처럼 양팔을 넓게 벌려 왼쪽 오른쪽 번갈아 핸들을 돌리며 팔 어깨 가슴 상체운동을 하면 자고 난 몸의 근육이 유연하게 풀린다.

운동 기구가 여러 개 설치되어 있어 신체 각 부위의 근육 운동하기에 안성맞춤이다.

양팔을 고정하고 온몸을 좌우로 흔들어대는 '파도타기'와 또 '공중 걷기' '노 젓기' 그리고 '몸체 돌리기' 운동을 하고 나면 등판이 온통 땀으로 흠뻑 젖는다.

이번에는 가슴까지 닿는 철봉을 두 손으로 꽉 잡고 몸을 앞과 뒤로 움직이면 벌써 마음에 여유가 생긴다.

스트레칭을 하러 코너에 들어오는 다른 동호인에게 아침 인사를 보낸다. 이때 나이 차이가 있어 성명 대신 호를 부른다. 호산! 송정! 등 나는 문겸 이거니와 나에게 호를 불러주는 사람이 오면 반갑고 그와의 거리 감도 그만큼 좁혀진다.

매일 아침 이른 시각에 집을 나와 공원에서 규칙적으로 운동한다는 일이 이제는 몸에 배어 거르면 오히려 허전하다.

그야말로 비가 오나 눈이 오나 바람이 부나 한결같이 운동하는 재미가 쏠쏠하다.

아침 행사는 이에 그치지 않는다. 뭇뭇이 모여 탑골 공원처럼 초면 구면 할 것 없이 화제를 나눈다. 쉽게 접근할 수 있는 화제는 날씨 계절 건강이지만 정치 사회 종교 등 시국 정담으로 화제가 바뀌면 가벼운 신경전이 벌어지기 일쑤다.

그러므로 친목을 도모하자면 피차 유익하지 않은 화제는 각자 묵언하는 편이 낫다.

화제의 빈곤을 느끼면 이른 새벽 잠에서 깨나자마자 조간 신문부터 대강 훑어보고 혹은 인터넷 신문도 보고 나와 뉴스 앵커처럼 목청을 돋우는 사람이 없지 않다. 이 이야기를 얼마쯤 듣고 있다가 TV채널 돌리듯이 순식간에 화제를 자기 중심으로 바꾸는 사람까지 있다.

얼마 전 유행성 감기를 앓다가 증세 악화로 입원했는데 폐렴 진단을 받고 곧 숨지고 말았다는 어느 명사 이야기가 나오자 노인들을 종내 죽음에 이르게 하는 병증이 바로 폐렴이라는 사실을 알고 무엇보다 폐렴 예방 주사를 꼭 맞아야 하겠다는 인식이 노인층에 곧바로 확산되기도 하였다.

기온이 영하인데 바람까지 세차게 불어 체감 온도가 더 떨어지면 아예 외출을 삼가고 해 뜬 뒤라야 집 밖에 나오는 노인들도 없지 않다.

지금 겨울이면 봄이 멀었을까만 잎이 떨어져 앙상한 나목들이 공원 안 정경을 쓸쓸하게 만든다.

80대 중반 김씨 노인 부부가 구부정한 몸을 휘어진 나무 지팡이에 의지한 채 정답게 산책로를 돌다가 운동 마치고 귀가할 때면 자동차에 나란히 앉아 공원 앞을 출발하던 영상이 아직 내 머리에 클로즈 업 된다.

얼마 전 할아버지가 타계하자 할머니도 베터 하프를 잃고 그 뒤 공원을 찾는 일이 없어졌다. 한 세대는 가고 한 세대는 오는 것인가?

운동을 해도 가고 운동을 안 해도 가는 경우가 있지만 그래도 한 번밖에 없는 소중한 생명 건강하게 살다가 가야 할 것이 아닌가?

그러나 그것이 어찌 사람 뜻대로 될까만 계속하는 것이 노력이니 노력하면 어느 정도 수명을 연장할 수 있지 않을까?

장수학자 '히노하라 시게아끼' 의사가 한 말이 떠오른다.

첫째 일생을 현역으로 살 일.

둘째 어떻든 몸을 자주 움직일 일.

셋째 가능한 대로 웃기를 잘할 일.

이라고 하였다. 일리가 있다.

도산 안창호 선생의 애국정신을 온 국민이 귀감 삼게 하라는 윗 선의 분부로 1970년 강남구 신사동 한 켠 자리 좋은 곳에 약 3만 3천 평방 미터의 토지를 확보 1973년 도산 내외분 유해를 이곳에 합장하고 도산 공원을 조성한지 벌써 50년쯤 지났는데 그때 심어놓은 갖가지 나무들과 풀들이 한창 무성할 때는 설악산 한 귀퉁이를 옮겨 놓은 듯하다.

봄이면 연초록이 뿌려지고 어느 사이 신록을 이루는가 하면 금세 짙푸른 장원이 연출된다. 이때 누가 "저 꽃 좀 보라!" 하여 그쪽을 쳐다보니 나팔꽃 같은 주황색 꽃이 삐죽이 나와있다. 싱그럽다. 꽃 이름이 '능소화'라 하던가 바다에만 온난화 현상이 생기는 줄 알았더니 땅에도 아열대성 식물이 새롭게 등장한다.

날씨가 덥더라도 나는 여름은 참을만한데 추위가 심한 겨울은 한기가 싫어 딱 질색이다.

지금은 크리스마스가 멀지 않다. 대관령에는 눈이 온다고 기상 캐스터가 호들갑을 떨며 서울과 중부지방은 그러나 비가 오리라는 예보를 내어 놓는다.

겨울이므로 두툼한 파카에 장갑을 끼고 마스크도 한 채 밖에 나간다. 공원에 들어가 산책로를 돌 때 대부분의 사람이 오른쪽으로 걷는데 간혹 몇 사람은 왼쪽으로 걷는다. 자주 본 적이 있는 사람은 아니다.

걷기의 1부 순서를 마치고 운동 틀 코너에 들어가면 서로 인사를 나눈다. 말을 건네며 악수를 청한다. 동성끼리 하지만 이성 간에도 악수할 때가 있다.

헐겁게 낀 장갑이 아니라 장갑을 손에서 뺄 때 약간 거추장스럽다.

"우리 서로 낀 채로 악수합시다." 하면 좋을 것을 "우리 벗고 할

까요? 끼고 할까요?"

할 때 주위에서 웃음이 터진다. 악수 인사를 한번 했는데도 워낙 사람이 많아 또 하게 되면 상대가 "아까 했는데 또 해요?" 이 때도 웃음이 터진다.

병자년이면 1936년을 가리키기도 한다. 손기정 선수가 베를린 올림픽 마라톤 대회에서 우승을 거머쥔 해인데 그 해 도산 안창호 선생이 잡지사 '삼천리'를 위하여 써준 글이 공원 한 켠에 새겨 있다.

"만일 사회를 개조하려면 먼저 스스로 자기 자신의 부족함을 개조하여야 할 것이다."

# 소쩍새 울음

오래간만에 두견의 울음소리를 들었다. 그지없이 처량한 느낌이다. 고요가 깃들인 한밤중 간단 없이 두견의 울음이 산골에 울린다.

도시에서만 살아온 나 같은 사람에게 과장 없이 태고의 환경에 쌓이는 신비감을 안겨 준다.

일요일 모처럼 도시를 빠져나가 산행길에서 듣는 뻐꾸기 소리만 하여도 황홀한 느낌이거든 두견의 소리가 어찌 아니 신비로운가.

정신문화연구원이 위치한 곳은 경부고속도로 판교 인터체인지에서 서쪽으로 약 4킬로미터 되는 지점이다. 서울서 가까운 곳인데 산세로 보아 심산유곡의 형세이다.

청계산 남쪽 산길엔 아직 등산인의 발길이 드문 곳이다. 거기다 인공으로 만든 저수지가 경관을 더해 준다. 인공은 자연 경관을 해치기 십상인데 이 경우 정반대이다. 저수지가 없다면 제아무리 산세가 좋아도 반쪽에 머물 것 같다. 물이 있어 금상첨화요

물이 있어 비로소 산자수명을 갖춘 셈이다.

간담회 모임 4박 5일이 아쉬운 듯 지나갔다. 바쁜 일정 중에 그래도 한가로이 잠들 무렵이면 거의 비슷한 시간에 창문 너머 저쪽 산골에서 예외 없이 두견이 운다.

"내 님을 그리자와 우니다니 산접동새 난 이슷하요이다."하는 '정과정곡'을 떠올리게 한다. 아니 "한 송이 국화꽃을 피우기 위하여 봄부터 소쩍새는 그렇게 울었나 보다."

고 한 서정주 시인이 번갈아 머리에 맴돈다. 울음이면 애처롭고 노래라면 구성지다.

도남 선생이 한국 문학의 특질을 '은근과 끈기' 다음으로 '가냘픔과 애처러움'이라 지적하여 말한 뜻을 어쩌면 알 것 같기도 하다. 소쩍새는 '소쩍당 소쩍당' 운다는데 멀리 들어서 그런지 '접동접동'하는 것 같기도 하고, 또 어찌 들으면 '소쩍 소쩍' 들리기도 한다. 소쩍새 여럿이 한데 어울려 울면 어떨까 하는 가상도 해 봤으나 역시 소쩍은 하나가 울어야 할 것 같았다.

그리고 소쩍의 울음은 계곡에 여운을 남겨야 맛이 있을 것 같다. 외로이 길게 남는 여운이 아마 정든 임을 여읜 아낙의 심금을 무던히 울렸으리라.

짙푸른 나무 숲이 검게 물든 한 밤에 적막을 깨는 소쩍의 울음이 어느 이름 모를 여인의 한을 자극했을 것이리라.

슬픔이 슬픔으로 끝나면 아무 짜릿한 맛이 없다. 슬픔을 딛고 일어서는 극적인 전환이 이루어질 때 비로소 슬픔의 맛은 더 가치가 있으리라.

그래서 참된 비극은 희극을 바탕에 깔고 참된 용기는 비극을 바탕으로 까는지 모른다.

슬픔이 역전해서 환희를 맛볼 수 있다면 슬픔의 의미는 오히려 홍진비래의 경우보다 훨씬 희망적인 것이 되리라 슬픔을 씹어 삼키는 데서 참된 용기와 희망찬 의지를 창출할 수 있고 여기서 얻은 우리의 힘이 무한한 가능성에의 도전을 뒷받침할 것이다. 고진감래의 의미 또한 맥이 같지 않을까.

두견 소쩍새 접동새가 모두 같은 새를 가리키는 것으로 알았는데 두견은 다른 것으로 알려지고 있다. 옛날 중국 촉 나라 망제의 죽은 넋이 붙어 되었다는 전설이 있고 고래로 많은 시인들이 이 새를 시 속에서 노래했으며 입 속이 핏빛처럼 붉기 때문에 예부터 문인들은 이 새가 피를 토하고 죽을 때까지 운다고 했다.

그러면 나 역시 소쩍새 울음을 두견의 울음이라 한 것이 잘못이다. 어떻든 소쩍새 또는 접동새는 같은 새이나 두견새는 다른 새이다. 도시에 돌아온 뒤에도 소쩍새 울음은 분명히 내 귀에 남아있다.

# 꽃 상여

객석에서는 간간이 폭소가 터진다. 그러나 시종 비감을 만끽하게 하는 분위기이다.

2시간에 걸친 전 5장의 막이 내리자 무대 위에는 전체 출연 배우가 나와서 무대 인사를 한다. 아래 위층에서 관객의 박수갈채가 이들의 인사에 열렬히 환호한다.

박수는 약속이나 한 듯 두 번 세 번 계속된다.

장내는 숙연한 그러나 만족한 듯한 관객의 반응으로 충일한다.

꽃 가마 타고 시집을 와서 모진 시집살이를 치르고 늙고 병들어 끝내 숨지면 꽃 상여를 타고 저 승으로 간다.

그러나 꽃 가마는 커녕 꽃 상여도 못 타는 어머니는 또 얼마나 많은 것인가.

어느 시골 어머니의 애절한 이야기가 그려진 꽃 상여라는 무대 공연을 저자가 본 것이다.

지금은 영화가 부진하다. 대신 라디오 TV 드라마가 범람한다.

부진과 범람 속에서 순수한 무대극 그것도 모처럼 본 하유상

의 '꽃 상여'라는 무대극은 내게도 무엇인가 하나의 감동을 준 것
이다.

　우리나라 무대극의 앞날을 밝게 해 주는 훌륭한 징후로 느
낀다.

# 해와 바람의 우화

미국의 개척 시대를 다룬 영화에 '북서로 가는 길'이라는 것이 있다.

흉악한 토착민 토벌에 원정 나간 의용병의 고투를 그린 것으로 부상한 병사를 남긴 채 전진하려 하자 전우가 이에 맹렬히 항의 하는 장면이 나온다. 이를 꾸짖는 대장의 냉엄한 말."지금 나는 지휘관이다. 인간이 아니다!"라는 그의 격한 말은 전우를 계속 전진하게 한다. 인간이 아니라고 했으나 사실은 인간이요 지휘 관이다. 그러나 그 사실에는 눈을 감고 인간이 아니라는 말에 수 긍하는 것이다.

이 경우 장황한 설명으로 납득시키려 하면 상대방을 더욱 격하 게만 만들 뿐 효과는 없을 것이다.

엄밀히 말하면 설명도 이유도 되지 않는 "나는 지휘관이다. 인 간이 아니다."라는 말 한마디가 상대방 마음에 뜻있게 울려 반발 할 수 없는 기분을 만들어 준다.

요컨대 이 같은 표현이 상대를 감정적으로 만족시키는가 보다.

그러나 이것이 결코 상대를 이성적으로 만족시키고 있는 것은 아닐 것이다.

그렇다면 사람이 일단 감정적으로 만족하면 이성적으로 듣기에 불합리해도 그 우여곡절을 따지려 하지 않는다는 결론이 된다.

가령 다음의 예화가 그렇다.

덴마크의 수도 코펜하겐 어느 택시 운전기사는 빨리 차를 몰라는 손님의 성화를 가라앉히도록 설득하기 위해 두 줄의 경구를 차 안에 써 붙였다.

"80으로 달려 40으로 죽기보다 40으로 달려 80까지 살자!"

남을 내 의도대로 움직이거나 남이 호의를 갖고 내게 협력케 하는 힘, 이것이 설득력 일진대 우리에게 설득력만큼 필요한 힘이 또 있겠는가?

실로 설득력은 우리의 대인 관계에서 더 없이 중요한 힘이다. 상대의 호감에 호소하는 것이 일층 효과적인데도 지적이고 논리적인 측면만으로 추구하는 사람이 많다.

논쟁적인 문제를 앞에 놓았을 때는 예외라 해도 평소의 인간 관계에서 호감을 저버린 논리적 설득이 효과적으로 먹혀 들어여지는 없다.

우리의 대화는 부단히 설득력을 필요로 하지만 논리만을 추구할 때 참된 인간적인 교류가 가능할까?

해와 바람이 각기 사람의 외투를 벗긴다 할 때 바람은 심술궂은 바람으로 해는 따뜻한 햇볕을 모낸다 하자. 사람은 어느 때 외투를 벗을 것인가 이것을 한낱 우화로만 돌릴 것인가.

호감에 호소하는 힘 이것이 효과적일 것이다. 우리는 매사 지나치게 따지는 사람을 싫어한다. 매사를 불분명하게 어물쩍 넘어가는 사람도 싫어하지만 지나치게 따지는 성격에 부딪치면 대개는 외면한다. 똑똑하거나 똑똑한 체하는 것을 싫어한다.

신동아지 수필란에 어느 코미디언의 글이 실린 것을 보았다. '바보론' 이란 글이다.

제목부터 아이러니컬하다.

왠지 팬들은 바보나 바보짓을 좋아한다는 내용의 글이다. 그리고 끝으로 전에는 자기가 장차 바보짓으로 돈을 벌 것이라고 미처 생각지 못했노라고 했다.

이것이 어찌 한사람 코미디언의 연예활동에 국한될 것인가. 이것이 우리 인간관계의 한 단면이 아닐까?

남의 호감을 사는 게 지적이고 논리적인 설득보다 효과적이라면 바보나 바보짓이 인간관계에서 효과적이어야 한다. 과연 그럴 것인가?

인간의 정감은 매우 아름다운 것도 또 매우 추악한 것도 아니라고 본다. 때로 아름답게 발로되는 경우가 있는 반면 악하게도 노출된다고 생각한다.

허영심이나 질투심 없는 사람이 없고 남의 성공담을 실로 기뻐하는 사람은 부모 아니면 친구 또는 성현에 국한될 것이다.

고로 자기의 성공 담이나 자만스런 내용의 이야기는 우선 기뻐할 사람이 없다고 생각한다.

시험 삼아 자기가 학교에서 우등생인 것보다 낙제생이던 얘기를 해 보면 그것이 얼마나 상대방을 기분 좋게 하는지 이것이 좀 얄팍한 것이나 인간 심리의 단면이 아닐까.

대화에서 화제를 고를 때도 이 같은 인간의 감정이 그대로 적용되는 줄 안다.

자만스런 이야기보다 자기 실패담이 환영받는다.

자기의 자랑스런 취미 기호 돈벌이 여행 엄복 호화 주택 등의 화제가 상대에게 어필할 수 없다. 오히려 실수담이 애교 있다.

무애 양주동 박사가 일본 유학 시절에 경험한 이야기 한 토막이다. 기차 여행 중인데 볼 일이 생겨 잠깐 자리에서 일어나 앞으로 걸어가는데 뒤에서 여학생 승객들이 연신 웃더란다.

"허허 내가 미남이어서 그렇겠지….." 하고 그냥 지나쳤다. 헌데 후에 알고 보니 박사님 바지 뒤의 봉선이 찢어져 있더라는 얘기다.

이처럼 무안 당한 실수 어린 화제에는 애교가 따르고 나아가 나아가 말하는 분의 인간미마저 구수하게 풍겨온다.

"지금의 나는 지휘관이다. 인간이 아니다!"

"심술 궂은 바람보다 따뜻한 햇볕이 행인의 외투를 벗긴다."

"바보 또는 바보짓을 팬들은 좋아한다."

"실수 어린 실패담이 구수한 인간미를 풍겨준다."

이런 이치를 몰라서 우리가 논리에만 의존하고 이런 이치를 몰라서 남과 더불어 논쟁하며 이런 이치를 몰라서 우리가 설득에 임해 비 능률적 일까.

우선 저자부터 이 이치를 잘 알면서 행치 못하고 있다. 행치 못하는 이유를 많이 알면 무엇 하는가.

말로써 말이 많아진 것 같다. 그러나 인간관계에서 논리만 앞세운 나머지 남의 호감을 저버린다면 어찌 그에게 설득력이 있다 하겠는가?

# 민주주의는 대화의 예술이다

"증인은 정신 이상이 아닙니까?"

"아닙니다. 둘 중의 하나가 정신 이상입니다."

몇 해 전 TV로 실황이 중계 방송된 어느 청문회의 일부 문답 내용이다. 물론 이에 앞서 진행된 질문은 일단 예의를 갖춘 것이 대부분이었다.

"오늘 이 자리에서 이처럼 청문회를 가지게 된 것은 두 번 다시 국가적으로 불행한 사태를 반복하지 않기 위한 국민적 충정에서 연유된 것입니다.

그러므로 증인은 본인의 질문에 답변하기 곤란하거나 혹 심기가 불편한 경우가 있더라도 어디까지나 국가 장래를 위하여 사실을 토대로 진실하고 성실하게 답변해 주기를 바랍니다."는 주문을 달아놓고 본격적인 질문에 들어갔다.

그런데 유독 한 질문자는 자신의 솟구치는 감정을 억제하지 못한 채 위와 같은 질문을 던진 것이고 그러한 자극적인 발언에 자극적인 응수가 뒤 따른 것이다.

바로 당시의 증인은 국민의 지탄을 받았던 대상인지라 그 같은 질문을 어쩌면 속 시원하게 받아들인 시청자도 없지 않았을 것이다.

그러나 사석도 아닌 공석에서의 무례한 문답 공방은 국민의 빈축을 사기에 마땅하다.

아직 대화 생활에 미숙한 일면을 여전히 지니고 사는 것이 우리의 실상이다. 강력 사건의 피의자라도 사법부의 엄정한 재판 절차를 거쳐 형이 확정 선고되어야 비로서 피고에 대한 호칭을 떼어주지 그렇지 않은 미결 상태라면 그를 "아무개 씨"로 일컫는 것이 방송의 한 관행이다.

그러나 다수의 시청자는 경찰 당국에 의하여 검거된 범인이 특히 파렴치 범이나 흉악범일 때 범인의 호칭을 '씨'로 붙여주는 데 대하여 이구동성으로 불평을 말하는 경우가 많다. 기다리지 못하고 조급한 것이다.

관행이 오래 지속되어 그나마 요즈음은 "범인 아무개 씨"가 그런대로 귀에 익어졌으나 한때 이 점에 대한 시시비비의 논란이 컸다. 이른바 인권 존중에 대한 찬반 논의이다.

하물며 공석상에 증인으로 출두한 사람에게 인격적으로 모욕을 안겨주는 발언 사례는 우리의 언어생활에 커다란 문제 점을 던진다.

그럼에도 불구하고 냉정히 질문자 처지에서 생각하면 상대방 증인의 과거 행적을 보거나 그간의 청문회 발언 내용을 검토해 볼 때 질문해 보았자 실증적 증언을 듣기도 어렵겠거니와 소기의 질문 성과를 거두기 어려울 것이 뻔하니 그럴 바에야 차라리 증인에게 인격적인 모독이나 가하자는 심산에서 이처럼 의도적인 질문을 했을 것이다.

더욱이 이 청문회 실황이 때마침 전국에 동시 중계방송되었으니 효과가 매우 크리라 짐작하였을 것이다.

한편 증인 역시 질문자가 실질적인 질문을 외면한 채 인신공격형 질문을 던지니 이에 대항하여 멋있게 반격이나 가하자는 의도로 '둘 중의 하나' 즉 질문자가 정신 이상자라고 응수하였을 것이다.

결국 이 설전을 양비론으로 판단할 때 질문자와 증인 모두 청문회에 임하는 자세에 있어 수준 이하에 머물렀다고 할 수밖에 없다.

"가는 말이 고와야 오는 말이 곱다."는 속담은 한낱 어린이들의 구송으로 끝날 일이 아니다. 두고두고 반추하여 생활 교훈으로 새기고 국어 생활에 바르게 적용해 보아야 할 말이다.

작용에는 반드시 반작용이 따른다는 물리 법칙이 새삼 머리에 떠오른다.

대화란 인격의 만남이요 인격의 교류이다. 그러므로 상대방이 누구든 예의를 갖추어야 한다. 사회 질서를 유지하기 위해서는 사람이 지켜야 할 예절이 있는 법이다.

일상적인 대인 관계에서 상대방이나 주위 사람을 존중해 주는 마음가짐과 몸가짐이 곧 예절이다. 이것부터 올바로 세워 봐야 대화에 임하는 상식선이 유지될 것이다.

만나서 이야기를 나누고 싶은 사람은 대화 분위기를 조성하는 데 깊은 배려를 잊지 않는다.

상대방의 기분과 힘 그리고 자존심을 중요시한다.

심리적인 배려가 소홀하면 누구도 대화에 적극성 을 띠지 않는다. 적극성을 상실한 대화가 능률적이거나 생산적일 수 없다.

어떻게 하면 상대방이 기분 좋게 힘을 내어 이야기할 수 있게 할까 하는 문제는 대화를 시작하여 끝낼 때까지 계속 양측이 염두에 두어야 하는 기본 명제이다.

대화란 말하기와 듣기의 역할 교환이다. 그러므로 1대 1 또는 1대 다수, 다수 대 다수 어떤 장면의 대화이든 대화에 참여한 사람은 발언을 독점할 수 없고 또 침묵으로 일관해서도 안 된다.

대화 참여자 누구에게나 발언 기회는 공평하고 균등하게 돌아가야 마땅하다. 지위가 높다 하여 혹은 나이가 많다 하여 일방적으로 발언에만 급급하면 참다운 대화 창출의 길은 막히고 만다.

지위가 높고 나이가 많을수록 상대방 이야기에 정성껏 귀 기울이는 자세가 오히려 바람직하다.

대화란 나를 알리고 남을 알면서 공동 협력의 장을 이루어 나가는 것이다. 그러므로 피차 간에 이해가 상충되는 문제를 논의할 때 양쪽이 조금씩 양보하여 타협하고 문제를 타결 지어야 한다.

선거 제도와 대화 생활은 곧 민주주의의 상징이 아닌가 우리의 민주주의 생활 수준은 지금 어디쯤 와 있는 것일까?

# 키스미와 타유

고바우 화백이 대만 홍콩 동남아시아 중근동을 경유 유럽으로 여행하는 도중 동남아 상공 팬암 기내에서 있던 이야기.

우리나라 시간으로 자정이 가깝자 잠을 청하는데 자는지 깨 있는지 알 수 없는 비몽사몽 간에 어떤 아름다운 목소리가 꾀꼬리처럼 이렇게 말을 걸어오는 것이다.

"키스 미 써", 나에게 '키스' 좀 부탁해요. 하고 말하는 게 아닌가.

그는 몽롱한 가운데 의식을 찾고 현실에 직면해 보니 기내 서비스에 임한 미모의 스튜어디스가 식 판을 들고 서 있다.

김 화백은 음식을 받아 들고 이런 생각이 들었다.

"거 참 그럴듯하다. 팬암 스튜어디스는 아이디어가 기발하다. 졸고 있는 남자 승객을 깨울 때는 키스미라고 말하며 깨우는 구나 ……."

화백에게 음식을 서비스했던 바로 그 스튜어디스는 그의 옆 좌석 손님에게 또 음식을 가져왔는데 옆 손님 역시 곤하게 잠들어 있다.

이때 스튜어디스는 손님 앞에서 공손히 "익스큐스미 써어." 실례한다고 말한 다음 그에게 음식을 건넸다.

그러면 그렇지 '키스 미'라고 말했을 까닭이 없다.

화백은 결국 머리의 '익스'는 빼고 '큐스 미'를 자기 멋대로 '키스 미'라 들었던 것이다. 그리고 혼자 고소를 금치 못했다.

이야기는 바뀌지만 '도쿄 올림픽' 때 일본에 파견된 스포츠 중계 아나운서가 예약된 호텔 방에 여장을 풀었다. 용무를 보러 방문을 나서 엘리베이터 앞에 서 있으려니 그의 주위에 외국 손님이 여럿 모여 엘리베이터를 기다린다.

때마침 엘리베이터 문이 열리자 우리나라 중부지방 출신 아나운서에게 어느 외국인이 말했다.

"타유!" 무슨 뜻의 말인지 몰랐으나 얼핏 '타세유!' 하는 말로 들었다. 그러면서 동시에 '내가 한국인인지 어떻게 알고 더욱이 중부 사람인지 어떻게 알고 그랬을까?' 하는 막연한 생각에 잠겼다.

그러나 후에 알고 보니 '타유'는 영어인데 앞 머리의 '애프'가 빠진 채다.

그때 외국인이 말한 것은 엄격히 들으면 '애프터 유' 곧 '당신 먼저 타라'는 뜻의 말인데 '애프'를 빼놓고 들었으니 '타유!'라 들렸을 밖에, 하하하…….

# 보라빛 계절

뮤지컬 영화 '웨스트 사이드 스토리'에 나오는 '조지 차키리스'는 약간 검은 얼굴에 매혹적인 보라빛 셔츠를 입고 나와 젊은 여성 관객의 인기를 독점한 적이 있다.

뮤지컬이기 때문에 그 영화의 의상 담당도 중요한 구실을 했으리라는 짐작이 간다.

남성의 와이셔츠 색은 흔히 백색이 바탕이 되고 유행을 만들어 나간다.

최근에는 줄 무늬가 유행이고 끝이 길고 폭이 넓은 칼라가 그리고 거기다 유색의 셔츠가 젊은 남성 아니 이른바 점잖은 층에서까지 애용되고 있음을 주위에서 느낀다.

이 같은 취향의 저변에는 아마도 이성의 관심을 끌려는 여성의 호감을 사려는 의도가 지배적이리라 짐작하는 것도 무리는 아닐 듯싶다.

어떻든 이 같은 현상을 살펴보면 사람은 누구나 남의 호감을 사려는 욕구가 강한 듯하다. 그것이 색으로 나타난다.

누구나 색맹이 아니면 색을 분간할 수 있으므로 여러 가지 복장이나 화장으로 이성에게 작용한다.

그렇다면 여성이 남성의 관심 끌기 쉬운 색은 어떤 것일 까. 그것은 레드라고 한다. 레드가 남성에게 욕망을 일으키기 쉬운 사실은 생리학에서도 증명되고 있는 터이다.

결국 레드는 남성에게 욕망을 일으키기 쉬운 정서적 자극을 주는데 충분하다는 것이다.

그러면 반대로 여성에게 감정적인 자극을 주는 색은 어떤 것인가. 그것은 연한 보라 빛이다.

아프리카 제비꽃 수레국화 당 버들 부레옥잠 수국 등은 보라빛이다. 그래서인지 최근 유행되는 서울 도심에서 볼 수 있는 여성의 애호 색채는 보라빛이다. 계절이 바뀌면서 새롭게 눈에 띄는 의상 색깔이다.

여성이 좋아하는 색을 외국의 통계 예로 보면 역시 보라빛이라고 한다.

화장품 등의 포장에 보라빛이 많이 쓰이는 것도 여성의 기호색인 때문일까 그런데 한 가지 유념하게 되는 점은 이 보라빛이 여성의 기호 색이어서 남성 의상에 적용돼야 함에도 불구하고 직접 여성 의상에 적용됨은 어떤 까닭인지 알 듯 모를 듯.

이야기가 나왔으니 말인데 보라빛은 특히 붉은 보라빛은 고귀

한 색으로 꼽힌다든가. 유럽에서는 법황이나 왕자에게만 허락되고 일반은 사용할 수 없는 금색으로 했던 시대가 있고 이것을 범하면 엄하게 벌했다는 기록이 전하기도 한다.

따라서 보라색을 택하면 귀족적일 뿐만 아니라 예술가 기질을 엿보게 하는 것도 당연하다 할는지.

어떻든 보라색은 생각한 대로 나타내고 꾸밈이 없는 레드와도 다르고 편벽되고 비굴한 청과도 다른 신비적인 면을 지니고 있다.

민족의 특성으로 색의 기호를 나누면 이 보라빛은 일본인이 특히 좋아하고 영국인은 청, 특히 네이비 블루라는 통계가 나와 있다.

미국인은 흰색을 배경으로 해서 빛나는 색, 즉 원색을 좋아하고, 프랑스 인은 그레이와 조화되는 정교한 중간 색을 살리는데 민감하다고 한다.

분명 색에도 민족의 개성이 반영되는가 보다. 우리 한 민족은 어떨까.

육당 최남선의 '조선 상식' 제1권 풍속편에 보면,

"삼국지에 부여의 풍속을 전하여 가로되 의상 백이라 하고 수서에는 신라인이 복색 상소함을 전하고, 송사에는 고려의 사신 관원이 본국 사녀 복 상소함을 말한 기사가 있고, 명나라 동월의 조선부에도 의개소백의 구절이 있으니 진인의 백의호상은 거의 시처를 초월한 특별한 속풍이라" 했고, 또 우리나라 사람이 흰 옷을 즐겨 입는 내력을 설명해 이르기를,

"대저 백색은 원시인들의 신성색 종교 가치의 색이라 하는 바로서 고대에 있는 제복 승도복이 대개 흰 색깔을 씀은 세계 공통의 사실이거니와 더욱 진역과 같이 조선관적 태양 숭배가 일체 문화의 핵심이 된 곳에 있어서는 태양의 광명 표상인 백색이 거의 절대 신성한 의미를 가졌을 것이니 동인의 의상 백은 대개 이러한 종교적 권위에서 유래한 것임을 우리는 생각한다." 고 하여 우리나라 사람이 좋아하는 흰색을 신성시하고 있다.

색에는 또 나이에도 관계가 있는 듯하다. 어린이는 선명한 원색에 끌리고 어른이 되면 엷은 색 우아한 색이 좋은 것으로 알게 되는 차이는 그대로 비문명인과 문명인의 감각 차이와 같나는 사실은 매우 흥미 있는 일이다.

어린이가 그린 그림을 보고 아버지와 어머니 사이가 좋은가 여부를 알아낸 어느 교사의 연구에서는 색채가 그대로 사람의 성격을 나타낸다는 사실을 추론케 한다.

백과 흑의 접촉에서 색이 발생한다고 한 괴테의 말을 그대로 믿으면 흰색을 좋아한 우리 민족은 색에 대한 감각이 극히 원시적인 것을 알 수 있고 또 어린 아이들이 명절이면 즐겨 입는 노랑

저고리 다홍치마 그리고 색동저고리의 원색에서는 아직도 우리는 색에 대한 감각이 무딘 형편임을 깨닫게 된다.

나폴레옹의 총애를 받는 것으로 눈에 띄게 거드름을 핀 그의 둘째 부인이 있다. 이를 과히 달갑지 않게 생각한 황후 조세핀은 그녀를 매우 심하게 골릴 양으로 은근히 남 모르게 때를 기다린다.

그렇다고 하여 어떤 폭력을 예비한 것은 아니다. 그 둘째 부인이 머지않아 맞게 되는 리셉션을 위해 진한 녹색의 드레스를 준비하고 있다는 사실을 전해 들은 황후는 때를 놓칠세라 리셉션이 벌어질 홀의 벽지에서부터 가구 커튼에 이르기까지 모두 짙은 하늘색으로 고쳐 장식하고 리셉션을 기다렸다.

과연 그날의 둘째 부인은 참으로 천하게 보이고 추하게 보였다. 뜻밖의 변을 당한 것이다. 이것으로 황후는 오래도록 가슴에 새겨온 한을 깨끗이 씻어낸 것이다.

조세핀은 매우 슬기롭고 영리한 여인이다. 적어도 색의 배합을 잘 안 것이다.

지금 우리 눈에 비치는 현실의 세계도 풍부하고 강렬한 색채만으로 둘러싸여 있다.

우리가 감각하는 색에는 각각 지금껏 경험해 보지 못한 자극이 포함되고 색채와 생활과의 관련도 매우 긴밀하게 연결되어 있다.

네온 사인이나 형광등의 불빛은 이전에 사람의 망막에 들어왔
던 호롱불이나 촛불보다는 훨씬 강렬한 것이다. 그럼에도 우리
가 색에 민감하지 못한 것은 무슨 까닭인지.

지금도 활보하는 보라빛 여성이 많이 눈에 띈다. 여성이여 좀
더 색에 대한 감각이 예민할 수 없는가. 보라빛 셔츠 입은 사나
이가 거리를 활보하는 정경을 은근히 기대하는 여인은 정녕 없
는가.

# 변두리 이발관

이발은 변두리가 좋다. 세발할 때 하수도 구멍에서 비위를 건드리는 퀴퀴한 냄새가 날망정 그래도 텁텁한 변두리 이발관이 좋다.

이런 생각으로 어느 해는 이발관을 수 없이 헤맨 적이 있다. 내가 좋다는 건 그 분위기다. 그러나 이발은 분위기로 하는 게 아니고 이발해 주는 이발사 기술이 더 중요한 것인 즉 자연 몇 군데를 전전한 것이다.

요새는 으레 여자 면도사가 따로 있어 면도하는 일만 맡는다. 언제부터 인지 이 일을 여자가 맡아온다. 가령 변두리 이발관도 예외는 아니다. 그런데 한 가지 질색은 얼굴 가까이 대할 때 내는 면도사의 콧김과 입김이다.

이것을 막는 가리개 정도 했으면 좋으련만 아예 생략하는 터라 점심시간 같은 때는 손님 편에서 좀 불유쾌할 때가 없지 않다. 그러나 그런대로 견딜 만하다.

그런데 저자로서 정말 견디기 어려운 것은 면도한 피부를 두 번이고 세 번이고 계속 밀어대며 시간을 끌어가는 경우이다.

아마 대부분 손님의 기호는 이것을 바라는 모양이나 나는 도무지 이것만은 못마땅한 것이다.

사실 이발은 잘해 주되 빨리 끝내 줬으면 하는 게 나의 바람이고 보면 지나치게 면도 시간을 끄는 게 못마땅한 건 당연하다.

하기사 미국을 여행한 어느 사람 얘기를 들어보면 그곳 바버숍은 여기처럼 정성껏 해주는 면도가 아니고 대강해주는 것이므로 면도만은 자기가 따로 해야 한다는 것이다.

또 한 가지 그곳에서 본 특이한 것은 이발관 문턱에 써 붙인 다음 문구이다.

"손님은 오래 기다릴 필요가 없습니다."

이 같은 점은 바쁜 일정에 매여 지내는 일반의 관심을 이발사가 얼마나 잘 포착하고 있는가를 응변해 준다.

모든 사람이 하나같이 바쁘다고 하는데 이발관에서 보내는 시간만 유독 길어야 할 까닭이 없지 않은가? 한쪽에서 면도해 주면 또 한쪽에서는 평소의 수면 부족을 메우거나 면도사와 대화를 즐긴다.

일상의 긴장된 생활에서 한때나마 이완을 즐기는 것이 아니겠는가?

그렇다면 이발은 한가로이 해야 할 것 같다. 평소 가기 싫지만 작심하고 실천하면 그것처럼 상쾌한 기분을 또 어디서 찾을까?

변두리에서는 아직도 기다려야 이발할 수 있다. 10분, 20분쯤 기다려야 할 때가 있다. 물론 무료한 시간은 퇴색한 전축의 가요판이 메워준다.

뭇 사람의 손때가 묻어서 아침에 온 조간이건만 며칠 된 묵은 신문으로 보인다. 하기사 이발관에서 보듯 신문을 정독한다면 누구나 간단한 시사 해설쯤 즉석에서 해낼 수 있을 것 같다.

주긴 지는 표지가 뜯어진 채 몇 달은 묵은 것 같다.

변두리에는 신출 이발사가 많은 것 같으나 그중에는 오랜 경험을 쌓은 노련한 이발사가 적지 않다. 이런 곳일수록 기다려야 한다. 기다리기 싫어도 기다려야 한다. 아이들 손님이 많고 보면 기다리는 시간이 길어질 밖에 딴 도리가 없다.

도심에서는 단골손님이 우대받고 손님도 때로는 단골 이발사를 찾는다. 하지만 변두리는 이런 일이 좀처럼 없다. 차례가 오면 어느 손님이든 상관이 없다. 도심 이발관은 싫다. 분위기가 싫은 것이다.

손님이 들어서기 무섭게 옷을 받는다. 구두를 벗게 하고 슬리퍼를 준다. 의자로 안내한다는 등의 순서가 거의 기계적으로 옮겨지고 기다릴 필요 없이 언제고 필요한 때면 곧 머리를 깎일 수 있다.

거기다 모든 설비가 깨끗하고 잘 정돈돼 있을 뿐 아니라 위생상의 처리마저 전혀 빈 틈이 없다. 쓰이는 모든 재료가 고급이고 이발사나 면도사 할 것 없이 모든 종업원이 이발 기술에 자못 익숙하다.

구두를 닦아준다. 손톱을 깎아 준다. 귀지를 파준다. 얼굴 맛사지를 해 준다. 이같이 호화스런 대우를 받는 일 또 담배까지 권해 주는 일 참말이지 고객이 왕이라는 뜻을 도심에서 이발할 때처럼 절실히 느낄 때가 또 없을 것 같다.

시간에 몰리다 보면 부득이 늘 다니는 단골 아닌 데서 이발할 때가 있다. 물수건으로 머리를 정발하면서 때 없이 던지는 이발사의 말, "선생님 요즈음은 머리가 많이 나는 것 같은 데요?" "….." 말 속에 술수가 있으나 그것이 되도록 손님의 호감을 얻자는 뜻에서 나온 것이려니 생각하면 또 그렇고 그런 것이다.

의자에 앉으면 우선 눈을 붙이게 된다. 이발 관 의자는 심야에 출발하는 특급 열차의 의자와 같다. 오든 안 오든 일단은 잠을 청해 보게 된다.

그런데 만약 스르르 잠이 들었다면 그때는 면도사의 날렵한 손길이 내 안면의 비누 거품을 밀어낼 무렵이다.

아가를 잠 재우는 엄마의 손길과는 좀 다른 수면 촉진제다. 그러나 잠을 청해도 좀처럼 잠이 오지 않는 게 예사다. 그도 그럴 것이 잠이 들어 머리라도 흠칫하여 면도의 날이 어떻게 나갈까 하는 코 고는 손님 염려가 의식 속에 흐르기 때문일 것이다.

장비처럼 드르렁 대며 코 고는 손님이 내 옆에 있다면 나의 불안은 더욱 고조된다.

이발관에서 자기 차례를 기다려야 하는 일이 이제는 옛 이야기이다.

머리를 자주 깎지 않고 되도록 길게 길러 가는 풍조가 일고 있으니 자연 많은 이발관이 한가해진 것이다.

어쩌다 바리캉으로 머리 깎은 사람을 대하면 어딘지 모르게 시대에 뒤진 인상을 받으니 사물을 보는 눈도 풍조와 시속을 따라 달라지는 모양이다. 아마 마음의 변화일 것이다.

# 가을, 수확의 계절

"시월의 소녀는 사과 속에 숨어 있다."고 노래한 시인이 있다.

결실과 소녀를 대비하는 한 폭의 풍경화를 가을 정경으로 그려본 것이리라 이 강산에 가을이 찾아왔다. 그리고 한 달이 지나 지금은 중추이다. 춥지도 않고 덥지도 않은 날씨에 하늘은 마냥 높푸르다.

풍요로운 들판에 풍성한 햇곡식과 햇과일이 무르익어간다.

우리들 최고의 명절이 한가위 추석이다. 술 빚고 떡 하여 차례지내는 달 그래서 디도 말고 덜도 말고 늘 한가위만 같아라 하는 소망을 말하여 왔을 것이다.

추석 때처럼 잘 입고 잘 먹고 놀고 만 살았으면 하는 평범한 서민의 바람이 엿보인다.

칠팔월의 끈끈한 기억을 넘어 지금은 노랗게 살진 들녘을 바라본다. 잔디풀 태우는 연기가 이따금 들에 나부끼고 사위가 고요하다.

들판에 참새 소리 어우러지고 곱디 고운 노을빛이 서녘을 아름답게 물들여 간다. 실솔의 노래 소리는 겨울을 재촉한다.

칠월 칠석 날 밤에 은하수가 빛난다면 팔월 추석날 밤에는 달빛이 휘황하다. 올에는 일부 지방을 제외하고 전국에서 한가위 보름달을 볼 수 있어 크게 다행이었다.

한가위의 시 라고나 할까 아니면 한가위의 멋이라고 할까 그것은 가을 저녁 추석날에 볼 수 있는 크고 시원한 둥근 달이다.

달을 향하여 하소연하고 달을 향하여 한을 달랜다.

우리네 온갖 수심이 달로 인하여 가라앉는다.

휘영청 달 밝은 밤에 온 가족이 한 자리에 모여 앉아 오순도순 옛 이야기 나누며 조상이 남긴 뜻을 기리는 일이 얼마나 아름다운가.

그러나 지금 멀리 떨어져 있어 만나보지 못하는 가족이 있다면 못 만나 안타까운 심정을 달에게 하소연하며 남 몰래 흘리는 눈물은 얼마나 많을까.

차라리 생이별은 재 상봉의 희망이 있을망정 사이별의 한은 또 어떻게 풀어볼 것인가. 그래도 달이 있어 한을 달랠 수 있지 않을까.

여름내 땀 흘려 일한 보람을 황금빛 들판에서 마음껏 만끽할 수 있고 땀의 소중함이 절절이 느껴지니 그 가치를 새삼 깨닫게 된다.

금년 여름은 드물게 보는 중부지방 홍수로 너무나 엄청난 수재를 겪었다. 천재냐 인재냐 시비 곡절이 끊이지 않았다.

  그래도 어김없이 평년작의 수확을 눈 앞에 바라보게 되었다. 얼마나 다행인가 그러나 기쁜 정감도 한때이고 농수산물 수입 압력이란 국제적 기류 때문에 농민의 이마에 한 줄 수심이 더해 간다. 인간 만사가 과연 새옹지마인가.

  가을은 수확의 계절이되 동시에 조락의 계절이다.

  푸르던 나뭇잎이 노랗게 물들더니 이내 곧 단풍으로 바뀐다. 그리고 시들더니 조용히 대지 위에 떨어져 쌓인다.

  덧없는 인생을 우리는 여기서 읽는다. 그러나 시월의 가을은 모든 살림이 넉넉하다. 수확된 농산물이 풍족하니 곳간에서 인심 난다고 뭇 사람 마음에 여유가 생긴다.

  지난 1년을 돌이켜 볼 때 누구나 우여곡절이 있을 것이나. 신세진 일 남을 도와준 일 기뻤던 일 슬펐던 일 가슴 뿌듯했던 일 가슴 답답했던 일 그중에서 남에게 도움받은 일은 꼭 감사하고 몇 분의 1이라도 보답해야 하지 않을까.

  남에게 베푼 일은 잊어버리고 남의 은혜는 반드시 갚을 줄 알아야 한다.

  하지만 대인 관계상 인사에 앞서 우리는 먼저 신에게 감사하고 조상의 음덕에 감사해야 한다. 한가위 조상 성묘의 뜻을 어디서 찾겠는가.

한때 우리는 선물을 주지도 말고 받지도 말자는 캠페인을 벌인 적이 있다. 뇌물은 주지도 말고 받지도 말자면 모르되 뇌물을 포함한 모든 선물을 주지도 받지도 말자 했으니 우리는 얼마나 경색된 사회를 사는 것인가.

선물을 주고받는 일은 우리의 미풍 양속임은 물론이다. '중추 가절에 보내는 작은 뜻'이라는 한 줄 사연을 명함에 적어 정성이 담긴 조그만 선물을 몇 군데 할 수 있고 또 몇 군데서 받을 수 있다면 빙그레 웃는 낯에 훈훈한 낯을 지으며 살아갈 수 있지 않을까?

"행복의 오른손은 근면, 행복의 왼손은 절약'이다. 부지런히 일해서 얻은 보람이 가을의 추수이다. 살림이 넉넉해졌다. 하여 아끼는 생활에서 벗어나면 우리는 곧 불행의 씨앗을 심어 나가는 셈이다.

가뜩이나 요즈음 소비 풍조가 팽배하지 않은가. 또 연중에 드물게 보는 5일간의 연휴를 보낸 다음 쉬고 노는 날이 많아 나쁠 것이 무엇이냐는 사람도 있으나 우리들 근면으로 쌓아 올린 국민적 성장이 행여 후퇴하는 계기가 되지 않을까 하는 우려가 있다.

쉬고 노는 일이 습관으로 굳혀진다면 그것처럼 우리의 앞길을 암담하게 하는 일이 또 있을까.

'불행의 오른손은 나태 불행의 왼손은 낭비'이기 때문이다.

가을을 상징하는 꽃은 아무래도 국화와 코스모스 일 것이다. 수련 수련 피어 있는 길가의 코스모스 소소로이 피어 있는 들국화 머지 않은 겨울을 생각하면 마음이 쓸쓸해진다.

가을걷이가 끝나면 겨울 살림을 위하여 삼동을 지날 겨우살이에 온 가족이 힘을 모을 때이다.

그리고 우리는 다시 찬란한 봄을 꿈꾼다. 옛 시인은 노래했다.

"가을 바람에 낙엽 지자 마음도 슬퍼진다. 피다 남은 노란 국화는 뉘를 기다리는가."

# 잔설이 영마루에

소리 없이 펑펑 쏟아지는 눈, 그러다 보니 '천천히 서둘러라' 하는 표현의 말과 일맥상통하는 역설이 없지 않다.

기상대 발표로는 날이면 날마다 저녁 한때 눈이 올 것이라는 예보인데 도시 어찌 된 영문인지 이러기를 십일 이십일이 되어도 눈은 내리지 않는다.

기상 이변은 여기서도 느낄 수 있다. 하기는 이번 겨울처럼 늦겨울의 강추위가 맹위를 떨친 때도 없을 것 같다.

삼한사온이 그런대로 지켜지던 것이 평년의 경향인데 올해는 삼한사온이 삼십한사온쯤 되고 보니 기상 이변이란 표현이 그리 어색하지 않다.

이런 때면 공격의 주 대상이 되는 곳은 기상대요, 두 번째쯤 공격 대상이 되는 곳이 방송국이다. 이변이 아니더라도 거의 정확히 예보하기가 드문 일이고 동시에 정밀 관측기구를 가지고도 한 7할가량 적중하면 그 예보는 대충 정확한 예보라 하는데 설상가상으로 금년은 우리나라 뿐만 아니라 전 세계적으로 기상 이변의 현상이 두드러지니 어쩔 도리가 없을 수 밖엔.

기상대 예보를 발표하는 방송국 측도 매우 딱한 형편에 처하지 않을 수없다. 이럴 바에는 차라리 일기 예보가 아니라 일기 후보를 일려 준다고 하면 그것은 또 모를 일이다.

가령 초등학교 아이들이 방학 숙제를 할 때 몇 월 며칠 날씨 흐림 맑음 또는 눈이라고 그날 그날의 천기를 기록하는 것처럼 방송국 측에서도 일기 후보를 한다면 그것처럼 정확한 기록도 없을 것이다.

그러나 일기 후보가 우리 생활에 무슨 도움이 되겠는가 그래도 우리 생활에 직결되는 것은 일기 예보일 것이다.

정확히 적중하는 일기 예보를 위하여 당국에서도 새로운 관측 기자재를 도입하고 범세계적인 기상 정보를 입수 주도 면밀한 기상 관측과 그 분석으로 그때마다 일기 예보를 해야 하는 기상대의 고충 또한 모를 바 아니지만 어떻든 기상 이변이 겹쳐 더더욱 예보가 적중하지 못하니 관계 당국이나 방송국이나 일반 시청자는 다 같이 안타까울 뿐이다.

소리 없이 펑펑 쏟아지는 눈, 간 밤에 소리 없이 내려와 소복이 쌓인 눈, 유난히 밝은 아침 햇살에 빤짝이는 은빛 찬란한 세상의 정경을 경이의 눈으로 바라보고 싶은 충동을 억제할 길이 없다.

눈이 왔으면 하는 자그마한 소시민의 소망이 좀처럼 이루어지지 않는다.

눈이 보이지 않는 겨울은 얼마나 삭막한가 그런데 공교롭게도 멀리 남쪽과 강원도 지방에는 예년과 다름없이 섭섭지 않게끔 눈이 내려 쌓였다는데 오로지 서울 중부지방에만 눈이 내리지 않는다.

어찌 된 영문인가 정녕 눈은 오지 않을 것인가. 아니 언제인가 오겠지 그러고 보니 지난 초겨울에는 서울 지방에도 약간의 눈발은 날린 것으로 기억된다.

초겨울 언제쯤이던가 대만에 있는 중국 시인들이 우리나라를 방문한 적이 있다.

그들이 내한했을 무렵 아닌 게 아니라 약간의 눈발이 흩날린 적이 있다. 이들이 정해진 방한 일정을 마치고 김포 공항을 떠나던 날 일행 중 한 사람의 시인이 방한 소감을 묻는 어느 기자 질문에 답하여 말하기를,

"이번 우리의 한국 방문 중 특히 잊을 수 없는 것은 눈을 볼 수 있었던 일입니다. 고향을 대륙에 둔 사람으로 고향을 다녀가는 듯한 느낌을 가지고 한국을 떠나게 되어 더욱 기쁩니다."

눈이 오면 더러는 추억도 되살아날 텐데 …. 영화 '의사 지바고'의 한 장면 같은 눈, 눈이 그립지 아니한가?

눈이 보이지 않는 겨울 냉기만이 감도는 겨울보다는 눈이 쌓인

겨울이 그리운 것이다.

포근함을 안겨다 주는 눈, 눈의 고마움을 절절히 느끼게 하느라 눈이 안 오는 것일까? 눈이 왔으면 싶다.

은 세계를 보고 싶은 것이다. 포근함을 느끼고 싶은 것이다.

잔설이 영마루에 남아 봄을 기다리는 설렘이 우리 모두에게 깃들였으면 하는 아쉬움이 남는다.

저기 영마루의 잔설이 햇볕에 눈부시다. 지금은 겨울이지만 봄이 멀지 않았음을 느끼게 한다. 고진감래(苦盡甘來)라는 말이 떠오르는 요즈음이다.

# 리상벽 '조선말 화술' 탑 출판 간행 1989

## 해설서

우리의 일부 방송계나 연극계에서 아직도 '화술'이란 용어를 사용하고 있으나 우리 국어학계에서는 이 용어를 쓰지 않고 있다. 화법이 화술 용어에 대치되고 있다.

그러나 북한은 아직 화술이란 용어를 쓰고 있다.

북한의 화법은 먼저 평양을 중심지로 한 평양말을 이른바 '문화어'로 규정 지어 사용하고 있다.

북한의 문화어를 그들은 사회주의 건설과 조국 통일을 촉진하는 투쟁 수단으로 인식하고 있다. 동시에 문화어는 사회주의 민족어의 가장 높은 형태어로서 아름다운 말소리와 풍부한 어휘 정밀한 문법 구조 다채로운 표현 형식을 갖춘 언어로 의미를 부여하고 있다.

단어와 문장의 발음이 노동자 농민의 말에 기초해 다듬어지고 발음 특성이 모든 분야에서 발양된 것이라 했는데 특히 '소리 마루 법칙'을 문화어 화법 발전에 커다란 영향을 미치는 요소로 내세우고 있다.

문화어의 발음 양식은 기상을 담고 낭만을 반영해 기백 있게 약동하는 양식으로 다듬어졌다고 발음의 특징을 부연하고 있다.

상대의 준비 정도를 구체적으로 이해하고 상대에 알맞은 언어 형식을 취해야 하며 상대의 의식 수준 이해 능력 지식 정도 등이 고려되어야 한다는 '교시'를 언어 사용의 본보기로 해 완성된 것이 곧 '북한의 화법'이라 특징 지을 수 있을 것이다.

따라서 이 책의 전반은 북한 화법의 발음법 허용 발음 소리마루 법칙 말소리의 흐름 구어의 특성 등 발음 및 음성 표현의 현상 설명에 중점이 주어지고 후반은 사회 정치 활동에서 구어가 차지하는 위치와 기능을 고려해 언어 활동을 화법의 실제 측면에 접근시켜 조명한 것이다.

그리고 언어 실천에 따른 파급 효과에서 방송의 몫이 매우 크므로 방송 화법의 특성을 끝으로 다룬 것이다.

'조선 말 화술'을 요약하면 북한 화법의 기본 원칙은 평양 말인 '문화어'에 의하여 창조되어야 하고 당성 노동 계급성 인민성이 철저히 구현되어야 하며 끝으로 화법의 일반 특성에 맞게 창조되어야 한다는 내용이다.

이에 덧붙일 것은 화법의 자연성이 그때마다 강조되나 실제 북한인의 화법에서 때로 부자연성이 드러나고 있음을 간과할 수 없다.

그런데 북한 화법의 일관된 목적은 주체 사상을 전달하는 과업이란 점이다.

북한 화법의 형식적 특징은 어떤 유형의 화법이든 말하는 이의 독특한 억양과 어조에 있다.

이것은 그들이 전투적 선동적 표현에 중점을 두고 있기 때문일 것이다. 또 하나 특징은 규격적인 틀을 요구하는 일방 일률적으로 이 틀에 얽매일 필요가 없음을 지적하고 있는 점이다.

"목소리를 가공하는 것 억양을 만들어 내는 것 어색하게 흉내 내는 것 교태 거만 비굴성을 나타내는 말투 따위는 진실성 소박성 평범성에 모두 벗어난다. 화술은 진실하고 소박하고 평범하게 말하는 것이다. 평범하게 말한다는 것은 억양에서뿐만 아니라 목소리를 내는데 있어서도 진실하고 자연스럽게 내는 것이다."

이 같은 관점은 남북한이 공감하는 부분이다.

유형 분류는 웅변 연설 강의 강연 담화 전화 대화 낭송 낭독 방송화법이 두루 세분되어 설명되었고 특히 화법에서 중요한 비중을 차지하는 감정 부분을 크게 강조한 점이 북한 화법에서 특히 두드러진다.

그러나 한 가지 아쉬운 점은 설명 설득 환담 등의 말하기 기능과 대화 토의 토론 연설 회의 연극 언어 교정 등 화법의 유형별 설명이 다소 부족하다는 점이다.

다만 북한의 정치 목적 수행에 필요한 내용이 거의 모두 망라되었다는 사실에 주목할 뿐이다.

# 작은 거인

김태식 선수가 2회 1분 11초 만에 파나마의 이바라 선수를 링 바닥에 눕히고 통쾌한 KO 승을 거두었다.

프로로 전향한지 불과 3년 만에 얻은 세계 정상의 영광이다.

그날 장충체육관 현장 또는 TV 중계를 통하여 WBA 플라이 급 세계 챔피언 타이틀 매치를 지켜본 사람이면 권투의 통쾌한 맛을 모처럼 만끽했을 것이다.

한쪽의 이바라 선수는 처절한 패자의 고배를 마셨지만 김태식 선수는 얼굴에 상처 하나 입지 않고 이바라 선수의 얼굴과 가슴 팍에 소나기 펀치를 마구 퍼부은 끝에 마침내 세계 챔피언 벨트를 차지한 것이다.

얼마나 장한 일인가? 경기를 관전한 사람 모두 청량감을 맛보게 한 쾌거인 것이다. 병약한 사람의 체증을 뚫어놓은 듯한 느낌이다. 얼마나 시원한가?

경기를 끝내고 방송 중계석에 나온 김태식 선수는 승리한 소감을 묻는 아나운서 질문에 대답하기를,

"제가 운이 좋았습니다. 챔피언은 쉽게 되었지만 앞으로 챔피언 관리가 어려운 일로 생각합니다. 열심히 노력해서 여러분의 성원과 기대에 어긋나지 않도록 하겠습니다. 감사합니다."

매우 간결한 소감이지만 이 간단한 대답에서 우리는 김 선수의 겸허하고 소박한 사람됨과 범상치 않은 의지와 신념을 읽을 수 있다.

세계 챔피언 되는 길이 타이틀 매치만 놓고 보면 매우 수월한 일 같다. 그러나 타이틀 매치에 나서서 세계 챔피언에 도전하기까지 그 경로는 결코 순탄하지 않았을 것이다.

챔피언이 된 김 선수가 바로 그날 로드 워크를 또 한차례 했다는 후일담이 우리 추측을 뒷받침해 준다.

남을 높이고 나를 낮추는 것이 겸손인데 바로 이 겸손이 예절의 한 가지 방편이다. 본인이 세계를 제패하고 말하는 소감에서 '운이 좋았다'는 표현은 매우 겸허한 자세로 받아들여진다.

잘나도 못난 체하는 겸허에서 오히려 그의 무한한 잠재력을 느낀다. "못난 송아지 엉덩이에 뿔 난다"는 속담에 견주면 얼마나 겸허한 말이냐?

김 선수는 모르면 몰라도 자기가 할 수 있는 최선을 다하고 '기회는 단 한번'이라는 코치의 격려에 힘입어 최후의 승리를 쟁취한 것이리라.

'작은 거인'의 탄생을 권투 팬은 물론 우리 모두가 기뻐하고 있다. 가능하면 여러 차례의 방어전을 무난히 이겨내 오래도록 챔피언의 영예를 유지해 주기 바라는 심정은 그를 아끼는 모든 사람의 바람일 것이다.

홍자성은 그의 채근담에서 "재주는 덕의 종이요, 덕은 재주의 임자"라는 매우 함축성 있는 뜻이 담긴 말을 일렀거니와 '재승덕박'보다 '재덕겸비'의 자세가 바람직하다.

곧 재기가 승하여 덕이 박하기보다 재주와 인덕을 함께 갖춘 인품이 크게 기리어짐을 생각할 때 김태식 선수는 모름지기 재덕을 함께 갖춘 선수로 성장하기를 기대하는 것이다.

'작은 거인'이란 명칭이 말해주듯 비록 몸은 크지 않아도 거인의 능력을 가진 선수로서 링 캐리어를 쌓아 나간다면 그의 챔피언 유지는 오래 지속될 것이 아닌가?

# 앞서는 기상

비가 뿌리더니 서늘해진다. 이미 계절이 가을로 들어선 때문이다. 그렇게 무덥던 기나긴 여름이 이제 쇠하여 진 것이다.

더위로 인하여 한풀 꺾였던 의욕과 창의력이 다시 고개를 들어 기운을 되찾고 있다. 계절이 바뀌어 초록빛이 단풍으로 물들어지면 사람들은 생기를 되찾기 시작한다.

가을처럼 심신 연마에 더없이 좋은 절기가 없다. 우선 몸의 건강을 유념하게 된다. '워낙 더워서 아무것도 할 수 없다'는 핑계가 이제부터 통하지 않는다.

무엇인가 규칙적 운동을 궤도에 올리고 몸 단련을 꾀해야 한다.

나 역시 한동안 더위 탓으로 멈췄던 운동을 최근 다시 시작했다.

운동이라면 1주일에 한번 서울 근교의 산에 오르는 산행이 고작이다. 그러나 정기적으로 산행을 반복하면 그처럼 심신 연마에 보탬을 주는 것이 또 없다.

이따금 느껴오던 신경통이 가라앉으면서 몸이 가뿐하다. 신체적으로 건전하니 동시에 정신적으로 건전해진다. 정신이 건강해야 신체가 건강하다는 역설이 없는 바 아니나 그것은 순리가 아니다.

순리는 역시 몸부터 건강해야 하리라. 몸이 건강해야 정신 건강이 원상을 유지하게 된다.

각종 레저와 스포츠가 활기를 띠어 간다. 명승고적을 찾는 관광 행렬이 꼬리를 잇는 정경 또한 이즈음 보게 된다.

각 지역 조기회 회원 수가 가을이면 일층 불어난다.

원색의 륙색 행렬이 단풍 사이를 누빈다.

배드민턴을 즐기는 사람 조깅으로 밭은 숨을 몰아쉬는 사람 테니스 라켓을 든 채 간편한 운동복 차림으로 길을 활보하는 사람 새벽을 가르며 페달을 밟는 사람 연습장에서 그린필드에의 꿈을 키우느라 새벽마다 연일 공을 때리는 사람 홀가분한 복장으로 아침마다 근교 산을 오르내리며 산보를 즐기는 사람 마루에서 물구나무 서기로 요가를 즐기는 사람 등 몸의 건강을 위해 십인 십색으로 열심히 뛴다.

돈을 잃으면 일부를 잃는 것이요, 명예를 잃으면 많은 것을 잃는 것이며 건강을 잃으면 전부를 잃는 것과 같다든가.

가을은 무엇을 생각케 한다.

자기 성찰의 시간을 갖기에 더없이 좋은 계절이다. 그래서 누구나 독서량을 늘려 나간다. 양의 동서 시의 고금 없이 가까이하고 싶던 교양서를 정독한다.

책을 통해 지식을 얻고 지식을 통해 지혜를 키워 나간다. 귀뚜라미 우는소리에 귀 기울이며 차분히 독서 삼매에 든다.

하나 둘 인간이 살아가는 지혜를 터득하니 삶의 보람을 만끽할 수 있고 이따금 빠지기 쉬운 허무와 무상의 늪을 쉽게 헤쳐 나온다.

때로는 병이라지만 그래도 아는 것이 힘이다. 알아야 한다. 깨야 한다. 그리고 터득해야 한다.

단순히 호기심의 유도로 책을 선택 독서한 때가 없지 않으나 그것은 벌써 지나간 젊은 시절의 일이요 요새는 무엇인가 힘을 주는 책을 찾아 읽게 된다.

나이 탓인가 읽으면 연신 '그럼! 그렇구 말구. 왜 아닌가? 나도 그렇게 생각되는데 그래? 그렇구나! '아! 처음 아는 사실인데 그래? 그렇구나! 하는 반응이 생기고 기운이 솟구치며 의욕이 샘솟는다.

힘을 주는 책이 주위에 무수하다. 다만 어떻게 선택하느냐가 문제로 남는다.

이때 아마 독서 상담이 필요해질 것이다. 계절은 힘을 잃어가지만 오히려 사람은 힘을 얻어 간다.

달빛으로 불빛으로 때로 반딧불 빛으로 글을 읽었다는 예전 선인의 체험은 지금 생각하면 거리감이 없지 않다.


정서적이려니 또는 감회 어린 추억이려니 저만치 놓고 말할 수 있으나 실질적으로 볼 때 얼마나 불편하고 얼마나 짜증스러울까 그러나 한 가지 주어진 환경이 역경일 때 오히려 독서의 능률 또한 크게 상승하지 않았을까 지금은 얼마든지 독서 환경을 자기류대로 꾸밀 수 있다.

또 독서 대상 폭이 광범위하여 어떤 것을 먼저 읽어야 할지 갈피를 찾기 힘들다. 우선순위를 어떻게 결정하는 것이 바람직한가?

먼저 우리에게 힘을 주는 책 지혜를 키워주는 책이 이 가을에 읽기 알맞은 책으로 간주된다.

가을이 시들어 떨어지는 조락의 뜻을 일깨워 준다고 무상과 허무만 되씹고 앉아 있을 수 있는가 봄이 여성이면 가을은 남성인데 가을에 힘을 얻고 가을에 힘내야 하지 않는가 남성은.

그러나 기고만장해서는 안 된다.'하면 된다'든가 '할 수 있다고 생각하면 할 수 있다'든가 더욱이 '불가능은 없다'든가 하는 구호를 함부로 떠들면 안 된다. 우리는 신에 대한 외경을 느껴야 한다. 신을 두려워하고 신을 공경해야 한다.

'서유기'의 작가는 주인공 손오공에게 있는 재주 없는 재주를 모두 부여한다. 손오공의 재주는 과연 비상하다.

구름을 타고 여의봉을 휘두르면 못하는 일이 없다. 하면 된다. 할 수 있다고 생각하면 할 수 있다. 정말 불가능이 없다.

그러나 종국에 가서 손오공은 부처님 손바닥에서 논 자신을 깨닫게 된다.

'서유기'의 작가가 독자인 우리에게 하고 싶은 말은 무엇일까?

그것은 인간이 능력의 한계와 신의 존재를 깨달으라는 사실이다.

이따금 죽음을 놓고 진지하게 사색할 때 우리는 신의 존재와 인간 능력의 한계를 자각하나 이를 떠나면 곧 의기 고양으로 기고만장할 때가 없지 않다.

우리는 능력의 한계를 자각하나 이를 떠나면 곧 의기 고양으로 기고만장할 때가 없지 않다.

우리는 능력의 한계를 자각하고 신의 존재를 긍정해야 한다. 따라서 신을 두려워하고 신을 공경하는 진실로 인간적 겸허를 지녀야 한다.

최면술적 구호를 되뇌이는 일을 멈추고 좀 더 슬기로워야 한다. 의기 고양을 종교적 신념으로 대치할 수 없는가.

보살을 통한 부처님이든 예수를 통한 하나님이든 아니면 천지 신명이든 또 그것이 조상의 혼령이든 우리가 종교적 신념을 바탕으로 몸을 강건히 단련하고 폭 넓게 지혜를 키우면 정녕 이 가을은 남성의 계절이요 의욕과 창의력이 샘 솟는 계절이 될 것이다.

다 함께 신에게 감사하는 마음을 가지고 살자.

# 사무엘 소년의 기도

외국 서적을 전문으로 취급하는 서점을 골라 둘러보는 길인데 어느 서점에 들어가니 책 꽂이에 꽂힌 책 가운데 '자면서 성공한 다'는 책 제목이 유난히 눈길을 끈다. '자면서 성공….' 다시 고개 를 갸웃둥 하다가 '황당무계하다'는 반응을 일으켰다.

그러나 그 책은 계속 이렇게 유혹하는 것이다.

'자면서 성공한다' '이래도 안 사서 읽겠는가?'

호기심에 이끌리어 결국 그 책을 구입하였다.

집에 돌아와 머리말을 읽고 목차를 대충 훑어본 다음 본문을 읽지 않고 그냥 책장에 꽂아둔 일이 있다.

'성공'이란 말이 식은 죽 떠먹기 같은 인상으로 너무 쉽게 쓰이 는 느낌이다.

성공이 책 한 두 권으로 해결되는 일이 아닌데 성공이라는 말 이 왜 이리 뭇 사람에게 회자되고 있는 것인가.

더욱 이른 아침 자리를 걷어차고 일어나 하루 종일 긴장과 초 조 그리고 피로에 지쳐 밤늦게 집에 돌아와 다시 잠자리에 들기를 기천 번 반복하여도 거두기 힘든 것이 성공인데 자면서 성공한다니 맹랑한 소리로 받아들일 수밖에 없다.

성공에 버금가는 말에 비결도 있다.

성공이나 비결이 모두 성급하고 들뜨기 쉬운 경망한 사람들에게 친숙감을 주는 말이 아닌가.

또 '하면 된다' '할 수 있다고 생각하면 할 수 있다' '불가능은 없다' '안 되면 통하게 하라'는 구호 역시 예외는 아니다.

그것이 사람의 의기를 고양하는 일시적 방편은 될지 모르나 그 같은 구호는 현실적으로 각자에게 마음의 갈등만 일으켜 주기 쉽다.

그것은 일종의 자기 최면이요 허세요 내실을 꾀하기 힘든 구호요 궤변이다. 지혜가 담긴 소리가 아니기 때문이다.

보나파르트가 기고만장하여 한마디 던진 "내 사전에 불가능은 없다."가 여기저기 이 사람 저 사람에 의하여 자주 인용된다.

허황된 이 모방이 우리에게 어떤 도움을 줄까. 이것은 한탕 심리와 같은 얄팍한 생활 훈이다.

일리는 있을지 모르나 진리는 아니다. "불가능은 없다'고 외쳐댄 나폴레옹 역시 불가능의 운명에 직면하였다. 아이러니가 아닐 수 없다.

우리는 겸허해야 한다. 특히 신에 대하여 자연에 대하여 외경을 느껴야 한다.

그분이 주신 능력의 범위 안에서 그분을 힘입어 모든 것을 할 수 있다는 겸손한 자세가 아쉬울 뿐이다.

다만 경기가 침체한 때 경기 부양이란 말처럼 사람의 의지가 소침하고 의기가 저상한 때 의기를 고양하는 어떤 처방이 강구될 필요는 있을 것이다.

의기 고양에서 지고 지선의 방법은 아무래도 종교적 신념일 것이다.

신라 때 이차돈의 죽음은 무엇을 뜻하는가. 또 한강 연안 새남터에서 혹은 절두산에서 망나니들이 정신없이 휘두르는 사나운 칼날에 목숨을 던지며 숨져 간 수많은 천주교 신자들의 순교는 무엇을 뜻하는가.

죽음마저 초월하는 종교적 신념이 얼마나 강한 것인가를 새롭게 인식시켜주는 것이다.

# 청계산에 오르며

몸집이 크고 얼굴에 부기가 있으면 건강하게 보고 몸집이 마르고 얼굴에 살이 빠지면 병약한 것으로 보는 눈이 적지 않다.

그런데 등산 길에서 본다면 그 반대이다.

대개 등산의 베테랑들은 몸이 균형 잡혀 있고 얼굴이 통통한 사람은 거의 볼 수 없다.

단련된 체구 등산으로 연마된 몸이라 몸집이 크고 얼굴에 살이 오를 겨를이 없다.

눈에는 총기가 어리어 언제 보아도 건강미를 느낄 수 있다.

평소 건물 계단을 오를 때 이 현상은 크게 두드러진다.

동년배로 등산에 취미가 별로 없는 사람은 흔히 4층 또는 5층을 오르는 데에도 때로 호흡을 힘겨워한다.

그러나 등산에 취미를 가진 사람은 늘 산을 오르내린 경험으로 인하여 그렇게 지장을 받지 않는다.

우선 이 점 하나만 보아도 중년의 등산은 건강에 큰 보탬이 됨을 직감할 수 있다.

흔히 약보보다는 식보 식보보다는 평안하고 안정된 마음의 평정 유지 아울러 몸의 운동이 건강을 위해 가장 효과적인 길이라는 사실은 일찍부터 알려져 온다.

보약도 좋지만 영양 있고 구미에 맞는 좋은 음식을 골고루 섭취하는 것이 몸에 이롭다.

또 좋은 음식도 좋지만 마음이 평안한 가운데 평정을 유지해야지 그렇지 않으면 영양이 많은 음식인들 별무 소용이란 발상이다.

마음의 평정과 함께 몸의 운동을 균형 있게 유지한다면 건강이란 관점에서 볼 때 더 이상 바랄 것이 없을 것 같다. 다시 한 걸음 더 나아가 영양 있는 음식을 고루 섭취하되 때에 따라 보약을 곁들인다면 어떨까? 그것은 지나친 욕심이 될지 모른다.

허나 인간의 욕구를 간단히 어느 선으로 한정시킬 수 있을까?

한없는 욕망의 줄달음질. 골프를 즐기는 사람 테니스를 즐기는 사람 낚시를 즐기는 사람,

모두가 각기 취미를 즐기지만 이들 취미는 건강으로 직결된다.

심신의 건강을 위하여 너나 없이 이에 몰두하는 것일 터, 산은 산대로 우리에게 심신의 건강을 준다.

그래서 산을 찾는 사람의 수효가 해마다 증가하고 있다.

젊은 패들의 수가 비교적 많지만 40대 이후의 등산객도 그 수

가 만만치 않다.

지속성으로 보아 꾸준한 등산은 40대 이후에게 많고 일시적인 등산은 젊은 부류에 많다.

오늘에 와서는 남녀노소 산을 찾는 등산객으로 서울 교외 산길은 마치 시장 골목을 방불케 한다.

그러니 자연 등산로는 인적이 드문 호젓한 곳이 인기를 끈다. 인기를 끈다면 벌써 또 호젓함이 자취를 감춘다.

한동안 우리 일행이 산행을 즐긴 곳은 청계산이다. 시내 청계천은 시대 변천과 함께 탁계천으로 그 이름이 무색해진 지 오래이지만 청계산은 아직 문자 그대로 청계산이다.

산이 수려하고 개울 물이 맑고 아름다운 산세가 험준하지도 않으려니와 또한 그 산세가 그냥 야산으로 머물러 있지도 않다.

경기도 과천에서 동쪽으로 약 2킬로미터 떨어진 곳에 저수지가 있고 저수지를 왼쪽으로 끼고 야트막한 야산의 허리를 돌면 문득 청계산이 나타난다.

해발 618미터의 주봉을 중심으로 사방에 뻗친 능선은 여인의 화사한 치마 주름 같거니와 그 가운데 서쪽으로 뻗은 능선을 종으로 넘으면 아! 그때 전개되는 경관은 가히 신비경이다.

특히 늦은 봄이나 초여름이면 그때마다 색조가 원색을 띠고 가이없는 청의 바다에 내 마음이 두둥실 떠가는 느낌이다.

춘하추동 청계산을 오르내리다 보면 한 번쯤 산 이름을 새롭게 붙이고 싶은데 묘안이 떠오르지 않는다.

이럴 때 무심히 떠올린 산 이름이 계청산이다.

이 청계산도 처음엔 인적이 드문 이상적인 등산 코스였으나 지금은 인파가 범람하고 무성하던 수목도 얼마 전에 어떤 이유인지 많이 베어져 매력을 많이 상실하고 있다.

청계산 본래 이미지를 벗어버린지 이미 오래이다. 공장으로 오염되고 인간 공해로 자연 경관이 헤쳐지고 어떻게 보면 그것이 우리 등산인 자신의 책임도 또한 없지 않다고 할 때 송구스러운 마음 그지없다.

자연의 경관은 계속 보전되어야 할 것이다. 이러다가 청계산이 청계천의 의미로 둔갑한다면 하고 상도할 때 절벽에서 느끼는 현기증이 이에서 더 할까.

# 의욕과 창의력

비가 뿌리더니 서늘해진다. 이미 계절이 가을에 들어선 때문이다. 그렇게 무덥던 기나긴 여름이 이제 쇠하여 진 것이다.

더위로 인하여 한풀 꺾였던 의욕과 창의력이 다시 고개 들어 기운을 되찾고 있다. 계절이 바뀌어 초록빛이 단풍으로 물들어 가면 사람들은 생기를 되찾기 시작한다.

가을처럼 심신 연마에 더없이 좋은 절기가 없다.

우선 몸의 건강을 유념하게 된다. '워낙 더워서 아무것도 할 수 없다'는 핑계가 이제부터 통하지 않는다.

무엇인가 규칙적 운동을 궤도에 올리고 몸 단련을 꾀해야 한다.

나 역시 한동안 더위 탓으로 멈췄던 운동을 최근 다시 시작했다. 운동이라야 1주일에 한번 서울 근교의 산에 오르는 운동이 고작이다. 그러나 정기적으로 산행을 반복하면 그처럼 심신 연마에 보탬을 주는 것이 또 없다.

이따금 느껴오던 신경통이 가라앉으면서 몸이 가뿐하다. 신체

적으로 건전하니 동시에 정신적으로 건전해진다. 정신이 건강
해야 신체가 건강하다는 역설이 없지 않으나 그것은 순리가 아
니다.

순리는 역시 몸부터 건강해야 하리라. 몸이 건강해야 정신 건
강이 원상을 유지하게 된다.

각종 레저와 스포츠가 활기를 띠어간다.

명승고적을 찾는 관광 행렬이 꼬리를 잇는 정경 또한 이즈음
보게 된다. 각 지역 조기회 회원 수가 가을이면 일층 불어난다.

원색의 륙색 행렬이 단풍 사이를 누빈다.

배드민턴을 즐기는 사람 조깅으로 밭은 숨을 몰아쉬는 사람 테
니스 라켓을 든 채 간편한 운동복 차림으로 길을 활보하는 사람
새벽을 가르며 페달을 밟는 사람 연습장에서 그린 필드에의 꿈을
키우느라 새벽마다 연일 공을 때리는 사람 홀가분한 복장으로 아
침마다 근교 산을 오르내리며 산책을 즐기는 사람 마루에서 물구
나무 서기로 요가를 즐기는 사람 등 몸의 건강을 위해 십인 십색
으로 열심히 뛴다.

돈을 잃으면 일부를 잃는 것이요 명예를 잃으면 많은 것을 잃
는 것이며 건강을 잃으면 전부를 잃는 것과 같다든가.

가을은 무엇을 생각하게 한다.

자기 성찰을 갖기에 더없이 좋은 계절이다.

그래서 누구나 독서량을 늘려 나간다. 양의 동서 때의 고금 없이 가까이하고 싶던 교양서를 정독한다.

책을 통해 지식을 얻고 지식을 통해 지혜를 키워나간다. 귀뚜라미 소리에 귀 기울이며 차분히 독서 삼매에 든다.

하나 둘 인간이 살아가는 지혜를 터득하니 삶의 보람을 만끽할 수 있고 이따금 빠지기 쉬운 허무와 무상의 늪을 쉽게 빠져나온다.

때로는 병이라지만 그래도 아는 것이 힘이다. 알아야 한다. 깨야 한다. 그리고 터득해야 한다.

단순히 호기심으로 책을 선택 독서한 때가 없지 않으나 그것은 벌써 지나간 젊은 시절의 일이요 요새는 무엇인가 힘을 주는 책을 찾아 읽게 된다.

나이 탓인가 읽으면 연신

'그럼 그렇구 말구 왜 아닌가 나도 그렇게 생각되는데 그래? 그렇구나! 아! 처음 아는 사실인데' 하는 반응이 생기고 기운이 솟구치며 의욕이 샘솟는다.

힘을 주는 책이 주위에 무수하다. 다만 어떻게 선택하느냐가 문제로 남는다.

이때 아마 독서 상담이 필요해질 것이다.

계절은 힘을 잃어가지만 오히려 사람은 힘을 얻어 간다.

달빛으로 불빛으로 때로 반딧불 빛으로 글을 읽었다는 예전 선인의 체험은 지금 생각하면 거리감이 없지 않다.

정서적이려니 또는 감회 어린 추억이려니 저만치 놓고 말할 수 있으나 실질적으로 볼 때 얼마나 불편하고 얼마나 짜증스러웠을까. 그러나 한 가지 주어진 환경이 역경일 때 오히려 독서 능률 또한 크게 상승하지 않았을까. 지금은 얼마든지 독서 환경을 자기 류대로 꾸밀 수 있다.

또 독서 대상 폭이 광범위하여 어떤 것을 먼저 읽어야 할지 갈피를 찾기 힘들다. 우선순위를 어떻게 결정하는 것이 바람직한가.

먼저 우리에게 힘을 주는 책, 지혜를 키워주는 책이 이 가을에 읽기 알맞은 책으로 간주된다.

가을이 시들이 떨어지는 조락의 뜻을 일깨워 순다고 부상과 허무만 되씹고 앉아 있을 수 있는가. 봄이 여성이면 가을은 남성인데 가을에 힘을 얻고 가을에 힘내야 하지 않는가?

그러나 기고만장은 안 된다.'하면 된다'든가, '할 수 있다고 생각하면 할 수 있다' 든가 더욱이 '불가능은 없다'든가 하는 구호를 함부로 떠들면 안 된다.

우리는 신에 대한 외경을 느껴야 한다. 신을 두려워 하고 신을 공경해야 한다.

'서유기'의 작가는 주인공 손오공에게 있는 재주 없는 재주를 모두 부여한다. 손오공의 재주는 과연 비상하다. 구름을 타고 여의봉을 휘두르면 못하는 일이 없다. 하면 된다. 할 수 있다고 생각하면 할 수 있다. 정말 불가능이 없다.

그러나 종국에 가서 손오공은 부처님 손바닥에서 논 자신을 깨닫게 된다.

'서유기' 작가가 독자인 우리에게 하고 싶은 말은 무엇인가. 그것은 인간이 능력의 한계와 신의 존재를 깨달으라는 사실이다.

이따금 죽음을 놓고 진지하게 사색할 때 우리는 신의 존재와 인간 능력의 한계를 자각 하나 이를 떠나면 곧 의기 고양으로 기고 만장할 때가 없지 않다.

우리는 능력의 한계를 자각하고 신의 존재를 긍정해야 한다.

따라서 신을 두려워하고 신을 공경하는 진실로 인간적 겸허를 지녀야 한다.

최면술적 구호를 되뇌이는 일을 멈추고 좀 더 슬기로워야 한다.

의기 고양을 종교적 신념으로 대치할 수 없는가 보살을 통한 부처님이든가 예수를 통한 하나님이든 아니면 천지신명이든 또 그것이 조상의 혼령이든 우리가 종교적 신념을 바탕으로 몸을 강건히 단련하고 폭넓게 지혜를 키우면 정녕 이 가을은 남성의 계절이요 의욕과 창의력이 샘솟는 계절이 될 것이다.

다 함께 신에게 감사하는 마음을 가지고 살아가자.

# 12부

## 에세이 류

# 공이 울리다

"공이 울렸다. 나는 부처님을 찾았다. 나의 꿈을 깨뜨리지 말아 달라고 관세음보살을 외었다. 7라운드의 공이 울리자 이제는 '다 운이다'라고 마음 먹으며 상대편을 향해 대시해 들어갔다."

"나는 이렇게 싸웠다"는 프로 복싱 주니어 미들급 세계 챔피언 유제두 선수 수기의 한 대목이다.

운이 따로 없다는 강한 신념 속에 자기 훈련을 피땀 어리게 쌓은 후 마침내 세계 정상을 차지한 유제두 선수의 수기 중 부처님을 의지하고 자기 소망을 이루었다는 부분은 자연 큰 감심을 던져준다.

굳게 믿는 마음 한 사물에만 정신을 쏟는 마음 정진하는 마음 결국 마음의 힘이 얼마나 위력이 큰가를 실감케 해준다.

평소 술자리에 임해서도 활기찬 화제가 교환되고 호방한 기상과 기개가 펼쳐질 때 좌석에 끼인 사람이면 누구나 저절로 솟구치는 기를 느낄 수 있다.

그러나 반대로 축 처지는 분위기에 싸이면 자기도 모르게 맥이 풀리는 경우가 종종 있다.

이 현상을 무엇으로 설명하는 가. 아니 등산할 때 험로에 부닥쳐도 우선 자신감이 충일해야 마음이 안정되고 위기를 넘기지 긴장하고 초조해지면 겁부터 집어먹고 몸의 움직임이 둔중해지기 쉽다. 할 수 있는 것도 할 수 없다는 마음의 장애에 걸리면 할 수 없게 되는 이 현상을 무엇이라 설명하는가.

할 수 있다고 믿는 마음 된다고 믿는 마음 이처럼 마음의 힘부터 확립돼야 우리는 우리의 소망을 기필코 이루고 말 것이다.

그러나 마음의 움직임을 지배하는 인과의 법칙에 관심을 쏟는 사람이 매우 드물다. '모든 것은 속에 있지 겉에 있지 않다.' '마음은 모든 힘의 근원이다' 등으로 일러오는 말의 참된 의미를 아는 사람은 그리 흔치 않다.

유명한 심리학자요 오랫동안 미국 노드웨스턴 대학 총장을 지낸 스코트 박사도 "실업계의 성공이나 실패가 사람의 능력에 의존하는 것이 아니고 사람의 마음가짐에 의존하는 것이다."라고 말했듯이 모든 사람은 "같은 감정 같은 영향 같은 진동에 지배된다."고 클라우드 브리스톨도 말한다.

그리고 브리스톨은 대소 간의 모든 사업은 사업을 맡은 사람의 생각이나 믿음에 의해 지배되고 모든 사물과 현상은 사람이 생각하고 믿는 바의 모습으로 나타난다고 말한다.

미국의 우주선 아폴로와 소련의 우주선 소유즈가 도킹한 후 우주 열차를 운행 지구 위를 선회하며 공동으로 우주 개발 계획에 참여 우주 탐색에 박차를 가하고 있는 톱 뉴스는 사람의 생각과 믿음 그리고 뜻이 확립되면 무슨 일이든 불가능이 없다는 나폴레옹의 어록을 그대로 재현시킨다.

신념을 가지고 자기 암시로 창조적인 활동을 벌인다. 그렇게 하되 자기가 그린 이미지를 항시 염두에 두고 그것을 자주 카드에 기록하며 또 자주 거울을 보면서 자기 이미지를 반복 확인해 나가면 브리스톨이 말한 자기 소망 성취를 신념으로 이룰 수 있다.

하기사 이에는 남모르는 끈기와 근면 성실이 그림자처럼 뒤따라야 할 것임은 물론이다.

세계적 발명가 에디슨도 암시를 반복하고 이를 다시 신념으로 굳혀 그의 수많은 발명에 항상 이 원리를 적용한 것이다.

그가 세상을 떠난 뒤 그의 책상 서랍을 열어보니 구약 성서의 "요나는 큰 고기에 먹혔으되 상처 없이 소생했다."고 쓴 시편이 나왔다.

에디슨은 몇 번이고 이것을 읽고 실패에 낙망하지 않고 그때마다 새로운 용기와 불요불굴의 정신으로 끝없는 실험에 임한 것이다. 그리고 마침내 세계의 대 발명가가 된 것이다.

평소의 독서에서 이처럼 용기와 지혜와 신념을 일깨워 주는 필자를 대할 때 나는 독서 삼매에 드는 것이다.

# 일체 유심 조

'삼국지' '수호지'를 통하여 우리는 협기를 배운다.

장비 유현덕 관운장 여포 동탁 등 실로 헤일 수 없는 많은 인물이 등장한다.

구름처럼 모였다 구름처럼 흩어져 나간다.

독후감으로 남는 것은 남아의 협기일 뿐이다.

누구나 젊어 한때 '삼국지'와 '수호지'를 독파하지 않은 이가 없다.

어떻게 보면 젊어서 읽기보다 오히려 나이 들어 읽는 편이 일층 의기 고양에 도움이 될지 모른다.

아무튼 인생 유전 흥망성쇠 길흉 화복이 점철되고 엇갈리는 희비 속에 우리는 인생을 배우고 그 속에서 삶의 지혜를 터득한다.

기운이 왕성한 때 읽은 터라서 때로 숨 가쁜 흥분을 가누지 못한 경우가 얼마나 얼마나 되던지.

기회가 주어지면 당시의 감동을 재차 새로운 각도에서 맛보고 싶은 충동을 아직껏 버리지 못한다.

호쾌하고 장쾌한 인물이 등장하다가 간교한 지모에 휘말려 생의 종언을 고하기도 하고 전쟁의 소용돌이 속에서 의연한 기상을 뽐내며 싸우다 중과부적으로 마침내 장렬한 최후를 장식하는 장수가 나오며 말술을 사양 않는 호음 쾌음의 호걸들이 다투어 나타나 결의 형제 함으로써 일대 서사시를 엮어 나가는 장면 등은 남녀노소 누구에게나 감격과 감동을 안겨준다.

'삼국지'는 명작이요 틀림없는 기서이다. 얽히고 설켜 나가는 복잡 다단한 인간사를 자주 삼국지 같다고 비유하는 일반의 인식은 분명 내 주장을 밀어준다.

영동을 중심으로 볼 때 서울 강남은 새로운 환락가로 둔갑하고 있다. 신사동 네 거리에 자리 잡은 카바레는 얼마이며 살롱 등 술집은 그리고 식당은 또 얼마나 많은가 조금 떨어져 안마 시술소와 대형 목욕탕이 보인다.

한식집 일식집은 의례 대형으로 성업 중이다.

춤추고 마시고 먹고 놀고 안마하고 목욕하고 어떻게 보면 찰나주의 감각주의 소비주의 속물주의가 판치는 모습을 영동에서 보게 된다.

중동에 나가 있는 기능공 가족을 제비족이 유혹 가산을 탕진케 하면 이 소식을 알고 달려온 당사자가 아내와 정부를 사직 당국에 고발한다.

가정 파괴범이 백주에 횡행 뭇 사람의 눈살을 찌푸리게 한다.

이때마다 논의되는 것이 이른바 우리의 가치관이다.

한탕주의가 사람의 눈을 맹목으로 만든다. 내일을 모른다. 오늘이 있을 뿐이다. 남은 모른다. 나만 잘 살면 그만이다.

사회가 나를 어떻게 주시하든 상관없다. 또 분수를 잊은 지 오래이다.

수입 범위 안에서 써야 하는 서민 생활이 빚에 빚을 져도 쓰고보는 가계가 보통 사람들의 마음을 물들이고 있다.

내일을 기약하지 않는다. 향락주의이다. 경향 각지 관광 명소에는 하루처럼 행락객이 줄을 잇는다.

먹고 마시고 놀고 춤추고 쓰는 주의이다. 우리는 지금 어디로가고 있는가 분명 가치관의 전도이다. 그러나 개탄만 할 일은 아니다.

다른 한편 우리는 우리도 모르는 사이에 크게 변모 발전해 가고 있음을 알고 있다.

울산의 H 중공업 현장은 우리나라 공업 발전의 한 본보기가 아닐 수 없다.

포항의 포철은 어떤가 거제의 조선공업은 영호남으로 뻗은 고속도로는 그리고 남해와 88고속도로는 어떤가? 그것은 분명 산업 발전의 원동력일 것이다.

공업 발전이 눈부신 가운데 농은 천하지대본 이란 신념으로 묵묵히 과학 영농에 땀 흘려 일하는 농업 역군의 숭고한 모습에 우리는 숙연한 자세로 경의를 표하지 않을 수 없다.

조석으로 붐비는 도시의 통근 통학 시간 전철에서 버스에서 질서를 지켜 혼잡을 참고 견디는 건전 명랑한 시민 의식은 우리의 내일을 밝게 전망케 한다.

실의와 실망 허무와 퇴폐 그늘과 그림자 폭을 좀 더 좁히고 밝고 맑고 깨끗한 삶이 영위되는 명랑 사회의 건설은 우리 국민 전체의 사명이요 책임일 것이다.

이때 모든 책임을 자신의 것으로 돌려 환경 개선에 노력하는 마음이 하나로 쏠리는 때 우리는 더없는 보람과 희망을 만끽하게 될 것이다.

앉으나 서나 남과 환경만 개탄하는 어리석음은 주위에서 말끔히 씻어 나가야 할 것이다.

밝은 마음에서 밝은 내일이 기약될 것이라 믿는다.

산행에서 본 대웅전 기둥에 새겨진 글귀 나는 이것을 음미 저작 반추하며 머리를 끄덕인 적이 있다.

가파른 길목을 지나 휴식을 취하는 자리에 앉으면 이 글귀를 떠올리며 이마에 흐르는 땀을 조용히 닦는다.

‘일체 유심 조’…. ‘삼국지’에서 터득한 협기보다 일층 더 앞서
는 지혜일 것이다.

# 사람의 매력

매력 있는 인간이라면 어떤 사람을 가리키는가 까다로운 조건이 있는 것처럼 들릴지 모르나 그렇지 않다. 가령 일상의 체험에서 다음 부류에 속하는 사람은 매력이 있다고 말할 수 있다.

## 박식한 사람

내가 모르는 것을 아는 사람은 매력이 있다. 사랑하는 제자 중에서 한 사람이 결혼을 하게 되었다고 인사를 왔다. 상대 배우자를 알아보니 같은 학과 동급생으로 외국어 능력이 뛰어난 사람이란 사실을 알게 되었다.

바로 이점이 그에게 부족한 부분을 채워 준다는 뜻에서 이성에게 매력을 느끼게 된 것이다.

요즈음 학생은 전문 서적을 많이 읽지 않는 경향이다.

고교 시절부터 시험 준비하느라고 입시에 직접 도움 되는 분야 외에 잘 읽지 않는다. 이 습관으로 인해 놀이 문화 쪽은 폭넓게 잘 알고 있다. 나아가 돈벌이 요령들은 오히려 수준이 높다.

그러나 지금은 정보화 시대인 만큼 이에 박식한 사람이 되어야 한다. 그렇다면 각 방면 전문 서적을 읽을 뿐만 아니라 귀동냥도 어느 만큼 해야 한다.

직장에서 남의 이야기를 듣는 일이 매우 중요하다. 그리고 이렇게 모아진 정보를 활용하는 방법을 연구해 몸에 배게 할 필요가 있다.

누구도 읽지 않고 듣지 않고 매력을 지니기는 어려울 것이다.

## 가르쳐 준다

남과 대화할 때 남의 가르침을 받는 일이 자주 있다. 가르쳐 주는 사람은 매력이 있다. 같은 지식이라도 더 깊이 연구한 것이고 그에게 체험이 많다고 하면 '과연 그렇군!'하고 생각케 한다.

젊어서는 사물을 겉만 보기가 쉬우므로 문제의 소재를 잘 모른다. 요령을 모른다.

체험이 많고 여러 각도에서 사물을 바라보는 사람은 그만큼 남을 가르쳐 주는 일이 많다.

방송사에서 근무하던 시절 형편상 자주 술자리에 어울리게 되었다. 약한 술은 몰라도 주정도가 높은 술은 마시기를 삼갔다. 그러나 그것이 임의대로만 할 수 있는 일인 가.

어느 때 마시기 싫은 독주를 마시게 되어 함께 초대받은 분에게 개인 사정을 말했더니 즉시 해법을 일러준다.

그것은 술 마시기 전후에 또는 마시면서 감이나 연시 또는 곶감을 먹는 것이 좋다는 귀띔이다.

그 후 이따금 이 방법을 써 온다. 과학적인 근거는 잘 모르겠지만 나 나름대로 효과가 있는 것으로 알고 있다. 말하자면 '과연 그렇군!' 하는 가르침을 받은 것이다.

나이가 아무리 많아도 사람은 누구나 일생을 두고 배우게 되는 것이 아닌가. 그리고 반드시 윗사람에게만 배우게 되는 것은 아니다.

아랫사람에게도 얼마 든 배울 것이 있다. 아이 말도 귀 여겨 들어라 했다.

## 생각한다

생각하는 사람은 창조적인 면이 있다. 문제를 단순히 해결하기보다 문제를 찾아내고 그 해답을 내어놓는 사람은 매력이 있다.

요즈음은 텔레비전과 잡지 탓인지 사물의 세부를 빠트리고 본다. 눈만 윤택해지고 두뇌 쪽은 전혀 거리감이 있는 느낌이다.

책을 읽기보다 무엇을 정신없이 바라보는 사람이 많아진 것이 필경 이 때문일 것이다.

이처럼 잡음을 많이 듣게 되면 생각할 겨를이 없다.

따라서 휴일만큼은 조용한 분위기 속에서 홀로 차분히 생각해 보는 시간을 가지면 어떻겠는가.

생각하는 일은 사람을 내면세계로 파고들게 한다. 생각하면 자기 자신이 보인다. 자신이 어떤 사람인가를 알게 되고 결점이 자각됨에 그 능력 향상의 동기를 자극받을 수 있다.

생각한 나머지 해야 하겠다는 다짐을 하게 되는 것이 진정한 기분 전환이다.

나는 요즈음 분주하게 시간을 보낸다. 그러나 일주일 가운데 하루만은 한가한 날을 갖는다.

이 하루가 자기반성 및 다음 활동 준비에 그리고 생각하는 시간이 되어준다.

그러나 그것이 눈에 보이는 뚜렷한 성과가 있다고 생각지 않는다. 그래도 여유를 주고 다른 활동에 침착성과 정서를 제공해 준다.

놀라운 아이디어를 생각해 낸다고 하기보다 생각하는 습관을 기르고 싶을 뿐이다.

문제를 찾아보면 얼마든지 찾을 수 있고 그 가운데 사는 보람을 느끼게 된다. 문제를 찾고 해결을 생각한다. 신선한 이미지는 창조적 태도의 부산물이다.

# 개성적이다

개성이 있는 사람은 매력적이다. 개성은 남과 다른 점을 가지고 있는 것이고 그것이 인간의 가치가 된다. 어떤 사람이 개성적이면 용모와 행동이 보통과 다른 것을 말할 때가 많다.

특히 이상한 모습을 하고 남을 놀래 주는 사람을 개성적이라 하는 것은 잘못된 생각이다. 개성은 중요하다. 개성이 없는 사람은 자주적인 신념과 태도를 가지고 있지 않다.

개성은 만들어진 것이요, 인간의 가치를 결정하는 것이다. 수양이 부족하고 벼락 출세한 사람에게 개성은 없다.

부동산 매매 투기 수법 등으로 돈을 번 경영자의 태도를 보면 알 수 있다. 품위와 개성이 없다.

사람을 끌어들이는 것은 정치 경제 지식 기술뿐 만 아니다. 오히려 인간과 인간이 마주치는 사회 및 직장 생활에서 존경받을 수 있는 인간적 매력이다.

'저 사람이면'하고 홀딱 반할 수 있는 사람이 어째서 요즈음은 주위에서 찾아보기 힘드는가.

개성의 창조는 교양 교육만이 아니라 분명한 목표를 가지고 새 가치를 창조해 나가는 일이다. 자기 나름대로의 생각이 있는 사람은 개성적이라 할 수 있다.

# 목표 달성의 활성

말만 내세우는 사람은 얼마든지 있다. 때문에 실행력 있는 사람이 존경을 받는다. 정신적으로 건강한 사람이 어떻든 목적 달성의 강한 의욕과 실천력을 갖는다.

비즈니스맨이 공상가일 수 없다. 공상을 현실로 끌어내려 최선을 다해 실현하는 노력이라면 별문제로 한다.

목표 달성을 위해 강한 목적의식과 이에 도전하는 자기 능력 개조와 변혁 나아가 끈기 있는 실천 행위의 조건이 반드시 필요하다.

실패할 수 있고 잘못이 있을 수 있다.

그러나 확고한 신념을 가지고 목표 달성을 위해 활동을 계속해 나간다.

장애에 부딪히면 문제 해결의 방법을 생각하고 자신에게 기합을 넣는 방법 스스로를 달래는 방법 등을 적절히 실행하는 것이다. 문제는 항상 자기 자신에게 있다는 신념으로 자기 개혁을 도모한다.

매력이 있는 사람을 이야기할 때 인간성 행동 력 의식이 중요한 요소로 손 꼽힌다. 인간성은 남에 대한 배려와 애정이다. 그리고 지식 사회적 활동 국제 감각 등이 덧붙여질 수 있다.

# 재와 덕을 겸비하면

**1. 사람의 재주는 덕의 종이요 덕은 재주의 임자이다.**

재기가 승하면 덕이 엷고 덕을 쌓으면 외롭지 않고 덕이 쌓여야 많은 이웃을 사귈 수 있다. 그러나 그렇다 하여 재를 외면할 수 있을까?

그래서 재덕겸비라 하는가?

재는 똑똑한 것이다. 이 재는 비즈니스 조사 활동 연구 활동에 발휘된다.

맡겨진 임무나 과업을 수행하는 때 우리는 동서 남북 상하로 빈틈없이 똑똑하게 처리해야 한다.

한편 대인 관계의 처신에서 우리는 똑똑한 부분을 감추고 잘나도 못난 체 해야 한다.

잘 나도 못난 체하는 것이 덕이기 때문이다. 재덕 겸비가 중요하다.

일이나 연구나 조사 활동에서는 발군의 실력을 과시 주위의 인정을 받을 필요가 있으나 처신에는 이와 정 반대 입장을 취해야 한다. 겸허해야 한다.

상대를 높이고 나를 낮추면 결과적으로 나를 높인 결과가 되지만 상대를 낮추고 나를 높여 우쭐대면 나를 낮춘 결과가 된다.

인간 만사 새옹지마의 뜻이 그대로 여기 적용됨을 알 수 있다.

중국의 4대 기서는 우리에게 많은 일깨움을 준다.

삼국지 수호지에서는 남아의 협기를 배울 수 있다.

여포 동탁이 유현덕이 장비 관운장이 구름처럼 모였다 구름처럼 다시 흩어지는 중에 오직 협기를 새기고 떠난다.

소설 장면이지만 왜 일찍 이런 장면에 끼지 못했나 하는 아쉬움과 함께 가쁘게 숨을 몰아쉬며 독소삼매에 빠진 경험은 대부분 누구나 겪은 바라 하겠다.

다음이 금병매 주인공 서문경이 처음 반금련이와 만나 연애하는 상년에서 연애의 황홀경을 맛보게 되나 결국 금병매를 완독한 연후이면 곧 자칫 연애에 빠지면 패가 망신하기 쉽구나 하는 경각심을 느끼게 된다. 그것은 마치 명심보감의 계율과 유사하다.

명심보감에 이르기를,

"남성은 모름지기 젊어서 두 가지 사실을 삼가야 하는데 하나는 여색이요, 둘은 시비라." 하였다. 여색을 경계해 이른 점이 꼭 같은 것이다.

다음이 서유기이다. 주인공은 손오공이다. 그는 여의봉을 휘둘러 못하는 일이 거의 없다.

그러나 끝내 그는 부처님 손바닥에서 배회한 결과를 알게 된다. 서유기의 작가가 독자에게 일깨우려는 것이 무엇인가. 그것은 다름 아닌 인간 능력의 한계와 신의 존재였을 것이다.

## 2. 외길 한 평생이란 쉬운 일이 아니다.

일생을 살아온 전문인에게 사회가 존경을 표시하는 일은 당연하다. 모진 풍상과 유혹이 어찌 그가 걸어온 길에 없을까?

의기가 꺾이기는 몇 번 의욕을 잃기는 또 **몇** 번 걸어온 길을 백지로 돌리고 영에서 재출발하리 란 결심은 또 얼마나 했는가.

그러나 어떻든 모든 장애를 극복하고 마침내 일생을 한 가지 직업에 바칠 수 있다는 것이 얼마나 훌륭하고 자랑스러운 일인가?

걸핏하면 직장을 바꾸고 웬만한 일에 감정을 촉발시켜 직장을 자주 바꾸는 사람이 주변에 얼마나 많은가. 사실 그 수는 일일이 매거하기 어려울 것이다.

대조적이기 때문에 우리의 관심을 끈다.

물론 외길 한 평생이면 융통성 없는 인상을 준다.

그러나 외길 한 평생은 천직 의식의 발로로 보여진다.

하늘이 준 재능에 만족 또는 감사하고 그 길에 일생을 걸었다는 일이 얼마나 값지고 보람찬 인생인가 사회의 존경을 받아 마 땅하다. 분명 외길은 외로울 것이다.

그러나 초지 일관 칠전팔기의 정신으로 꾸준히 끈기 있게 자신 의 길을 걸어왔다는 사실 하나만으로 주인공은 높이 평가된다

외길 한 평생은 마디 마디 걸어온 길에 성취감의 이정표가 분 명 새겨져 있을 것이다. 그리고 마침내 성취인이 된 것이다. 그가 처음 택한 길에서.

취미 또한 우리들 의기를 고양하는 한 가지 방법이다. 일상시 에 의기가 소침할 때 취미를 가지고 우리는 기분을 전환한다.

저자는 등산이 취미이다. 누구는 '거기 산이 있어 산에 간다'고 한다.

어디서 많이 듣던 이야기 같다. 산이 없다면 어찌 산에 갈 수 있 는가. 그런 싱거운 이야기가 어니 있는가.

그러나 그 말이 유럽의 누가 한 말을 흉내 낸 것이어서 고소를 금치 못한다.

저자는 호연지기와 호탕한 기분을 맛보려 산에 간다.

의기가 투합되는 산 사나이 몇이 모여 산에 간다. 신선한 공기 를 마음껏 마시려 산에 간다.

비지땀을 흘린 다음 맛보는 삽상한 상쾌 감 때문에 산에 간다.

심신 수양과 심신 단련에 이 이상 더 좋은 것을 아직 모르기 때

문에 저자는 산에 간다.


## 3. 겸허한 인생을 배우러 산에 간다.

산 아래를 굽어보며 아아! 저 아득한 길을 걸어왔구나 용하게 견디고 용하게 참아냈구나 마침내 나는 목표 고지 정상에 섰구나! 이때 호연지기와 호탕한 기분을 맛본다.

호연지기를 빼놓고 등산의 멋을 어디서 찾는가.

적어도 일주일에 한 번쯤 갖는 산행에서 자연의 섭리를 어렴풋이 느낀다. 그리고 공리주의를 외면할 수 있다. 이약한 공리주의자는 출세 및 성공에 집착하기 쉽다.

출세가 어떤 것인가 성공이 어떤 것인가를 따지기 앞서 우리는 지혜를 넓힐 필요에 직면한다. 지식인이 되기 앞서 지혜인이 되는 길이 일층 소중하게 여겨진다.

어디서 무엇을 하든 철학의 빈곤을 그때마다 되씹어야 한다. 산에서 지혜를 키운다면 과장일까.

산 너머 산이라 하지만 취미가 등산이면 저 너머 산을 동경하며 의기를 키워가는 공통점이 있지 않은가.

저자는 산에서 많은 것을 배우고 익힌다. 인간 능력의 한계와 신의 존재를 느낀다.

그리고 산에서 터득한 지혜로 자기 목표를 향해 집념을 불태울 수 있으니 얼마나 감사한 일인가. 등산을 취미로 가질 수 있다는 것이 얼마나 다행인지 모른다.

일할 때 연구할 때 우리는 자신이 갖는 모든 힘을 결집하여 때마다 최선을 다해야 하나 최소한 대인 접촉의 처신에서는 상대를 높이고 나를 낮추는 겸손한 자세가 무엇보다 긴요하게 요구된다

잘나도 못난 체하라 했거니와 어찌 못난사람이 잘난체 할 수 있을 것인가 잘난 체하는 사람이 뭉치기는 어려우나 못난 체하는 사람이 뭉치기는 어렵지 않다.

너도 나도 모두 잘난 체하니 화합이 어렵다.

각자 겸허할 때 비로소 화합이 성숙될 것이다.

재덕겸비의 미덕을 다시 한 번 강조하지 않을 수 없다.

지식을 늘리는 일 역시 중요하지만 보다 더 귀중한 일은 지혜를 터득해 나가는 일이라 생각한다.

최면술적인 구호로 의기를 다지기 앞서 우선 우리는 어떤 종교적 신념을 마음 깊이 새겨 항시 의연한 자세를 견지하되 부단한 노력으로 자신이 가는 길에서 일인자 되리라는 전문인 긍지를 견지할 일이다.

그러나 몸의 건강이 따르지 않으면 모든 일이 수포로 돌아갈 것이다. 그러므로 몸의 건강에 우리는 최우선의 역점을 두어야 할 것이다.

몸과 마음이 건강할 때 목표 의식이 일층 뚜렷하고 몸과 마음이 건강할 때 우리가 갖는 집념이 바람직하게 불타오를 것이다.

한편 공자의 황금률 "네가 싫은 일은 남에게 베풀지 말 일이다."와 성경의 황금률 "그러므로 무엇이든 남에게서 받고자 하는 대로 너희도 남을 대접하라."가 양의 동서는 달리 하나 똑같은 지혜임을 깨달으면 사회적 본분이 저절로 선연해지리라.

# 쉽게 사는 사람들

## 1. 바보네 가게

'바보네 가게'란 수필을 읽은 적이 있다. 수필가 박연구 씨가 쓴 글이다.

줄거리는 대체로 이렇다.

어느 동리에 구멍가게가 있는데 여기서는 콩나물 값이 다른데 비하여 월등히 싸다.

그러니 동리 어느 집에서 딸이, "엄마 콩나물 어디서 사 올까요?"하면, 엄마는 "바보네 가게서 사와라." "두부는 어디서 사 와요?" "그것도 바보네 가게서 사와라."할 밖에.

동리 사람이 그리로 몰리는 현상은 매우 자연스러운 추세이다. 싼 것을 추구하는 심리는 물이 낮은 대로 흐르는 이치와 같기 때문이다.

그런데 막상 바보네 가게는 콩나물만 도매가로 소매를 하지 다른 상품은 다른 가게와 똑같은 값으로 판매한다.

그럼에도 불구하고 동리 사람은 거의 모두 '바보네 가게' 물건 값이 싸다고 이 집에 몰린다는 이야기이다.

그렇다면 '바보네 가게'가 바보인지 아니면 동네 사람이 바보인지 어떻든 양단 간에 바보가 있을 게 아닌가. 이 풍자는 독자의 웃음을 자아낸다. 아이러니 때문이다.

'어수룩한 사람이 장사 잘한다'는 말이 있다.

직업상 남의 혼례를 수없이 맡아 기록이 천회를 넘지만 그때마다 느껴지는 바가 있다. 즉 신랑이 비교적 똑똑하게 느껴지면 친구 수가 많지 않고 신랑이 어딘가 모르게 덜 똑똑하면 식장에 모이는 친구 수가 매우 많더라고 하는 사실이다.

여기서 깨닫게 된 점은 사람이 똑똑하거나 똑똑해 보이면 친구가 드물고 사람이 덜 똑똑하거나 덜 똑똑해 보이면 친구가 많다는 점이다.

사람은 똑똑한 사람 사귀기를 꺼리고 덜 똑똑한 사람 사귀기를 좋아한다는 경향이 지적된다.

누구나 남에게 똑똑한 사람으로 인정 받기를 원하기 쉬우나 도리어 이점 대인 관계에서 마이너스의 결과를 초래하게 되니 인간 만사가 새옹지마라는 고사를 새삼 되뇌게 된다.

매사 득인가 하면 실이 있고 또 실인가 하면 득이 있다는 사람 살아가는 이치에 고개를 끄덕이게 된다.

또 한문구에 재승덕박(才勝德薄)이 있는데 재기가 승하면 덕이 얄팍하다는 뜻이다.

그러나 저마다의 희망과 기대는 재덕겸비(才德兼備)의 사람이 되는 것이다.

곧 재기와 인덕을 아울러 갖춰야 훌륭한 인격의 소유자로 인정받을 수 있기 때문이다. 어디까지나 이것은 동양적인 관념이다.

비즈니스나 연구 및 조사 활동에서 동서남북 상하로 빈틈없이 똑똑히 처신해야 하나 대인 관계에서 똑똑한 점을 감추고 도리어 잘나도 못난 체 하는 것이 말하자면 재덕겸비의 사람이라 이르겠다.

그러나 말이 쉽지 실제 이 같은 인물이 우리 주위에 얼마나 될까 회의하게 된다.

국회의원 입후보자의 선거 유세를 들으러 다니면 간혹 연설 허두에서 "불초 소생이 천학 비재한 몸으로…" 운운하는 소리를 자주 접하게 된다.

비록 그 말이 형식적이고 의례적인 어투라 하여도 그의 말에서 우리는 겸허한 자세를 읽게 된다.

그것이 형식이건 실질이건 겸허한 자세는 주위의 호감을 사는 것이 틀림없다.

나를 낮추고 상대를 높이는 것이 겸허일 것이다.

조금이라도 자신을 남에게 드러내 보이는 기색을 느낄 때 그는 남의 빈축을 사기가 십상이다.

그럼에도 불구하고 평소 우리는 이 점을 자주 망각하고 지낸다. 나를 남에게 드러내 보이고 싶고 남보다 다른 점을 인정받고 싶어 한다. 그러나 이점이 의도적인 때 의외의 반응을 맛보게 된다.

아널드 토인비의 역사 철학적 교훈이 아무리 훌륭하고 탁월한 이론에 바탕을 둔 해박한 지식의 소산이라 하더라도 예수의 말씀이나 석가 또는 공자의 말씀에 비견되지 않는 것은 그것이 한낱 가식에 머무는 까닭일 것이다.

그리고 성경 불경 논어가 양의 동서 때의 고금을 가리지 않고 모든 인류에게 애독되는 양서인 것은 삶의 지혜가 거기 농축되어 있는 까닭이다.

지식을 넓히고 지혜를 닦아 나가는 우리의 학구와 인격 수양에서 끝내 우리가 도달하는 길이 철학인 점을 누가 부정하고 나서겠는가.

그리스 말로 아가페, 필리아는 각기 사랑을 뜻한다. 그러나 그 사랑이 조금씩 다르다. 에로스는 남녀 간의 사랑이요 아가페는 신의 사랑이며 필리아는 그 밖의 사랑이다.

## 2. 필로소피

영어 필로소피는 철학이다. 어원은 그리스 어에서 찾게 된다. '필로'는 사랑하다요, '소피아'는 지혜이다. 따라서 그리스 어 '필로 소피아'가 뜻하는 바는 '지혜를 사랑하다'이다.

그러면 결국 철학은 지혜를 사랑하는 일이니 철학은 배우는 것이 아니고 철학은 하는 것이란 설명에 수긍이 간다.

대학 철학개론 강좌에서 누구나 한 번쯤 듣는 대목이다.

그의 철학 강의를 듣는 젊은 학생들에게 칸트가 늘 말했다는 것이 "너희는 나에게 철학을 배우지 말고 철학 하는 것을 배워야 한다. 스스로 사색하고 스스로 탐구하고 제 발로 서라."

옛날 델포이 신전 대리석 벽에 그리스 인의 슬기로운 잠언이 새겨져 있다.

"너 자신을 알라" 소크라테스가 한 말로 기억하는 사람이 많다. 너 자신을 알라.

"나는 아무개이다. 어쩌란 말이냐? 하면 모두가 웃음을 자아낼 것이고 멍청한 사람의 인상을 받을 것이다. 좀 더 진지한 자세로 이 명제를 음미 저작 반추해 볼 필요를 느낀다.

"이 육신 즉 이 몸이 나인가? 그런데 나의 몸이라 하니 몸이 내가 아니요 몸의 임자가 나이구나 그러면 마음이 나인가 그런데 나의 마음이라 하니 마음 또한 내가 아니요 마음의 임자가 나이구나 그렇다면 이 몸도 이 마음도 내가 아니다.

나는 이 몸 이 마음의 임자이다. 나는 어디 있는 것인가 몸 안에 있는가 몸 밖에 있는가 나는 누구인가 나는 무엇인가

끝내 대답은 '모르겠다'로 귀착된다."

모르는 명제는 옆으로 미루어 놓는다. 데카르트는 "나는 생각한다. 고로 존재한다."고 했다. 그는 인간이므로 이 말을 다음과 같이 바꿔 놓을 수 있다.

"인간은 생각한다. 고로 존재한다." 비슷한 내용의 말을 파스칼이 했다.

"인간은 갈대다. 그러나 생각하는 갈대다."

저자는 취미의 하나가 목욕이다. 목욕이 취미라면 취미가 대단히 궁색한 사람으로 오해받기 쉽다.

그러나 목욕은 분명 나의 취미의 하나이다.

목욕은 목적을 청결욕이나 청신욕에서 찾게 된다. 몸을 깨끗이 닦고 씻는 것이 청결욕이요, 긴장을 풀고 피로를 풀어 정신을 상쾌하게 기분 전환하는 것이 청신욕일 것이다.

저자가 보다 비중을 두는 쪽은 물론 청신욕 이다.

방송에 강의에 강연에 때로 글쓰기에 하루 일과를 거의 규칙적으로 보내니 스트레스가 쌓이고 스트레스가 쌓이면 파도처럼 피

로가 밀려온다.

이 피로를 푸는데 있어 목욕처럼 좋고 효과적인 방편을 나는 아직 다른 데서 찾지 못하고 있다.

공중 욕탕의 벽면에서 자주 보게 되는 건강 목욕 법 안내 게시판은 새로운 의미를 던지지 못한다.

벌써부터 취미생활을 통하여 너무도 절실히 목욕의 효용성을 절감하고 있기 때문이다. 젊어서는 한 달에 한 번 공중탕에 가는 게 고작이었는데 지금은 거의 매일도 가고 늦어도 나흘을 못 넘긴다.

오죽하면 목욕을 취미라 하겠는가?

이른 새벽 동리 목욕탕에 가면 우선 탈의장에서 입은 옷을 훌훌 벗고 옷장에 넣으면 탕 문을 열고 들어선다.

그런데 탕에는 벌써 지면의 동리 사람들이 지리 잡고 앉아 있다.

맨 몸으로 인사하기도 쑥스럽고 인사를 아예 생략하자니 그것 역시 낯 두꺼운 일이다. 대강 인사를 하고 물통으로 물을 퍼 몇 번 온몸에 끼얹으면 곧 욕조 속으로 들어가 앉는다.

얼마 시간이 흐르면 탕에 앉은 사람은 누구나 온몸으로 행복감을 느낀다.

그런데 저자보다 나중에 오는 손님 중 일곱 여덟 사람은 거의 저자와 같은 방식을 취하나 나중에 오는 손님 중 약간 명은 부주의하게 아무렇게나 물통을 첨벙 물을 튕긴 다음 물을 퍼서 몸에 끼얹는다.

자기가 아무리 하고 싶고 하고자 해도 주위를 의식하는 때 저자 행동이 온당치 않으면 자기 행동을 적극 자제하고 억제할 수 있는 힘 반대로 아무리 자기가 하고 싶지 않고 마음에 켕기지 않더라도 자기 주위를 의식하는 때 주위가 하는 일이 정당한 것으로 판단되면 주저할 것 없이 주위가 하는 일에 즉각 동참하고 적극 동참할 수 있는 힘 모르면 몰라도 이런 것이 모두 '인간은 사회적 동물'이라는 명제에서 반추 되는 사회생활의 단면이 아닌가 한다.

## 3. 음식 예절

전에 어려서 집안 할아버지를 모시고 겸상해서 음식을 들게 된 때 상을 받고 좌정하면 음식이 담긴 반상기의 배열이 새롭게 할아버지 뜻에 따라 바뀌는 일이 거의 비일 비재하다.

대개의 경우 먹음직한 음식은 내 앞에 놓으시고 구미가 별로 당기지 않는 음식은 모두 당신 앞으로 모아 놓으신다.

의아한 표정으로 할아버지를 바라 뵈면,

"난 전에 좋은 것 다 먹었다. 너희들이 좋은 걸 먹고 어서 커야지 할아버지야 앞으로 살면 몇 해나 더 살겠니 너희들이 좋은 것을 많이 먹고 커야 한다."

이때 어린 저자는 가슴이 찡하는 작은 감동을 맛보지 않을 수 없다. 물론 그 당시는 오늘 같은 현숙이 부른 노래는 들어보지 못하던 때이다.

'이 세상 어디에 할아버지 같은 분이 계실까? 나에게 있어……."

아버지 대에 내려오면 또 회상되는 이야기가 많지만 그 중 하나 나의 형제가 여럿인 형편에 남이 우리 집에 일본식 과자를 선물하면 아버지는 으례껏 과자를 자세히 보지 않은 채 "너희들 갖다 먹어라."

신명이 난 아이들은 한 개라도 더 먹으려고 법석을 떤다.

한 개 과자를 들고 몇 입 씹은 때 문득 아버지 생각이 난다.

"아버지 하나 들어보세요 맛이 좋아요."하고 과자를 권하면 "너희들이나 먹어라 어서…."

역시 이때도 저자에게는 작은 감동이 있었다. 이 세상 어디에 아버지 같은 분이 계시겠는가 먹기 좋은 과자를 모두 자식들에게만 넘겨주시고 당신은 맨 입으로 우리만 바라보시니…… .

여기서 하나 최근자의 의견 수정을 말해야 한다. 인생 50대에 접어든 저자의 경우 이따금 손님이 케이크를 사 들고 집을 방문해 준다. 그럼 저자 역시 케이크를 아이들에게 맡긴다.

"너희들 가져다 먹어라" 하면 큰 딸 아이는 어려서 저자가 한 것 같이 "아빠 하나 맛보세요." 저자는 계속 "너희들 먹어라 난 괜찮다." 그럼 "아빠 이건 맛이 달라요 아빠 하나 맛보세요." 하고 적극 권한다. 하지만 굳이 받아먹지 않는다.

그 까닭은 나이가 중년 후반에 접어들면서 최근에는 단 음식이 통 입에 맞지 않는 까닭이다. 구미가 당기지 않는다. 단것이 별로 좋지 않은 것이다. 아마 그래도 집의 아이들은 저자가 그들을 위하는 마음에서만 과자를 들지 않고 있다고 생각할 것이다.

어쨌든 이런 점에 관한 한 아버지가 감동을 주리만큼 훌륭한 일은 아니지 않은가 하는 의견의 수정이 가해지고 있고 이런 때 저자는 고소를 금치 못한다. 하지만 아버지 은혜는 잊지 못한다.

사양하는 마음은 비단 직계 가족에게만 환영받고 감동 주는 일은 아닐 것이다. 저자 주변 모든 사람에게 호감을 사고 호의 어린 인간관계를 형성시켜줄 것이다.

사양하는 마음은 내가 좀 참는 것이고 사양하는 마음은 내가 좀 밑지는 것이고 사양하는 마음은 내가 좀 수고를 더하는 것이다.

일부 젊은 층은 때로 '참다니요? 참으면 병 된다구요. 밑지다니요? 머리가 비었나요. 수고를 더하다 니요? 멍청한 가요? 하고 즉각적인 반응을 할지 모른다.

그러나 산전 수전 인생 유전을 많이 겪은 선험자라면 사양하는 마음의 참 이치를 누구보다 잘 깨닫게 된다.

체험한 다음 비로서 깨닫기도 어렵지만 체험하면서 인생 처신의 이치를 깨닫기는 일층 어려운 일이다.

이 글의 허두에서 나는 재덕겸비의 인간 형을 내세웠고 두 번째 지혜를 사랑하는 관점에서 인간이 사회적 동물임을 사회생활의 현장에서 음미 반추 저작해 봤으며 세 번째 인간관계에서의 호의 어린 관계 구축은 오로지 그의 예의범절에 의존되는 데 예의는 한 마디로 사양하는 마음임을 설명해 본 것이다.

말이 쉽고 글이 쉽지 이 같은 조건이 구비된 실천적 인간형이 얼마나 될지 저사부터 진지힌 반성을 하게 된다.

기실 이 글은 나 자신을 돌아보는 의미에서 씌어진 것이지 남에게 사뭇 교훈적인 자세로 쓴 것이 아님을 후기 삼아 덧붙인다.

인간사 모든 일이 주먹구구식으로 단순한 공식에 의하여 움직여지는 게 아닌데 인간 사 모든 일을 자기류로 멋대로 해석하고 섣부른 자신감에 충만한 사람이 우리 주변에 적지 않은 느낌이다.

그리고 성공에만 연연하고 매달리는 사람이 적지 않은 현상 역시 동일하게 느껴진다. 그래서 나는 '진인사대천명'을 나의 생활 훈으로 삼고 있다.

이 세상사를 어찌 쉽게 생각하고 살 수 있을까.

# 외유내강의 선비 이주행 교수

이주행 교수는 외유내강의 선비 무실 역행의 학자이다. 그는 '소처럼 살다 가리라' 에세이 집에서 보인 것처럼 목표 의식이 뚜렷하고 의지가 굳으며 끈기가 있다.

독특한 친화력이 그의 의사소통과 관계 형성에 밑거름이 되어 여기저기서 그를 찾고 부름이 있으니 일이 많고 그야말로 눈코 뜰 새 없이 바쁘게 생활한 자취가 역력하다.

때로 심각한 표정을 지어 보일 때가 있으나 대체로 밝은 표정이 그의 심벌마크이다. 그는 실타래치럼 엉키고 헝클어진 문제를 솜씨 좋게 잘 풀어나가는 의견 조율의 명수이기도 하다.

초기에 그는 문법 연구에 몰두하다가 남북한 언어의 비교 연구로 남북한 언어의 동질성 회복에도 남다른 노력을 경주하였다.

이어 화법 연구에 착안 피치를 올려 이론 체계를 확립한 뒤, 국어 생활 현장의 문제들을 끌어내어 해결안 제시의 방편으로 다수의 묵직한 논문을 교육계 및 국어학계에 발표함으로써 동학들의 관심을 끌고 후배들에게 선망의 대상이 되었다.

이주행 교수는 서울대학교 사범대학 국어교육과 출신으로 동 사범대학 부속 여중과 동 부속 고등학교 교사에 임명된 사실은 그가 실력을 갖춘 우수 교사이며 동시에 교사의 자질이 누구보다 뛰어남을 가리킨다.

문교부 국어심의회 상임 전문위원으로 발탁되어 정부의 국어 정책 특히 국어 어문규범 개정 작업의 소임을 다한 것을 비롯하여 마침내 문교부 국어교육과정 심의위원장을 거쳐 국어 교과서 검정 위원장의 중책을 맡아온 그의 행적을 볼 때 그는 우리나라 중고등 국어교육 행정의 선두에서 그 방향타를 잡고 있다고 보겠다.

이 교수는 여기에 머물지 않고 방송위원회 방송언어 특별 위원회 위원장까지 맡아 표준어 시범의 현장인 방송의 언어 순화를 위하여 적극적인 조언을 아끼지 않은 점에서 방송인의 한 사람으로 그에게 고마운 뜻을 표하지 않을 수없다.

그는 중고등 국어 교사 직을 훌륭히 완수한 뒤에 대학교수로 자리를 옮겨 중앙대 국어국문학과에서 국어학 교수로서 특히 문법과 화법 분야 연구에 남다른 업적을 착실하게 쌓아오면서 전공 학생들을 출중하게 지도하였으니 누구도 그의 업적을 기리지 않을 수 없을 것이다.

이교수가 중앙대에서 문과 대학장에 보임된 사실은 어쩌면 당연한 일이라 하겠다.

정태시, 김갑순, 이두현, 이근삼, 본인 등이 중심이 되어 1963년 서울에서 한국스피치학회가 조직되었다.

중학교 및 고등학교 국어과 교과 과정에 화법을 넣고 화법 교과서도 펴내어 검정 교과서로 인정받고자 하는 등 열의가 넘치는 의욕적인 출범을 보였다.

화법 교육이 없이는 민주주의 사회가 뿌리를 내리지 못하고 민주주의 사회가 정착을 하지 못한다는 사실을 주목하여 앞으로의 국어교육에서 반드시 화법이 수업 되어야 한다는 염원이 학회 창립 발기인의 공감대를 이루었다.

그런데 1996년부터 고등학교 국어과 교과과정에 화법이 정식 과목으로 들어가게 되니 실로 30여 년 만의 숙원이 이루어진 셈이다.

본인은 1960년 성대 대학원에 진학하여 국어 스피치를 전공한 후 1962년 '스피치 교육의 사적 진전 소고'라는 석사 학위 논문을 작성하였으며 '표준 한국어 발음 사전' '화술의 지식'을 잇달아 출간함과 동시에 국제 스피치 학회에 정 회원으로 가입하였다.

한편 이두현 교수는 1960년 도미하여 피바디 대학과 워싱턴 가톨릭 대학에서 드라마 및 스피치를 연구한 후 1962년 귀국 서울대에서 '화법 강좌'를 개설하고 수업을 시작하였다.

그러나 이보다 먼저 정태시 교수는 '새 시대의 연설'을 출간하여 미국 먼로 교수의 저서 '스피치 원리와 형태'를 한국에 처음 소개하였다.

그렇다면 한국에서의 본격적인 스피치 연구는 1960년대 초반으로 보게 된다.

그러나 한국스피치학회는 그 밖에 아무런 진전을 보이지 못한 채 발걸음을 멈추었다.

이어 한국화법학회가 새로 탄생하였다.

1998년 9월 26일 중대 대학원 국제회의장에서 백여 명의 참가자가 참석한 가운데 학회가 정식으로 출범하였다.

이 날 중대 이주행 교수와 전남대 임칠성 교수가 각각 화법 관련 연구 발표를 30분씩 하고 나서 창립총회가 서울대 민현식 교수의 사회로 원만하게 이루어졌다.

임원 선출에서 학회장으로 수원대 본인이 감사에 경기대 차인태 교수가 각각 선출되었다.

한국화법학회 초대와 2대 회장은 본인이 3대와 4대 회장은 이주행 교수가 역임하였다.

한국화법학회는 2010년에 만 12년을 맞았다. 그동안 학술 연구지인 '화법 연구' 15집이 간행되고 학술 진흥재단에도 등록을 마쳤다.

이때 중추적 역할을 다하고 학회의 초석을 반듯하게 놓아 초기의 토대를 닦은 이가 바로 이주행 교수이다.

지금까지 이주행 교수의 생애는 국어학 분야에서 특히 문법과 화법 연구에 전념하는 한편 우리나라의 새로운 국어 교육의 구상과 실천에 선도적 역할을 다한 것으로 평가한다.

그의 정년을 아쉬워할까 축하할까 본인으로서는 이주행 교수가 쌓아온 그동안의 학문적 성취에 다만 아낌없는 찬사를 보낼 뿐이다.

# 김충기 교장 정년 송공 사
## - 자신의 꿈을 실현한 삶

김충기 교장 선생!

세월의 빠름을 얘기해 무엇 하겠습니까?

1957년 대학을 졸업하고 40여 년 세월을 교단에서 차세대 국민 교육에 몸 바쳐 일해온 김 교장이 이제 65세 정년을 맞이했습니다.

우선 나는 김 교장의 정년을 진심으로 축하합니다.

정년을 어찌 축하할 일이냐고 반문하는 이가 없지 않을 것이나 나는 축하를 보냅니다.

교육에 뜻을 두고 교육계에 투신하였다가 이런저런 사정으로 중도에서 포기하는 이가 많고 외길 한 평생 오로지 교육의 일터에서 헌신 노력하는 이가 적기 때문입니다. 더구나 IMF 시대에 조직의 구조조정으로 인하여 본의 아니게 직장을 그만두는 이가 많은 요즈음 자기가 선택한 천직 교육의 일선에서 자기의 뜻을 펼 만큼 펴보고 이제 법정 연한이 차 정년 퇴임을 하게 되니 얼마나 행복하고 보람찬 인생입니까?

　김충기 교장 선생!

　1957년 서울 청운중학교에서 교직을 시작하여 현재 중암중학교 교장으로 재직하기까지 자그마치 41년 6개월의 교직 경력을 쌓고 정년을 맞이하였습니다.

　그동안 평교사 주임 교사 재외국민 교육원 교육연구사 그리고 주일 한국대사관 파견 장학사 후에 귀국하여 상신중학교 교감과 선린중학교 교장을 거쳐 중암중학교 교장에 이르기까지 김교장은 화려한 영전을 거듭하였습니다.

　같은 교육계라 하더라도 한자리에 연연하지 않고 꾸준히 발전의 길을 모색하여 마침내 교사라면 누구나 선망하는 교장직에 이르렀습니다.

　누가 보아도 마른 체구에 연약해 보이는 인상이지만 의지 하나만큼 누구 못지않게 강한 일면을 지니고 있어 장차 자기 몫은 착실하게 일구어 낼 것이라 일찍 짐작한 바 있는데 오늘에 와서 보니 과연 그렇구나 하는 감탄이 저절로 나옵니다.

　김 교장과의 첫 만남은 서울대 사범대 국어교육과 입학 때부터이니 어언간 45년여의 시간이 줄달음질 치며 지나갔습니다.

　대학시절 계동 중앙중학교 앞에 살던 김 교장 댁을 방문하면 서재 방 3면의 벽에 세워진 책 꽂이에 빽빽하게 꽂혀 있는 신간

내지 고서의 더미가 나에게 큰 감동으로 다가왔던 사실을 지금껏 내 머리에서 지울 수 없습니다. 그 가운데서도 전공 및 교양 분야의 일본 서적이 나를 압도하였습니다.

이에 자극되어 한동안 안국동 충무로 청계천 아현동 등 시내 고서적 상가를 배회하며 서투른 모방에 열을 올리던 내 모습이 부끄럽기만 합니다.

김충기, 김경식, 박정남 그리고 나와 넷이서 자주 어울려 다니며 꿈 많던 젊은 시절 지난 일이 문득 눈앞에 어른거립니다.

사대 1학년 겨울 방학 때 셋이서 안성행 시외버스에 올라타 보개면 북좌리 박정남 댁을 찾던 일 안성 읍내에서 맑은 약주를 마시며 시간 가는 줄 모르고 번갈아 기염을 토하던 일, 그럴 때면 김 교장은 약주 한 두 잔에 얼굴이 빨갛게 달아오르고 연신 웃음을 참아내지 못하였습니다.

그때 벌써 박정남은 두 아이의 아버지였던 일을 어찌 우리 기억에서 빼놓을 수 있습니까?

그 무렵 김교장은 문학 서클에 참여하여 모더니즘의 현대문학에 심취했던 일을 떠올리게 됩니다.

정년에 즈음하여 교육 행정관으로 교장직을 수행하고 있으나 김 교장이 중년을 조금 벗어난 때 대학원에 진학하여 석사 학위를 동국대 조연현 교수에게 지도 받은 일을 미루어 보면 김 교장에게 대학 강단에 서 보려는 의도가 있었음을 짐작하게 됩니다.

그럴 때면 젊은 시절에 불태우던 모든 꿈을 김 교장은 현실로 이루어 냈다고 봅니다.

자신의 꿈을 실현한 삶은 아름답다고 했는데 김충기 교장 이야 말로 바로 이 경우에 해당한다고 봅니다.

앞에서 나는 축하의 말을 하였으나 기실 정년을 맞이하여 학교 를 떠나는 당자의 심정이야말로 일단 섭섭한 마음이 없지 않을 것입니다.

참으로 긴 세월 그동안 교직에 헌신한 김교장의 노고가 매우 컸습니다. 그리고 오늘 또다시 새롭게 제2의 인생에 도전하는 김 교장은 분명 후세대에게 값진 또 하나의 교훈을 남길 것이라 확 신합니다.

진인사대천명(盡人事待天命)이란 인생에의 좌우명이 나와 우 연히 일치한다는 사실을 뒤늦게 알고 어쩌면 나는 김 교장을 여 러모로 따르고 있다는 자각을 하게 됩니다. 다만 차이가 있다면 나는 산행을 즐기는데 김교장은 낚시와 바둑을 취미로 가지고 있 습니다.

이정숙 여사와의 사이에 1남 2녀의 자녀를 슬하에 둔 김교장은 누구보다 행복합니다.

항상 미소를 잃지 않는 어진 부인이 김교장 내조에 열과 성을 다하고 있습니다.

 장남 종명씨가 캐나다에 유학해서 학위를 받고 돌아와 현재 서울대에 출강하고, 장녀 종희씨가 일본 도쿄 대에서 학위를 받고 경기대에 나가며 막내 종미씨가 이대를 나와 '엘리제'에서 디자인 실장을 맡고 있습니다.

 대한 예수교 장로회 안동교회 장로이기도 한 김충기 교장 선생 한국어문학회 상임이사인 김충기 교장 선생 앞으로 더더욱 노익장 하여 기독교인 교육자 사회 지도자로서 지금까지 걸어온 길을 계속 걸어가기 바랍니다.

 항상 새로운 김 교장의 목표가 김교장에게 값진 활기를 불어넣을 것이라고 굳게 믿습니다.

 김충기 교장의 정년을 다시 한번 축하합니다. 김 교장의 건강과 댁내 평화를 위해 신의 가호가 항상 함께 하시기를 기원하며 송공사에 대신합니다.

# 포도주 같은 우정 강용호 교수

"누구든 사람은 자신의 건강을 중요시한다. 저축을 늘리고 살림 집을 튼튼히 짓고 산다. 그리고 의복을 잘 갖추고 때에 맞추어 옷을 잘 차려입는다.

그러나 모든 재산 가운데 가장 최고의 것인 우정의 재산을 갖추려 하는 현자는 어디에도 없다." – R. W.에머슨

에머슨이 일찍이 강용호 교수를 알았다면 우정에 대한 관점이 조금 달라졌을 것이다.

그를 우정의 현자로 일컬을 수 있기 때문이다.

우정을 잘 챙기는 이가 주위에 별로 없는 듯한데 강교수의 경우는 분명 예외이다.

그와의 우정을 경험한 처지의 저자는 이 같은 경우를 수없이 겪었을 뿐만 아니라 누구 못지않게 그에게 우정의 빚을 지고 지내는 터이다.

서울대 재학 중인 1953년경 정우상 교수와 정동화 총장을 통

해 처음 인사를 나누고 그와 저자와의 사이에 우정의 길이 새롭게 트인 것이다.

이렇게 저렇게 자주 만나고 잘 어울려 지냈다.

장항선 완행열차를 이용해 충남 대천 쪽으로 함께 여행을 떠나던 때 일이다.

'비 개인 한낮'의 작가 최진우 교수 등이 일행이다.

서울 서부 역에서 열차를 탔는데 열차에 늦게 오른 탓도 있지만 완행열차를 이용하는 승객이 워낙 많은 터라 찻간은 그야말로 콩나물 시루처럼 승객이 입추의 여지없이 빽빽이 들어찼다.

맨 뒤쪽 칸에 간신히 탄 일행의 선두에는 강 교수가 섰다.

사람 틈 사이를 비집고 얼마를 가지 않았는데 여기저기서 그에게 인사를 해 오는 그의 고향 후배들이 많았다.

그러자 자리에 앉은 한 후배를 일으켜 세우더니 누구보다 먼저 저자를 앉힌다.

일어선 그의 후배에게 저자는 더없이 미안한 노릇이나 친구를 위하는 그의 우정에 나는 다만 작은 감동을 기억에 새길 수 있었다.

1953년, 저자가 KBS 아나운서 시험에 합격한 때 누구 못지않게 기뻐하며 축하해 준 일을 잊지 못한다. 우정은 기쁨을 배가 시킨다는 말이 실감 난다.

그를 좋아하기 때문에 내가 그에게 끌린 것인가 나를 좋아하기 때문에 그가 나에게 끌린 것인가 누가 먼저인지 모르나 서로가 좋아 우정이 쌓여왔다.

맥주는 공장에서 갓 나온 것으로 알맞은 냉온을 유지할 때 최상의 맛을 유지하나 포도주는 얼마나 오래 묵은 것 이냐의 여부로 진가를 드러낸다고 할 때 강교수와 나와의 우정은 40년 묵은 포도주와 같다고 하고 싶다.

대학을 졸업하고 공군에서 군 복무를 마친 뒤 동아방송에서 일할 때 대천 해수욕장에 동아 비치 하우스가 마련되어 있어 어느 해 여름 휴가철을 그 곳에서 보낸 적이 있다.

해변을 산책하다가 우연히 대천 관광호텔에 들렀다. 정원에 비치 파라솔이 여기 저기 꽂혀 있는데 한쪽 안락 의자에 짙은 선 글라스를 낀 낯익은 얼굴이 눈에 들어온다.

강용호 형이 묵으며 공군 현역에 복무 중 휴가차 망중 한의 시간을 보내고 있는 것이다.

그가 공군에 입대한 사실을 그때 처음 알고 또 하나의 공통점을 확인하였다.

그 후 자주 가까이 만나서 지냈다. 나나 그나 사우나 목욕을 즐기는지라 목욕탕을 함께 들어간 일이 많다.

때밀이에게 때를 밀어달라고 부탁할 때 때밀이 표정은 별로 좋은 편이 아니다. 당당한 체구와 단련된 살갗을 밀기가 귀찮고 싫은 반응이었다. 이때만은 고소를 금할 수 없었다.

아마 탕 안에서 그의 체구에 견줄만한 사람은 그리 흔치 않을 것이다. 보디 빌더는 아니나 평소의 체력 관리에 빈틈없을 뿐더러 못하는 운동이 없지 않은가?

씨름 레슬링 육상 테니스 골프 등 테니스만 해도 그렇다.

논현동으로 집을 옮기고 집들이 삼아 가까운 친우들을 그가 초대하였다. 정우상 정동화 전영우가 그의 초대를 받아 한자리에 모였다.

우리 넷이서 테니스를 하자는 뜻이 굳혀져 테니스가 시작되었는데 지금 그는 수준급인 것으로 안다.

이때 서로 다짐하기를 어떻든 교직에 머물러 있으려면 학위가 필요하니 각자 이 목표를 꼭 이루자고 셋이서 뜻을 모았다.

강용호 교수는 문무가 겸전하다. 강건하고 균형 잡힌 체구에 학구적 열의가 대단하다. 그리고 의협심이 강하다. 남이 어려운 곤경에 처하면 이를 도와주려고 백방으로 뛴다.

한번 신명이 나면 레퍼토리 폭이 넓어진다. 체구에 비해 잔정이 많은 점도 그의 특징이다. 그러나 한번 눈 밖에 나면 주저함이 없다. 단호한 면이 없지 않다.

언제인가 그가 논현동에 살 때 사이클을 타고 아침마다 4 킬로

미터나 되는 거리를 달려 내 집을 방문해 주고는 하였다.

자주 찾지 못할 때는 전화 안부를 잊지 않는다. 친구에 대한 성실한 관심 표명이 우정을 쌓는 길임을 그의 전화로 깨우친 적이 한두 번이 아니다.

"별일 없느냐?' '없다" "궁금해서 걸었다" 하고 전화를 끊기에 이번엔 내가 전화를 걸어서 대화를 마무리 진 적이 있다. 관심에 대한 유머의 대응이었다.

좋은 일이든 궂은 일이든 나에게 일이 있으면 우선 달려와 끈끈한 우정을 보여준 강교수에게 나는 늘 고마움을 잊지 못한다.

영애 미경은 여식 은경이와 대를 이은 우정이 남다른 점을 알지만 둘이서 또 똑같이 아들을 낳아 단란한 가정을 성산동에 이웃하여 지낸 적이 있으니 딸들이 아버지의 우정을 흉내 내는 것 같아 귀엽기 그지없다.

시내 택시를 타고 가다가 기사가 우연히 홍성이 고향인 사람과 만날 때 고향 후배 같은 느낌이 드는 것은 무엇 때문일 까?

20여 년 전 홍성 갈산에서 강 교수 춘부장 수연을 차린 때 그곳에 내려가 밤 시간 가는 줄 모르고 경향 각지에서 모여든 하객들과 더불어 우정을 나누던 일을 어찌 쉽게 잊을 수 있는가?

그 무렵 홍성 시내에 살고 있는 강교수와는 고교 동기로 우의가 돈독한 전용섭 사장과 만났다.

그는 반가운 만남의 뜻으로 우리와 함께 이름난 요리 집인 금강옥에 가서 주안상을 차려놓고 다시 한번 우정의 자리를 베푼 때 가다듬은 목청으로 강 교수가 '열풍'을 열창하면 우리는 손뼉과 젓가락 장단으로 흥을 돋우고 밖에는 함박 눈이 소리 없이 내렸다.

서울 보성고교 교사를 거쳐 단대 체대 학장을 지낸 강용호 박사는 대한 씨름협회 고문과 충남 체육회 부회장 및 재경 홍성군민회 명예회장으로 다방면에서 눈부신 활약상을 보이고 있다.

부인 김선자 여사와의 사이에 1남 1녀를 둔 다복한 가장이다. 자제 강태영 군은 아버지보다 더 큰 체구의 청년으로 면학에 주력하는 한편 아버지에 대한 효성이 지극한 다부진 성품의 소유자이다. 현재 중학교 교사인 서랑 김정하씨와 영애 미경씨 외의 사이에 근영 형도 아들 형제가 있다.

강용호 박사의 오늘이 있기까지 남 모르는 내조의 공을 쌓아온 김선자 여사는 공주사범 출신으로 다년간 교사직에 헌신한 전형적인 현모양처이다.

젊은 시절의 벗은 훌륭한 것이지만 노년의 벗은 한층 더 훌륭한 것이다. 젊은 시절에는 모든 게 그렇지만 벗이 있다는 사실이 당연한 일로 생각되나 노년에 들면 벗을 가지고 있다는 깊은 뜻을 알게 된다.

강용호 박사는 정직한 벗이요 신의가 있는 벗이고 전문 분야의 지식이 많은 벗이다. 바로 익자삼우(益者三友)의 조건을 다 갖춘 벗이다.

이처럼 훌륭한 벗을 두고 우정을 이어온 저자는 얼마나 복이 많은가?

# 조선일보 독자 투고
(2012년 9월 24일)

2012년 우리나라 대통령 선거 당시 대체로 각 후보자들이 선거 유세 음성 표출에 격앙된 양상이 드러나 이를 약간이라도 진정시키는 것이 바람직하다고 느껴 당시 저자 소회의 일단을 적어 '조선일보'에 독자 의견으로 투고했는데 그곳 독자 서비스 센터에서 이 의견을 채택 게재해 줌으로써 일반 독자의 관심을 다소 환기한 바 이 글을 소개한다.

"정치계 인사들은 톤을 더 낮추라"

정치인들이 목을 많이 쓰는 선거철이 돌아왔다. 케네디 대통령도 후보 시절 미국 각지를 돌며 유세를 하면서 과도하게 목을 쓴 탓에 목이 쉬었다.

목청을 마음껏 돋우고 자기주장과 의견을 목이 터져라 외쳐대야 성이 풀리는 연사가 많은 걸 보면 무슨 교통사고 현장처럼 목소리가 굵고 커야 남을 압도하고 제압하는 줄 아는 모양이다. 그러나 꼭 그렇지는 않다.

정치와 스피치는 불가분의 관계임이 틀림없다. 하지만 좀 더 감성을 갖춘 연사라면 오히려 톤을 낮추고 차근차근 강약의 조화로 설득 효과를 높일 일이다.

고대 그리스 변론가 데모스테네스는 발성 연습을 위해 바닷가에 서서 입속에 자갈을 물고 목소리를 뽑아냈다고 전한다.

당시는 육성을 힘껏 자아내는 연습이 기본 단계요, 필수 과정이었을 것이다.

그러나 오늘은 고성능 확성 장치를 이용해 얼마든지 자기 육성을 확대할 수 있다.

게다가 청음 기관이 발달한 요즈음 젊은이는 고음보다 저음을 선호한다.

고성능 오디오 장치로 보컬을 듣는 음악 애호가들도 저음에서 더 정서적 매력을 느낄 때가 많다고 한다.

그런데 경험이 일천한 일부 정계 인사들이 자기 소신을 강력히 주장하려 할 때 무조건 큰 발성에만 의존하려는 경향을 보인다.

이 때문에 빈번히 연설에 나서면 목이 과로하게 되고 마침내 쉬기도 한다.

그렇다고 낮고 여린 발성만 고집해도 청중은 싫증을 내고 곧 등을 돌리기 십상이다.

그렇다면 청중이 듣기 편한 음성 표현법은 없을까?

감성이 실린 방송인의 오묘한 목소리는 미묘한 뉘앙스마저 살려낸다. 라디오 방송 아나운서가 뉴스를 방송할 때 보통 기사를 '읽는다'고 말하는데 미국 음성학자인 헨너케는 '연주한다'는 색다른 표현을 썼다.

음악 연주자가 악보를 보며 연주하듯 강약 고저 장단 속도 포즈 등 발성 및 발음 기교를 통하여 뉴스 기사를 연주한다는 뜻이다.

대선에 나서는 주자들에게 클래식 연주자와 같은 캠페인 스피치를 기대하는 것은 지나친 꿈일까?

# '독립신문' 한질을 받고

　용어의 개념이 확**실**히 다져있지 않으면 향후 모든 양상이 모호하게 전개되기 쉽다.

　방송사에서 토론 프로그램을 담당한 프로듀서가 연사로 참여해 달라는 부탁을 해 왔을 때 나는 우선 그에게 논제를 물어보았다.

　"요즘 토론 어떻게 생각하십니까? 라고 불쑥 말을 내던진다. 토론인데 토의 의제를 걸었으니 앞뒤가 맞지 않는다. 출연 교섭을 거절한 것은 물론이다.

　관행상 토론에 수식어가 붙는다. 찬반 가부 적부 등이 그것이다.

　내건 논제에 대체로 의견이 양립할 때 비로소 토론의 장이 마련된다.

　이를테면 "한글 전용이 옳은가?" 했을 때 '옳다', '옳지 않다'로 의견이 갈리면 토론할 수 있는 논제가 될 것이다.

　토의는 디스커션 이요, 토론은 디베이트이다. 그러나 영한사전에 따르면 둘 다 토의와 토론으로 의미를 풀이해 놓아 뜻이 불분명해 헷갈리지 않을 수 없다.

우리나라에 토론 문화가 유입된 때가 백 년 전의 일이다. 그리고 디베이트는 토론으로 디스커션은 토의로 이미 그 뜻이 굳어진 지 오래인데 항간에 토의와 토론에 대한 개념이 모호하게 통용되고 있다.

주어진 문제에 대하여 해결책을 찾는 논의가 토의라면 이미 해결책이 나와 있고 이에 대한 가부혹은 찬반을 가리는 논의가 토론이다.

귀국 환영회가 있던 1896년 2월 중순 이래 서재필은 매주 토요일 강연회를 가졌다. 이 강연은 대단한 인기를 끌어 당시 정부 고관들도 일부가 방청을 했을 정도이다.

그가 교과목으로 강의하는 회의 법 등이 학생들에게 새로운 사상을 심어주는 큰 구실을 했다.

협성회는 이와 같은 기초 작업 위에 태동된 것이다. 그는 배재학당에서 역사 지리 정치 경제 종교 등도 강의했는데 그때 학생들에게 가장 큰 감화를 주었다.

한편 그는 또 국민의 일상적인 문제를 다루는 토론회도 지도하였다.

아펜젤러 학당 장 초청으로 1주일에 2시간 강의했으며 학생들에게 개화 정신과 독립정신을 배양해 주었다. 서재필의 학생 지도 내용 가운데 특기할 사실은 바로 만국회의 통상 규칙이다.

그리고 그리던 조국 땅을 딛을 때는 이 나라에 국회를 두어 헌법을 제정 공포해 입헌 정치를 하려는 포부와 기대를 가지고 있었다.

그는 배재학당에서 매주 담당 과목을 강의했고 다른 한편 학당에 나가 자주 학생들을 지도했으며 학생회를 조직하게 하였다.

1896년 10월 협성회를 발기시키고 서재필은 여기서 회의 진행법의 이론과 실제를 가르치고 학생의 연습과 훈련을 크게 도왔다.

현재 우리나라에서 대학을 졸업하고 사회에 진출한 사람들이 의사 규칙에 의한 회의 진행법을 모르고 토의와 토론법의 실제를 모른다면 우리의 국어 교육은 지금 어디로 가고 있는지 진지한 반성을 한번 해보아야 할 것이다.

몇 년 전 지방 자치제가 처음 실시되었을 때 기초의회 또는 지역구 의회 의원으로 당선된 사람들이 먼저 봉착한 심각한 문제는 의사 진행 절차에 대한 식견이 대체로 부족하다는 사실이었다.

결국 그들이 학교 재학 시절에 회의 진행법을 체계 있게 학습하고 훈련받은 일이 없으므로 의회 개원시에 능률적인 회의 참여가 어려워 별도의 연수 기회가 있어야 한다는 현상 진단이 나왔다.

그러므로 토의와 토론에 대한 개념이 일반적으로 분명히 파악되지 않고 있는 저간의 사정은 별로 놀라운 사실이 아니다.

대화와 연설의 경우도 예외가 될 수 없다.

요컨대 대화 연설 토의 토론 회의 등에 대한 우리 인식이 크게 부족할 뿐 아니라 이에 대한 학습 활동과 경험이 전문 종사자를 제외하고 거의 전무한 실정이다.

지금까지 제도권 교육에서 스피치 활동에 대한 충분한 학습과 적절한 연습이 제대로 이루어지지 않았으니 더 말할 나위가 없다.

국어 발음 공부도 최근에 와서야 비로서 초등학교 교육에서부터 시작되지 않았는 가. 그도 그럴 것이 '표준 발음법'이 제정된 지 이제 겨우 10년도 채 안되었으니 더 이를 데가 없다.

그나마 다행인 것은 비록 선택 과목이긴 하지만 올해(1996년)부터 전국 고등학교에서 화법을 가르치게 되었으니 고등학생들에 대한 발음 교육이 종전에 비해 일층 더 확실히 자리매김을 하게 되었다는 현실적인 기대이다.

아울러 토의와 토론 교육 역시 제자리를 찾게 될 것으로 보여 만시지탄은 있으나 바람직한 국어 교육의 앞날을 위해 매우 고무적이다.

'국문과 한문을 섞어 씀에 대하여' '개항을 많이 함이 나라에 유익함에 대하여' 등은 1898년 배재학당에서 발행한 협성회 회보에 게재된 협성회 토론 논제의 일부이다.

서재필의 지도로 토론회가 열리고 여기서 일반 국민의 일상 문제가 활발히 논의되면서 토론 참가자는 물론 방청자까지 개화 계몽사상이 폭넓게 삼투되어 들어갔다.

토론회는 '가'편과 '부'편으로 나누어 각 편에 연사를 셋 또는 넷씩 하여 편을 가르고 토론 논제는 반드시 상대되는 개념을 포함하는 것으로 정해 놓아 부편에서 논제를 주장하더라도 변론이 잘되면 심판에 의하여 판정 승하게 된다.

이때 청자 및 청중은 공감되는 연사의 연설에 잘한다는 뜻으로 손뼉을 치게 했으니 박수하는 법이 새롭게 학습되었다.

이것 역시 서재필의 지도이다. '서새필의 토론 지도에 대하여(1985)라는 소론을 쓴 것이 인연이 되어 올해(1996년) 성남언론재단 발행으로 새롭게 장정 출판된 '독립신문'복사본 한 질을 선물로 받았다.

이 일은 저자에게 두고두고 기억될 것이다.

# 제6회 외솔상 수상 소감

(1977년 3월 26일, 홍릉 세종대왕 기념관 강당)

1971년 서울특별시 문화상 수상 이후 6년 만에 다시 영광의 큰 상을 받았다. 그것은 바로 '국어교육'과 유관한 상이다.

재단법인 외솔회가 주는 제6회 외솔상이다. 한 사람 국어교육 자로 이 상을 받음은 큰 영광이 아니겠는가?

1977년 3월 26일 세종대왕 기념관 강당에서 외솔회가 준 제6회 외솔상 실천 부문을 수상하니 이 위에 더한 영광이 어디 있을까?

이번에 저자가 제6회 실천 부문 외솔상을 수상했다.

한편 부끄럽고 한편 자랑스럽기 그지 없다. 부끄럽기는 보다 훌륭한 인사들이 많은데 내가 뽑혔으니 부끄러운 것이고 자랑스럽기는 대학 및 대학원에서 국어 공부를 한 사람으로 영예의 외솔상을 수상하니 자랑스러운 것이다.

어떻든 기쁘고 자랑스러운 것이 지금의 심정이다. 그리고 외솔

상은 물심 양면으로 나에게 무한한 힘을 주었다. 나는 빚을 진 사람이 되었다. 빚을 갚아야 한다.

어떻게 빚을 갚는 것이 가장 바람직할까?

국어 공부를 하면서 늘 하나의 의문을 가지고 있다. 곧 국어는 말과 글을 배우는 것인 데 다른 외국어는 말과 글을 동시에 배우면서 우리 국어는 말을 외면하고 글에 더 비중을 두니 이건 어딘가 좀 잘못된 것이 아니냐는 의문이다. 국어도 말과 글을 동시에 배우고 가르쳐야 할 것이 아니냐는 생각이다.

그런데 이것이 아직은 글에 머무르고 있다고 본다. 상급학교 입시를 대비하다 보니 국어교육이 자연 글 위주로 편중하게 된 점을 쉽게 수긍할 수 있지만 언제인가는 이것이 꼭 바로 잡혀야 할 것으로 안다. 그 책임의 일단이 나에게도 있다고 자각 책임을 크게 느끼고 있다.

국어 시간은 있으되 실제의 수업은 국어보다 국문을 가르치고 있는 듯한 현상은 반드시 개선되어야 할 것으로 안다. 그 한 보기가 우선 한국어 발음이 본격적으로 국어과 교육에 반영되지 않고 있다는 사실이다.

그리고 덧붙인다면 '말하기 듣기 교육'도 글공부로만 그치지 말 공부로는 이어지지 않고 있다는 사실이다.

그리고 덧붙인다면 '말하기 듣기 교육'도 글공부로만 그치지 말

공부로는 이어지지 않고 있다는 사실이다. 각급 학교 국어과 시간에 국문 교육은 있지만 국어교육이 없지 않은가 하는 것이 본인의 생각이다.

이 사실이 본인으로 하여금 '국어 화법'공부를 적극 충동한 원인이 된다. 국어과 교육 가운데 현대문 고문 문법 작문 국문학사 못지않게 화법에 새로운 비중을 두어야 할 것으로 안다.

'말하기, 듣기'를 새롭게 배우고 새롭게 익혀야 한다. 말을 잘할 줄 모르고 남의 이야기 듣기를 잘할 줄 모른다면 그만큼 우리 생활은 시간의 낭비와 비능률의 와중에서 허덕이기가 쉽다. 바람직하고 보람 있게 이야기를 주고받아야 할 것이다.

그러기 위하여 우리는 '국어 화법' 공부를 할 필요가 있다. 우리의 경우 중학 및 고등학교 국어 과목에 이 대목이 포함되지 않은 것은 아니나 본격적인 취급은 아니고 형식적인 취급에 그치다 보니 교육 성과를 기대하기가 매우 어렵지 않은가 한다.

'커뮤니케이션' '스피치 커뮤니케이션'이란 각도에서 '국어화법'이란 연구가 전에 없이 활발히 전개되어야 할 것인데 아직은 이 방면의 연구가 미진할 뿐만 아니라 이제 겨우 관심이 쏠리고 있는 형편에 있다.

말은 입이 하지만 말은 그의 인품에서 우러나오는 것이므로 인격의 수양이 선행되어야 하고 말은 사회생활에서 의사소통의 수단이므로 호의적인 인간관계 기반의 구축이 무엇보다 선행되어야 한다.

동시에 앞서 말한 '스피치 커뮤니케이션'의 이론 탐구가 뒷받침되어야 한다.

그러나 그것으로 멈출 수 없으며 국어학 연구와 연계성을 굳게 다져야 할 것이다. 그렇다면 국어화법 공부가 단순한 것이 아니라는 사실을 쉽게 수긍할 수 있다.

그럼에도 불구하고 이것은 어디까지나 공시적인 입장에 불과하다. 다시 통시적인 입장에서의 고려를 배제할 수 없다. 그것은 역사적인 연구와 연결된다.

동서양의 스피치 교육사를 캐어 보아야 하고 우리나라 최근세의 연설 운동을 자세히 살펴보아야 한다.

그러자면 나의 할 일은 지금 박차를 가해야 할 단계이다.

실천 부문 외솔 상 수상의 실제 명분은 보도 용어의 순화 및 국어 화법의 체계 정립과 보급의 공로이지만 앞으로 주어진 과제를 힘있게 밀고 나감에 추진력의 구실을 해준 것이 이번의 수상이라고 생각한다.

나아가 외솔 최현배 님은 대학 때의 은사이시고 우리나라 국어 연구의 길에서 거목의 선구자이시다.

이 분의 정신을 새롭게 연구함이 후학으로서 마땅한 일이요.

또 그 정신을 기리는 일이 앞으로 내가 해야 할 중요한 과업의 하나가 아닌가 한다.

어떻든 외솔 상 수상은 나에게 무한한 힘을 주었고 나의 화법 연구에 새로운 활력을 불어 넣어 준 것이다.

이번 기회에 외솔 상 관련 인사에게 다시 한번 감사를 드린다.

# 한국언론학회 언론상 제1회 수상

1991년 5월 초 어느 일요일 곰 산악회 멤버들과 같이 등산을 마치고 논현동 집에서 쉬고 있을 때 전화벨이 울려 받았다. 상대는 고려대 신문방송학과 원우현 교수다. 전화를 받고 그의 이야기를 들었다.

"전영우 교수님, 축하합니다. 한국언론학회가 드리는 제1회 언론상 방송 부문 공로상을 받게 되셨습니다."

"저는 금시 초문인데요? 어떻게 결정되었나요?"

"물론 그러시죠. 저의 학회에서 신문과 방송 부문에서 각각 두 분을 뽑아 본상과 공로상을 드리기로 결정해서 지금 그 결과를 처음 해당되는 분에게 통보 드리는 것입니다."

"어떻든 기쁘고 고맙습니다."

그것도 첫 번째로 수상하게 되었다. 하여 몸 둘 바 모르게 기뻤다.

## 방송 부문 공로상 수상

방송 부문 공로상 수상을 매우 명예롭게 생각합니다. 원우현 언론학회장 및 관련 임원과 회원 여러분에게 감사드리며 전현직 전문 방송인들에게 미안하고 부끄러운 느낌을 솔직히 말씀드립니다.

저의 방송사 입사 동기부터 말씀드리자면 초등학교 시절부터 아나운서를 동경해 왔고 몇몇 선생이 저에게 소질이 있다고 격려해 준 일이 가장 큰 동기라고 생각합니다.

저는 1954년 KBS 서울 중앙방송국 아나운서 모집에 응시 합격하고 방송 언론에 첫 발을 내딛게 되었습니다.

그동안 인상에 남았던 일은 1960년 당시 재야 원로지도자였던 고 조병옥 박사 국민장 장례식 때 방송 고위층이 안절부절못해 하는 모습을 보고 국민장 실황을 중계방송했던 일, 남산 서녘 마루턱의 건국 대통령 이승만 박사 동상 건립 제막식 실황 중계방송, 제2회 현충일 추념식 실황을 국립 현충원에서 전국에 중계방송하던 일, 그 밖에 몇몇 고정 프로그램을 담당 방송하던 일 등을 손꼽을 수 있습니다.

KBS-TV 초기 일부 교양 프로그램 제작을 맡기도 하고 밤 9시 뉴스 앵커를 맡기도 했습니다.

한편, 한국일보사 주최 제1회 국제 마라톤 대회를 경인 가도 원통이 고개에서 연도 경기 실황을 중계방송하던 일도 있습니다.

미국 전 대통령 아이젠하워의 한국 방문 실황을 종로 덕흥서림 옥상에서 애드리브로 중계하던 일도 있습니다.

그러나 무엇보다 충격이 컸던 순간은 4.19와 5.16을 방송국에서 겪은 일입니다. 4.19 때 황우겸 선배 제의로 아나운서 일동 명의 하에 '방송 중립화 선언'을 했던 일도 잊기 어렵습니다.

10년 가까이 KBS 라디오와 TV에 근무한 후 1963년 동아방송으로 자리를 옮겨 개국과 동시에 시작한 '유쾌한 응접실' 사회를 맡아 해 왔는데 이 프로그램이 18년간 진행되어 최장기 우수 프로그램으로 선정되었던 일과 30년 아나운서 생활 중 20여 년을 관리직 실장으로 두 방송사에 근무했던 일을 잊을 수 없습니다.

오늘날 상당수의 프로그램을 전문 방송인이 아닌 비전문인이 담당하고 있어 많은 문제 점을 노정한다고 보며 이를 안타깝게 생각합니다.

또한 온 가족이 함께 웃으며 시청할 수 있는 프로그램이 드물다는 점과 사담을 나누는 내용이 걸러지지 않고 그대로 방송되는 경우가 많다는 점을 지적하고 싶습니다.

앞으로 우리 방송이 지향해야 할 점이라면 '방송언어'가 '표준어' 시범의 장으로 또 '국어화법'의 본보기가 되었으면 하는 바람과 유럽 일본에 대한 모방을 척결하고 전체 전문 방송인이 지혜를 모아 형식 아닌 내용으로 특성 갖춘 프로그램을 제작 시청자에게 봉사했으면 하는 기대입니다.

청소년 대상 프로그램 뿐만 아니라 노년층 프로그램을 같은 비중으로 확충해야 하며 보도 연예 오락 프로그램과 정보 교양 프로그램이 균형과 조화를 갖출 필요가 있습니다.

방송사 측에서는 공중이익, 공중편의, 공중필요를 우선 염두에 두는 제작 태도를 갖추어 시청률 확보라는 단기적 관점보다 장기적 안목에서 프로그램의 질에 중점을 두어야 한다고 봅니다.

라디오 방송을 이루는 3가지 구성 요소인 음성 음악 음향 중에서 저는 음성의 중요성을 인식하고 언어에 대한 연구를 시작했습니다. 언어의 가장 중요한 요소인 정확한 말소리는 그 중요성에도 불구하고 그 분야에 대한 연구는 황무지라 할 수밖에 없습니다.

방송에서 스피치 곧 화법은 매우 비중 있는 부분입니다.

방송 분야 연구 학생들은 이 부분을 기법 차원이 아니라 기초를 단단히 다진다는 탐구의 관점에서 연구해 주기를 바랍니다.

# 해외 연수 소감

스피치 교육 여명기인 5천 년 전에도 사회를 지배하는 방편으로 의사소통의 중요성이 크게 인식되었다. 화법 교육에 관한 최초의 기록은 이미 기원전 3천 년의 문적에서 발견된다.

1847년 프랑스 파리의 국립박물관이 '프리세 파피루스'를 입수했다.

이 명칭은 이것을 박물관에 기증한 프리세 다벤느에 유래한 것이며 그는 프랑스 고고학자로 고대 유물이 많이 묻혀 있는 이집트의 고분 발굴에 참가했고 당시 발견된 것이 바로 프리세 파피루스이다. 달리 이것을 프타호텝 및 케겜니의 교훈이라 한다.

이집트 인은 생애가 끝날 무렵 유언을 기록한 파피루스와 함께 재산을 후손에게 싱속했다.

유언 속의 충고가 때로 재산보다 귀한 경우가 많다. 후손의 장래를 위한 조언이 전 생애를 통한 인생 체험의 소산이기 때문이다. 그러므로 파피루스의 기술 내용 역시 각기 다양하다.

관리를 지낸 사람은 정계 인물에 관한 기록을 왕의 자문을 지낸 사람은 왕실에서 성공할 수 있는 처신과 처세의 비결을 후손들에게 전했다. 청소년을 어떻게 교육해야 그들이 도시 행정관이나 왕의 자문으로 성공할 수 있는가를 기술해 놓았다.

첫째 부문은 케겜니가 장차 도시 행정관이나 왕의 자문을 희망하는 청소년에게 주는 교훈이고 둘째 부분은 프타호탭이 아들에게 주는 교훈이다. 두 기록은 주어진 주위 환경에 잘 적응할 수 있는 처신과 언행 등에 관해 상세히 언급했다. 프타호탭은 기원전 이집트 왕국의 이소시 왕대 고관이다.

당시 하류 사회인의 기술에 명사의 서명을 받는 관습이 있었으므로 둘째 부분에 기록된 내용이 사실상 프타호탭의 것인지 혹은 그의 강론을 제3자가 기록하고 끝에 서명한 것인지 여부를 확인할 길은 없다.

그러나 이 점이 여기 문제 될 것은 아니므로 내용만 검토할 뿐이다.

대체로 이 파피루스가 현존하는 문적 중 세계에서 가장 오래된 것으로 평가 받고 있다.

이집트 인은 이것을 문헌이라 했고 기실 이집트 인이 문헌을 가졌다는 하나의 상징으로 알려진 것이 케겜니 파피루스이다.

그의 교훈은 프타호탭의 그것보다 약간 앞선 것이다.

바티스컴 건은 프리세파피루스를 번역해 프타호탭의 교훈과 케겜니의 교훈이라 했고 동시에 세계에서 가장 오래된 문헌이라 일컬었다.

파피루스는 목봉에 감은 두루마리인데 재료가 파피루스로서 이것을 얇게 세로로 쪼개 가로와 세로로 쌓아 놓고 물에 흠씬 적신 다음 건조시켜 압축해 평평하게 만든 것이다. 양피지 이전에 사용한 식물 섬유로 만든 종이다. 기원전에 나온 서책은 주로 이 것을 사용해 제작한 것이다.

19세기 고분 발굴로 기원전 4세기에서 기원 7세기 경의 파피루스 문서가 대량 출토되어 헬레니즘 시대 사회 사정 원시 기독교회 언어 연구에 많은 도움을 주었다.

기원전 30세기 경부터 사용해 8세기 제지법이 궤도에 오를 때까지 파피루스를 사용했다. 흑색 잉크와 적색 잉크를 써서 문장을 상형 문자로 기록한 것이다.

프리세 파피루스는 길이가 7미터 너비가 1미터이다.

프타호탭이 후손에게 전하는 가장 중요한 부분이 여기 포함되어 있다.

그 내용은 화법의 중요성과 화법을 어떻게 학습해야 한다는 것 등인데 이 가운데 "값진 언어 표현은 돌자갈밭 속의 에메랄드 보석보다 희귀하다."는 기록이 보인다.

프타호탭은 의사 표현법이 사회를 지배하는 방도라고 생각한 것이다.

울버트는 '의사 표현의 원리'에서 말하기 기능을 넷으로 분석했다.

화법은 자기 사상과 감정을 남에게 효과적으로 표현하는 데 필요한 것이라 주장하고 첫째 청자로 하여금 화자의 사상과 감정을 수용케 하려는 의도가 화자에게 있고 둘째 언어를 구사해 사상 및 감정을 표현하며 셋째 청자가 화자 이야기를 듣고 화자 의도와 목적을 충분히 이해할 수 있고 넷째 화자는 동작을 통해 청자가 메시지를 시각적으로 직감할 수 있게 해야 한다고 주장했다.

한편 프타호탭은 첫째 요소인 화자의 의도와 목적을 강조하고 동시에 윤리 면을 중요시했다.

울버트와 함께 그도 과장된 어음이나 발성을 바람직하지 못한 언어 표현으로 비판한 반면 잘 조절된 발성을 종용했다. 화자는 발언과 함께 표정과 동작을 보이거니와 이 부분이 청자에게 미치는 영향은 큰 것이라고 부연했다.

이와 같이 프타호탭은 의사 표현 방법을 요소별로 분석하는데 현대적 감각을 가지고 있을 뿐 아니라 의사 표현에서 특히 상대방 청자를 절대시한 점 또한 현대 스피치 교육의 교의와 거의 일치한다.

그는 의사 표현법을 사회의 지배 도구로 간주했다. 의사 표현이 청자에게 미치는 영향을 중시한 나머지 각계각층의 청자에게 다양성 있는 표현 방법을 활용해 보도록 후손들에게 종용했다.

그리고 특이한 감정을 표현하면 이에 따른 특정 반응을 초래하게 될 것이란 사실과 함께 화자가 의도하는 효과적 반응을 획득함에 있어 윤리의 중요성까지 새롭게 밝혀주었다.

　그 밖에 다른 고대 이집트인도 화법의 가치를 강조하고 나아가 화법을 한가지 기교로 보았다.

　요컨대 고대 이집트 인은 이구동성으로 인간의 언어는 생존경쟁의 수단이요, 화법은 물리적 투쟁보다 무서운 위력을 발휘한다고 입을 모았다.

　1962년 저자가 '유럽 스피치 교육사 연구"를 쓸 때 고대 이집트 파피루스에 대한 관심이 컸고 이 파피루스를 직접 보았으면 하는 소망이 남모르게 싹 터 왔다.

　때마침 1992년 한국언론학회가 수여한 제1회 언론상 방송 부문 공로상 수상의 부상으로 포스코 지원의 해외문화 연수 혜택을 받아 저자는 모처럼의 숙원을 푸는 기회로 유럽 대륙 문화 유적 시찰 길에 오르게 되었다.

　본인은 유럽 각국의 주요 도시를 차례로 순방하며 문화 유적지와 문화유산 그리고 라디오와 TV 방송에 집중적 관심을 기울이는 문화 연수에 참가했다. 그중에서 가장 인상 깊고 놓칠 수 없는 부분의 하나가 바로 프랑스 파리 루브르 박물관 연수이다.

　이집트 관 파피루스 열람은 무엇과도 바꿀 수 없는 진귀한 체험으로 기억될 것이다.

앞에 적은 바대로 가장 오래된 세계적 문적이 파피루스란 사실을 이미 알았고 또 그것이 프랑스 루브르 박물관에 소장되어 있으니 그곳의 연수 일정이 본인에게 절호의 기회였음을 여기 밝히지 않을 수 없다.

이집트 고분에서 발굴된 파피루스를 거의 원형 그대로 열람할 수 있던 일은 감동 바로 그것이다. 그리고 고대 문화 유산의 보존과 문화 유지에 합리적이고 과학적인 방법을 활용 철두 철미한 대비와 배려를 하고 있는 박물관 당국의 신중하고 적극적인 조치에 본인은 긍정적인 반응을 보이지 않을 수 없다.

그 한 본보기는 미술 작품 전시장에서 본 다빈치가 그린 '모나리자의 미소'이다. 다른 그림은 원화가 그대로 공개되어 있으나 '모나리자의 미소'만 판 유리가 덮여 있다. 그리고 관람객들의 발길 또한 이 앞에만 몰려 있다.

1천 5백년 경 이탈리아 '피렌치에' 귀족 부인을 모델로 그렸다고 하는데 이 그림은 신비한 미소로 유명하지만 모델이 큰 병으로 고생한 뒤의 모습이므로 다빈치가 명암을 잘 살려 공간을 처리한 것이란 큐레이터의 설명을 들으니 또 하나의 의문이 풀린 것이다.

어릴 때 저자가 본 '모나리자의 미소'에서 애써 미소의 표정을 찾던 일이 새삼 머리에 떠오른다. 아무리 보아도 저자는 미소가 미소로 보이지 않았다.

어딘지 근심을 띤 표정이지 미소로 보이지 않았다.

그래서 그녀의 미소에 '신비감'이 있다고 하나 보다고 덮어둔 것이다.

그런데 루브르에서 들은 그림 설명으로 저자 감상이 과녁에서 크게 벗어나지 않았음을 확인했다.

저자의 유럽 문화 순방이 광범위하게 이루어졌으나 그중 극히 부분만 떼어 소감의 일단을 기술했다.

끝으로 한국언론학회장 회원 여러분 그리고 포스코 제철 장학회에 감사의 뜻을 표한다.

(전영우, '파피루스 열람의 숙원')

# 제17회 천원 교육상
# 학술 연구 부문 수상

중앙 대학교 전 대학원장 정재철 박사는 일찍이 한국교육학회 학회 장을 지낸 우리나라 유수의 교육학자이다.

특히 교육사 및 교육 철학 전공 교수이다.

정박사의 주요 저서 '일제시대의 한국 교육사'가 2014년 4월 19일 일본 호성사 간행으로 일문판이 일본에서 출판되었다.

이 책이야 말로 식민지 교육사의 기념비적 노작이다. 식민지 지배라는 과거 역사를 말살하려 하는 현대 일본 교육법령과 수업 시 수 통계 등 150여 점이나 되는 자료를 기축으로 일본의 식민지 교육 정책을 명백히 밝힌 무게 있는 저술로 이웃 일본 학계에서도 학문적 관심이 비등하고 있다.

서울대학교 대학원 교육학과에 유학 후 박사 학위를 받은 일본인 교수 사노 미찌오가 일문으로 번역한 이 책은 '일제의 대 한국 식민지 교육 정책 사'라는 부제를 달고 있다.

그런데 우리 교육학계에서는 이 같은 사실조차 모르는 실정인 것 같아 대단히 안타까운 바 있다.

정재철 박사는 한국교육학회 논문상, 중앙대학교 교원 학술상, 한국교육학회 학술상, 천원 교육상 학술 부문 상을 받았다.

정 박사 주저인 '일제의 대 한국 식민지 교육 정책 사' 국문판은 일찍 1985년 서울 일지사에서 발행된 바 있다. 온원 정재철 박사는 현재 중앙대학교 명예교수이다.

존경하는 외우 정재철 박사가 저자를 추천해 천원 오천석 교육상을 그것도 학술 연구 부문 상을 본인이 받았다. 얼마나 영광인가?

2007년 11월 12일 여의도 사학 연금 관리공단 세미나실에서 제17회 천원 교육상 학술 부문을 받으니 저자는 더 없는 기쁨이다.

사실 염치없지만 방송 아나운서로 30년, 대학 교수로 30년 이력을 쌓아오며 당자 개인보다는 저자가 개척해온 '스피치' 즉 화법이 학계 인정을 받을 수 있을까 조용히 마음 졸여온 것인데 정 박사 도움으로 학술 부문 천원 교육상을 받게 되었으니 저자는 얼마나 영광인가?

앞서 '조선일보' 기사를 통해서도 알았지만 평범한 아나운서가 어떻게 '국어학자'로 지칭될 수 있나 하고 돌이켜 볼 때 이런저런 도움이 있었기에 가능했다고 생각한다. 이 자리를 빌려 천원교

육상을 저자에게 주신 천원 오천석 기념회 정원식 이사장님과 김
선양 심사위원장 님에게 감사의 말씀을 드린다.

## 마무리 말

인도의 시성 타골이 남긴 책에 '벌써 가야 할 시간인가'. 하는 것이 있지만 저자 자신이 이제 세는 나이 92세이고 보니 그의 말을 새겨들어야 할 것 같다.

30년 아나운서, 30년 대학교수, 저술 60년, 강의 및 강연 60년의 지나간 시간을 곰곰이 새겨보니 한마디로 저자가 바쁘게 살아왔다는 생각이 먼저 떠오른다. 그러나 분명한 사실은 그것이 모두 '스피치'로 일관하였다는 특징이 있다.

저자는 스피치로 석사 및 박사 학위를 받고 이어 국제스피치학회에 회원으로 정식 가입함으로써 스피치로 전공 학문의 독특한 순수성을 확보해 온 것이다.

경기고와 공사 교 서울대 사대 그리고 명지대와 수원대에서 각각 스피치로 학생들을 가르칠 수 있었다.

대화 토의 토론 연설 회의 법 등 화법 유형의 이론적 체계를 이미 확실히 세우고 공공 단체 및 기업체 연수원에도 자주 출강 이른바 '커뮤니케이션'을 주제로 하는 특강을 수없이 했다.

경향 각지 전국을 누비며 스피치 특강을 맡았다. 그리고 그 반응이 매우 크고 좋았음을 확인하였다.

고등학교 정식 교과서로 '화법'이 채택 수업이 실시되자 저자도 교학사에서 출간한 화법 교과서로 전국적인 관심을 불러 모았다. 물론 정부 교육부 검정을 받은 것이다.

뿐만 아니라 저자가 천원 교육상 학술 부문 상을 수상하게 되자 학술적인 인정이 스피치에도 주어져 이 방면 학술 평가가 바야흐로 공고해진 셈이다.

이에 머물지 않고 '한국 화법학회'가 1997년 정식으로 서울에서 창립되고 이 방면 학술적인 연구가 진지하게 괄목할 진전을 보이고 있다.

종전 우리나라 각급 학교 국어과 시간에 현대문 고문 문법 등으로 한정돼 오던 수업 내용이 오늘은 국어 교육이 오히려 화법과 작문으로 중심 축을 바꿔 놓는 결과를 가져오기까지 하고 있다. 덧붙일 것은 영어 시간에만 다루던 '발음교육'이 국어 시간에도 발음이 중요 시 되고 있음은 만시지탄은 있으나 매우 다행한 일이라 생각한다.

말하자년 새로 화법이 등장하면서 우리나라 국어교육도 전혀 새 시대를 맞고 있음이다. 저자 혼자만 감동할 일일까?

한국 문화가 K Culture라는 이름으로 전 세계로 퍼져 나가고 있다. 얼마나 자랑스러운 일인가? 우리나라 세종학당도 예외는 아니다.

'진리는 나의 빛'이란 말이 새삼 머리에 떠오른다.

# 도산공원의 아침

초판 인쇄    2025년 11월 6일
초판 발행    2025년 11월 12일

**지은이** 전영우
**발행인** 임수홍
**디자인** 맹신형

**발행처** 한국문학신문
**주 소** 서울 강동구 양재대로 114길 32  2층
**전 화** 02-476-2757~8    FAX 02-475-2759
**카 페** http://cafe.daum.net/lsh19577
**E-mail** kbmh11@hanmail.net

값  20,000 원

ISBN    979-11-7437-007-5